CW00688549

Origène: Controverses Auxquelles Sa Théologie A Donné Lieu...

François de Laforge

Nabu Public Domain Reprints:

You are holding a reproduction of an original work published before 1923 that is in the public domain in the United States of America, and possibly other countries. You may freely copy and distribute this work as no entity (individual or corporate) has a copyright on the body of the work. This book may contain prior copyright references, and library stamps (as most of these works were scanned from library copies). These have been scanned and retained as part of the historical artifact.

This book may have occasional imperfections such as missing or blurred pages, poor pictures, errant marks, etc. that were either part of the original artifact, or were introduced by the scanning process. We believe this work is culturally important, and despite the imperfections, have elected to bring it back into print as part of our continuing commitment to the preservation of printed works worldwide. We appreciate your understanding of the imperfections in the preservation process, and hope you enjoy this valuable book.

ORIGÈNE

Controverses auxquelles sa Théologie

a donné lieu

François de LAFORGE

ANCIEN PROFESSEUR D'HISTOIRE A L'ÉCOLE DE SORÈZE

Première Édition

SOCIÉTÉ NOUVELLE DE L'IMPRIMERIE MIRIAM

1, Rue de la Bertauche, 1

1905

Vignaud
1-20-1928

A MON PÈRE, A MES AMIS

A vous, qui m'avez encouragé dans la lutte et qui vous êtes réjoui de mes études, je dois le premier résultat de mon labeur ; il est donc juste que vous receviez les prémices d'une œuvre que j'ai écrite avec foi et confiance.

Les circonstances graves traversées par la France, que travaillent tant d'ambitions inassouvies, ne m'ont point permis d'apporter à ce travail toute l'attention nécessaire ; mais au milieu de grandes imperfections, vous trouverez les traces d'un esprit soucieux de dire toute la vérité.

Suivant l'exemple de quelques-uns de mes devanciers, je me suis mis en dehors de toute prévention. J'ai regardé de haut, et avec une conscience sincère les vérités traitées par le plus grand des génies dont se puisse honorer l'Eglise d'Afrique.

Origène fut un travailleur dans toute la force du terme. A quelle gloire n'eût-il pas été appelé sans les tracasseries de son évêque ? Malheureusement ces attaques firent planer un doute sur sa mémoire et il devint un de ces êtres autour desquels se forme bien vite une légende.

D'une imagination exubérante et d'un esprit aventureux, il se lança dans quelques spéculations téméraires ; mais ce n'est pas suffisant, croyons-nous, pour classer cet apologiste au rang des hérétiques. Du reste, nous relevons au cours de notre travail les attaques auxquelles il fût en butte.

Notre sujet comporte trois parties.

Dans la première, après un aperçu sur les tendances de l'esprit humain marchant à la connaissance de la vérité, nous montrons comment tout avait préparé le docteur à fixer le dogme de l'Eglise encore incertain.

Dans la deuxième partie, nous étudions les prétendues erreurs du savant, et, nous concluons, avec preuves à l'appui, à la falsification de son œuvre.

Enfin, dans une troisième partie de beaucoup la plus importante, nous pénétrons dans le domaine de l'histoire pour y approfondir la question des troubles auxquels l'origénisme donna lieu en Orient.

Tout est beau dans cette œuvre, qui renferme de précieux témoignages en faveur de nos croyances chrétiennes.

Ce livre arrive à une heure de crise ; peut-être le moment est-il bien choisi pour dire à la face du monde ce que pensait un grand savant de ce christianisme tant décrié.

Puissent ces pages éclairer les esprits droits, c'est le plus cher de nos désirs.

FRANÇOIS DE LAFORGE.

INTRODUCTION

C'est vers l'an 180 de notre ère que la célèbre école d'Alexandrie à laquelle appartenait Origène avait été créée par Pantène. En 190, Clément succédait à son maître vénérable et acceptait la mission de défendre la foi attaquée par la philosophie et les empereurs.

Sous l'habile direction de Clément, l'Ecole devint un centre intellectuel très florissant. On vit se presser sur ses bancs une jeunesse studieuse, avide d'écouter ces grands enseignements de l'Evangile.

Mais la gloire dont, le maître s'était couvert, pâlit bien vite, quand le fils de Léonide assuma à son tour la responsabilité d'orienter les intelligences vers les données de la foi chrétienne. Il n'est pas hors de propos de dire ici un mot de la façon dont fonctionnaient à cette époque ces centres scientifiques.

Toute école chrétienne vivait sous la direction de l'évêque. On y enseignait les lettres humaines sous la haute surveillance du chef religieux de la communauté chrétienne. Après un certain laps de temps passé dans l'étude des humanités, on étudiait la philosophie et la théologie. Cette dernière science commençait alors à prendre corps. Cet ensemble d'études recevait son couronnement dans quelques aperçus sur l'Ancien et le Nouveau Testament; enfin, à ces questions fondamentales, s'ajoutait la tradition, cette science qui forme en quelque sorte la base de notre système religieux. Le dogme catholique comprenait déjà un exposé succinct de la doctrine sur le jugement, sur l'état des bienheureux dans le ciel et sur la chute des Anges. A une époque de foi intense, l'Eglise avait encore peu parlé de l'éternité des peines et des données scientifiques touchant l'âme. L'apparition du gnosticisme avait toutefois amené les premiers docteurs à approfondir les connaissances humaines touchant les origines du monde.

Ainsi prenait corps ce beau traité de la Théodicée dont Origène devait jeter les bases solides.

Il est beau de voir les Pères lutter contre les écoles de Valentin, de Carpocrate ; de cette lutte devait en effet sortir un des plus magnifiques monuments que le génie de l'homme ait élevé à la gloire de Dieu, Créateur et Rédempteur.

L'idée de la nature divine préoccupait toutes les brillantes intelligences de cette époque. Qu'est-ce que Dieu ? notion importante et primordiale qu'il importait de dégager de toutes les absurdités du polythéisme ou de l'émanatianisme gnostique. Aussi les savants chrétiens proclament-ils, par la voix de Tertullien, d'Athénagore, et de Justin, l'unité de Dieu ; ils rejettent l'anthropomorphisme qui découlait de la doctrine païenne. L'être divin ne saurait se diviser ; car si on le divise, on le multiplie, et multiplié il s'annihile ! Donc il est essentiellement un.

De là découlaient certaines notions indispensables sur l'essence et les attributs de Dieu. Avec l'unité, l'Eglise admet la Trinité des personnes. Cette croyance remonte à l'origine même du christianisme puisque le Christ dans la formule qu'il nous a donnée du Baptême nous livre le nom des trois personnes. De plus le « Logos » dont se sert saint Jean dans son évangile indique des personnes distinctes ; mais le mot Trinitas appartient en propre à l'Ecole d'Alexandrie.

Après la notion exacte de Dieu, venaient les deux grands mystères de la foi : l'Incarnation et la Rédemption. Ils avaient été défigurés par le paganisme et le Judaïsme. Les hérésies venant à la suite de ces premiers ennemis avaient contribué pour leur part à obscurcir cette partie du dogme chrétien.

L'Incarnation découlant de la chute, il était important donc d'établir la notion exacte du péché originel et de ses conséquences pour l'humanité. La chute étant prouvée, l'Incarnation s'imposait, car l'homme ne pouvait pas par ses seules forces satisfaire à la justice de Dieu. Néanmoins, une difficulté se présentait dans l'exposé de ce dogme, à savoir :

comment s'est opéré ce mystère et quel est ce Christ, qui s'est donné comme l'envoyé du ciel ?

Tel est dans son ensemble le thème qui s'offrait à Origène et qu'il a admirablement rempli, comme nous le dirons en faisant l'exposé de sa doctrine.

Un progrès réel a donc été réalisé ! L'Eglise désormais en possession des lignes parfaitement dessinées de son dogme, forte de l'invincible énergie de sa foi, l'Eglise va opposer au paganisme avec le docteur Alexandrin toute la vigueur de son génie.

Le monde païen, à demi triomphant de la vérité, va se briser contre le granit de ce verbe de l'Homme-Dieu : ne craignez rien, j'ai vaincu le monde. Mais ce monde ne dépose pas pour cela les armes. Vaincu d'un côté, il transporte ses armes sur un autre champ et il inaugure cette guerre de plume qui devait se prolonger plus d'un demi-siècle après Origène. Que dis-je, la polémique est de tous les temps, et nous pouvons dire que depuis le premier jour de son existence, l'Eglise établie sur son calvaire n'a pas déposé les armes. Elle lutte de nos jours, non plus contre les Fronton, les Lucien, les Celse, les Porphyre ou les Julien ; ses ennemis ont changé de nom ; mais leur genre d'attaque n'a pas été modifié.

La défense d'Origène, en la renouvelant un peu, pourrait être adressée aux modernes iconoclastes qui s'acharnent à détruire notre passé. Les temps agités qui signalèrent la fin du règne de Septime-Sévère semblent renaître pour nous. Avec le savant africain nous ne pleurons peut être pas encore sur la mort de nos frères ; mais bientôt nous serons assis sur des ruines. Puissent donc ces lignes réconforter un peu les âmes pusillanimes qui doutent de la toute puissance de Dieu.

Septime-Sévère se croyait fort, lui aussi, quand il faisait conduire au gibet Léonide, le père de notre illustre docteur. Or, à l'approche de la mort, le persécuteur était saisi de grandes terreurs et prononçait cette parole : « J'ai été tout et plus rien ne vaut ». A la même heure, le martyr se réjouissait de laisser un fils, dont la brillante intelligence s'ouvrait aux grands problèmes, qui passionnaient les esprits. Il avait eu le pressentiment que ce cœur servirait admirablement la cause de l'Eglise. Nous allons voir se réaliser les espérances de ce père chrétien.

Il mourait laissant prématurément veuve son épouse avec sept enfants. Origène était l'aîné, il avait dix-sept ans. Comme son père, il avait soif du martyre ; aussi allait-il visiter les prisonniers dans les fers. Il était partout où l'appelait une douleur à consoler. Cent fois il aurait pu être saisi et payer de sa vie son noble dévouement ; mais Dieu le protégeait et le réservait à d'autres luttes non moins pénibles, comme nous allons le dire.

Au moment où il va élever sa voix pour dominer les passions des hommes, l'empire traversait un crise terrible.

Et pourtant, si un homme avait pu préserver de la ruine l'empire romain, c'était bien Septimus. Après la mort de cet empereur, l'Eglise avait joui de vingt années de paix. Elle avait employé cette accalmie à guérir pas mal de blessures. La vérité se répandait et le paganisme témoin de cette perpétuité sentait que sa fin approchait ! Déja la main de Dieu se préparait à précipiter vers leur ruine ces peuples sans avenir. Les désertions devenaient nombreuses au sein du paganisme. Une foule d'hommes plus ou moins imbus d'idées mondaines embrassaient la foi. Entrés sans vocation dans le temple, ils avaient la prétention de créer de toutes pièces une religion qui put cadrer avec leurs anciennes idées étroites et païennes. Tout ce qui était un obstacle à la vie facile était impitoyablement rejeté par ces néophytes d'un nouveau genre.

Malheureusement ces demi-mondains exercèrent bientôt une funeste influence sur les chrétiens convaincus, et le relâchement, ce fléau de toutes les sociétés, pénétra chez ceux-là mêmes qui avaient été pour leurs frères un sujet d'édification.

Origène déplorait pour l'Eglise cette trop grande facilité à ouvrir ses portes aux naufragés du paganisme ; aussi prophétisait-il des épreuves terribles.

Tout, en effet, laissait entrevoir un orage ! Le paganisme vaincu se plaignait de l'abandon du culte ancien ; il demandait le maintien des lois d'exception portées contre les idolâtres. En outre, l'empire était très éprouvé par les guerres continuelles que suscitaient les légionnaires. Quelle cause attribuer à ces calamités, se demandaient les païens ? et ils répondaient : les dieux se vengent de l'abandon de la foi nationale. Le catholicisme, tel était l'ennemi du temps d'Origène. Le mot cléricalisme n'avait pas encore été inventé ! Eh quoi ? les chrétiens allaient-ils devenir une fois de plus les boucs émissaires chargés des péchés d'Israël ? Les païens l'emporteront-ils ? Non ! ils seront encore dupes de leur haine ! Origène va le leur dire dans son traité contre Celse !

A ce point de vue l'œuvre apologétique du philosophe est immense. Il s'attache à son adversaire, le suit pas à pas dans le dédale de son argumentation, jusqu'au moment où trouvant le point faible, il triomphe de lui et fait admirer les beautés de la foi. Tel est l'homme dont les lignes qui vont suivre feront encore mieux ressortir les traits.

PREMIÈRE PARTIE

CHAPITRE PREMIER

ÉTAT DU MONDE A LA FIN DU SECOND SIÈCLE

I

Si par la pensée nous nous reportons de dix-huit cents ans en arrière, à cette époque où vécut le Christ, nous ne rencontrerons partout que ténèbres, erreurs monstrueuses et délire !

L'homme avait perdu la notion la plus élémentaire des vérités éternelles. Aussi, oublieux de son origine première, ne songeait-il plus à ce mot, si beau du poëte :

Dieu a donné à l'homme un visage tourné vers le ciel sa patrie, et il lui a ordonné de regarder les astres (1) !

Triste était l'état du monde païen ! Avec des apparences extérieures d'une grandeur incontestable, il portait au cœur une blessure mortelle ! Grands étaient les besoins de ce pauvre indigent, qui dans sa soif d'idéal avait tout adoré excepté Dieu lui-même (2).

Les systèmes philosophiques les plus contradictoires étaient enseignés dans les écoles d'Athènes et de Rome. Partout dominait l'erreur et chaque jour l'abîme se creusait sous les pas de ce malheureux égaré. Toutefois, même au milieu des plus grandes aberrations, la créature déçue éprouve le besoin de se rapprocher du Dieu vivant.

En effet, étudiez l'âme humaine jusqu'en ses dernières

---

(1) Os homini sublime dedit, cœlumque tueri
    Jussit, et erectos ad sidera tollere vultus. — (Ovide).

(2) *Saint Paul.* — Qui commutaverunt veritatem Dei in mendacium : et coluerunt, et servierunt creaturæ potiusquam creatori. (v. 25 ch. I ad Romanos).

profondeurs, soit que vous la trouviez enfoncée dans le système d'un polythéisme grossier ou qu'elle se confine dans l'idée du déisme, vous découvrirez en elle cette soif inextinguible qui la fait s'écrier avec le psalmiste : *Deus, Deus meus* ! Jéhovah, ô mon Dieu, vers toi dès l'aurore mon cœur a soupiré (1).

Les symboles d'Isis, les pratiques mystérieuses du Culte d'Eleusis ne sont-ils pas les preuves les plus palpables de cette anxiété de l'âme ?

Plus la conscience humaine deviendra délicate et plus nous voyons progresser ce rapprochement de l'homme avec son créateur. Avec Sophocle ce besoin prend un caractère encore plus accentué. L'âme pénètre jusqu'au seuil du temple. Elle touche le divin : *Deus, ecce Deus* ! Ouvrez Eschylle, par exemple, ne voyez-vous pas se dérouler sous vos yeux en traits saisissants de ressemblance l'histoire du héros du Calvaire ? Le coupable enchaîné est là depuis l'origine du monde ! Voilà bien la révolte du premier homme.

Zeus, nous dit le poète, vient de renverser son père Chronos; il a triomphé des Titans et il veut se venger des hommes qui ont trahi sa cause. Prométhée, le seul des Titans qui l'ait aidé dans sa révolte, veut lui résister...

Il fait plus : il dérobe le feu du ciel pour en faire don aux Mortels et il crée ainsi sur la terre les arts qui doivent les égaler au Maître du ciel. Il importe de confondre l'orgueil du demi-dieu. Zeus aussitôt députera Vulcain avec mission d'enchaîner le coupable. Mercure, obéissant à l'injonction qui lui est faite, présidera avec une farouche impassibilité au supplice de Prométhée. Vous croiriez assister à la scène du Calvaire : « Et maintenant : « insultes aux dieux ; reçois les justes représailles de ton crime. Quel mortel pourrait apporter un soulagement à tes angoisses. Les demi-dieux t'appelaient le prévoyant. Demande au ciel pour toi même ce prévoyant qui puisse trouver l'art de te délivrer (2) ! c'est le *descendat nunc de Cruce*.

Prométhée, couché sur son rocher, vous raconte ses

---

(1) Deus, Deus meus ad te de luce vigilo. Sitivit in te anima mea quam multipliciter tibi caro mea. Ps. LXII. v. 2.

(2) v. 482-87.

malheurs. Ce sont ceux du fils de l'Éternel expiant notre
orgueil : « Air brillant, vous aussi vents aux ailes rapides,
sources des rivières, rides innombrables des ondes de la
mer, vous toutes mères des mortels, et toi aussi soleil qui
nous éclaire, tous, je vous convie à voir quelles souffrances
j'endure de la part des dieux, moi un immortel ! » (1)

Quel rapprochement avec Isaïe : *et vidimus eum, et non
erat aspectus, et desideravimus eum ; dispectum et novissi-
mum virorum, virum dolorum, et scientem infirmitatem ; et
quasi absconditus vultus ejus et despectus, undè, nec repu-
tavimus eum.* (2)

Et dans ce cri : « Fils malheureux de la sage Thémis » ;
dans ces autres paroles : « Allons, les anneaux pour ses bras
sont prêts, les voilà ! Prends-les, hâte-toi de frapper ces fers!
Ah ! comme il est lié de toutes parts... Allons, retirons-
nous? » N'avons-nous pas, rapporté en traits saisissants, le
crucifiement et le *descendat nunc de Cruce* des Juifs ?

Semblable à ce vaincu, Jésus enchaîné par le péché se tour-
nera vers le ciel pour faire entendre cette plainte : *Pater,
ut quid deriliquisti me.*

Prométhée eût un consolateur dans Io, ce jeune homme
qui se penche sur lui. Jésus aura lui aussi des consolateurs
dans la vierge d'Israël et dans Jean qui se tenaient aux
pieds de sa croix !

Pénétrons après cela dans les écoles philosophiques; n'en-
tendons-nous pas Platon prophétiser à la suite de Socrate.
Le Maître meurt, car, éclairé d'un jet céleste, il a eu le malheur d'entrevoir la lumière. Deux de ses disciples, Melitus
et Lycon, le dénoncent et lui reprochent de s'éloigner du
polythéisme grossier des anciens pour proclamer l'unité
de Dieu. Il répugne à ce génie de multiplier à l'infini l'essence divine et il établit déjà cet argument que nous retrou-
verons sur les lèvres de Tertullien. Socrate voyait juste.
Néanmoins ses disciples l'accusent de corrompre la jeunesse
en lui tenant des propos impies. A vrai dire, il boulever-

---

(1) 487-93.

(2) Isaïe 53-4. — Et nous l'avons vu, il n'avait plus l'apparence d'un homme ;
nous l'avons désiré. Il était méprisé, c'était le rebut de l'humanité, l'homme des
douleurs, ayant l'expérience de nos infirmités. Son visage était souillé et sans éclat;
il était méconnaissable.

sait de fond en comble les bases de la philosophie en lui as-
signant un autre point de départ ; mais quel mal y avait-il
à la rendre plus pratique ? Car avec Socrate la philosophie
devenait moralisatrice ! La sagesse de ce voyant nous préparait à la doctrine supérieure du fils de Marie.

Platon suivra le Maître et avec lui il saluera le (Logos) c'est-
à dire le *verbum mentis divina*, cette sagesse incréée qui
doit renouveler la beauté caduque de l'humanité. A ces en-
volées de quelques esprits d'élite répond le souffle prophétique d'Isaïe : « voici qu'une vierge enfantera et nous donnera un enfant et son nom sera : Dieu avec nous ! » (1)

C'est tout l'univers qui prophétise en se tournant vers
cette terre de Judée où doit se réaliser la promesse. Voyez
comment il prête à tous les échos une oreille attentive
dans l'espoir de voir se réaliser bientôt ses espérances.

Quand le Christ vint au monde dans une pauvre étable,
en lui rien de divin n'apparaissait ; sa divinité se cachait
sous son humanité. Néanmoins, à peine s'est-il montré non
loin de Césarée de Philippes, que l'on voit accourir à lui
des foules avides d'entendre la parole de vie. Elles qui
couraient naguère au baptistère de Jean, qui les plongeait
non loin d'Ænon dans l'onde salutaire, vous les voyez se
détourner du précurseur quand il leur dit : « Je ne suis
pas la vie ! Il est au milieu de vous Celui qui a mission de
vous régénérer (2). » A ce moment précis se fait entendre
le mot de l'humble galiléen : « O vous tous, qui avez soif
venez vous rafraîchir à la source de la vie (3) ». Oh oui,
elle avait soif, l'humanité. Et pourtant, n'avait-elle pas eu
en partage les connaissances les plus variées ? les Écoles
d'Athènes et de Rome n'avaient-elles pas regorgé d'élèves?
Malgré sa science, elle n'avait le rien de tout et elle se
sentait vraiment indigente ! Elle a soif de l'infini. Elle ne
veut plus des sophismes et de l'ombre de la philosophie.
Elle court après la réalité ! Elle voit le temple, elle est

_____

(1) Isaïe VII. 14. Ecce virgo concipiet et pariet filium et vocabitur nomen ejus
Emmanuel ! VII. 14.

(2) Luc. III. 16. Ego quidem aquâ baptizo vos : veniet autem fortis me cujus non
sum dignus solvere corrigian calceamentorum ejus ; ipse vos baptizabit in spiritu
sancto et igne ; cujus ventilabrum in manu ejus, et purgabit aream suam, et con-
grégabit triticum in horéum Suum.

(3) Qui biberit ex aquâ. quam dabo ei non sitiet in æternum. Jean IV 13. Siquis
sitit veiniat ad me, et bibat. Jean VII. 37.

sur le seuil ; cela ne lui suffit pas ; elle veut pénétrer
dedans. La lumière ne l'épouvante plus. Voilà pourquoi
elle tombe dans les bras du Rédempteur des hommes, qui
lui apparaît comme le médecin capable de guérir toutes
ses blessures ! L'humanité crût en Lui ! Toutefois sa cré-
dulité est mise à une cruelle épreuve. Car le Maître meurt !
Qu'importe, l'humanité a confiance en lui, il est la vérité !
aussi, se penche-t-elle vers sa tombe avec amour ! Il s'est
dit Fils de Dieu, elle ne peut croire à un mensonge dans
cette bouche si sainte et, sans se décourager, elle marche à
sa suite. Car, il ne peut pas être un imposteur, ce Christ
pauvre au delà de toute expression, ce Christ qui, avec
rien a construit l'admirable édifice de l'Eglise. Avec raison,
elle le trouve sublime dans ses leçons d'humilité ; son cœur
a éprouvé une émotion indéfinissable à la vue de ce docteur adressant son premier salut aux déshérités de la terre.
Tout cela est grand et divin !

Elle a vu le merveilleux spectacle de la diffusion de la
foi chrétienne. Chose étrange, inouïe jusqu'à ce jour. Un
personnage sans éclat ramasse quelques bateliers et en fait
les propagateurs de son évangile (1). Quelle proportion y
a-t-il là-dedans entre la cause et l'effet ? Tout est bien pour
nous sujet d'étonnement. Mais combien plus étonnant
encore est le spectacle du centurion Corneille tombant au
genoux du pauvre pêcheur de la Galilée. Eh quoi ! cet homme
serait-il insensé ? Lui riche, lui le descendant de Cornélia,
le voilà devenu pauvre pour l'amour du crucifié ? Mais alors
Rome et Jérusalem se groupant autour de cette croix, et se
donnant le baiser de paix sous les regards du crucifié,
seraient folles elles aussi ? non ! ces vaincus ont trouvé la
voie qui conduit à la vérité.

L'humanité ne s'y est pas trompée ; aussi salue-t-elle
dans ces conquêtes du christianisme l'heureux présage de
la régénération du monde par l'évangile.

Sa confiance grandit encore quand elle voit le chef de
l'Eglise fonder sa suprématie spirituelle au siège même où

---

(1) Contre Celse n° 640. « atque hinc est, quod non obvium quemque invenias di-
vinà hac sapientà ornatum. Eorum est qui, eminent et excellunt inter eos qui
christianam religionem sectantur. Origène contra Celsum, t. XI de la Patrol.
grec. L VI p. 1309.

les Césars exerçaient leur puissance. Pour le coup, le Galiléen leur apparaît grandi. Quelle audace, en effet, ne fallait-il pas à un homme pour oser ainsi détrôner les rois de Rome de ce sacerdoce suprême qu'ils avaient toujours exercé.

Les Prévoyants eussent taxé de folie l'acte de l'apôtre. En effet, il fallait être un peu fou pour tenter une telle entreprise. A tous les points de vue, Pierre courait au-devant d'un échec ! car quel crédit comptait-il avoir cet homme sans fortune et Juif d'origine ? Comment faire accepter la pauvreté à une ville ruisselante de palais et regorgeant de richesses ?

Il rêve cependant de donner tout cela au Christ ! Ces patriciens orgueilleux ; il veut les conduire dans la voie du renoncement et les jeter tout haletants de repentir aux pieds de Jésus mort sur un gibet infamant.

O folie de la croix, que tu es sublime ! En effet, c'est un spectacle merveilleux que celui de ce christianisme à l'existence tourmentée luttant contre les puissances de la terre afin de faire triompher la vérité évangélique ! Partout on lui déclara la guerre (1), depuis les sommets jusqu'aux bas-fonds de la société, tous le traînent à la barre et malgré tout il triomphe ! Il n'est pourtant pas Dieu ! Venu au monde à la voix d'un personnage obscur il n'a rien qui révèle sa grandeur, et le voilà qui domine en dépit des obstacles, portant au front le signe indélébile dont l'a marqué le Christ ! Avec son fondateur, il lutte pour la réalisation de son but, qui est de rendre les hommes frères. En vain lui demandera-t-on parfois de dévier d'une demi vérité, il préférera le martyre et, à ses bourreaux, il offrira toujours un généreux pardon et un dévouement qui ne se démentira jamais (2). Cette vérité, Origène la fait admirablement ressortir dans ses écrits : un tel spectacle ne pouvait laisser le monde indifférent. Ainsi

---

(1) Mais pour les chrétiens, le sénat romain, les empereurs qui se sont succédés, les soldats, le peuple, les parents même des croyants, ont conspiré pour empêcher le développement de cette doctrine. Elle a été environnée de tant d'embûches de la part de ses ennemis qu'elle eût été opprimée si une vertu divine qui la soutenait ne lui eût donné d'échapper, de prendre le dessus et même de triompher de l'univers conjuré à sa perte.

Origène contre Celse. t. XI de la Patr. grec. n° 323, p. 662.

(2) LIII. c. Celse. p. 929.

s'explique la conversion de certains membres influents de la
société romaine.

Lors de son arrivée dans la capitale de l'empire, Pierre avait
été reçu par deux chrétiens d'origine juive : Aquila et Priscille.
Ils étaient riches. Fortement attachés aux doctrines nouvelles,
non seulement ils étaient honorés de posséder chez eux le vicaire de Jésus-Christ, mais ils l'aidèrent, du Janicule où ils
s'étaient fixés, à rayonner sur toute la colonie juive alors très
prospère grâce à l'admistration bienveillante d'Auguste.

Ce progrès alla s'accentuant sous le règne du pacifique
Tibère. Rome en l'an 42 de notre ère, était une ville ouverte
à toutes les idées philosophiques ; là, à côté des dieux de
l'Olympe, la vieille religion juive, encore confondue avec le
christianisme, devait y trouver naturellement une place.

Les progrès de la religion du crucifié furent dès lors rapides
sur les bords du Tibre. Les relations de l'apôtre sortirent du
cercle de la famille d'Aquila. Il fut reçu dans la gens Cornelia
et, grâce à la protection de cette illustre famille, il eut des rapports faciles avec les descendants des Cinna, des Cetthegus,
des Dolabella, des Lentulus et des Scipion, tous apparentés à
cette race antique et habitant avec elle le *vicus Patricius*.

L'idée de convertir à la foi une famille aussi illustre est un
trait de génie, et le seul fait d'avoir réussi nous fournit une
preuve de la grandeur morale qui, déjà, marquait les premiers
pas de l'Eglise. La conversion de Cornelius Pudens eut un grand
retentissement dans Rome. Avec lui le *vicus Patricius* devient
un foyer de propagande chrétienne !

Contraste étrange, à l'heure où Rome païenne se dégrade
de plus en plus, Rome chrétienne grandit et se fortifie ! Au
paganisme devenu monstrueux elle donne l'exemple des plus
sublimes vertus. Tandis que celui-là perd les notions les plus
élémentaires de l'équité, celle-ci pauvre et méconnue, s'élève
jusqu'au divin ; elle attire à elle les masses, elle les transforme et leur infuse, au point de les rendre méconnaissables,
la pensée du beau et du bien telle que la lui a transmise le
réformateur de la Judée !

Qu'elle est belle cette religion nous apparaissant dans la vir-
ginale splendeur de sa naissance. Ah ! combien plus élevé est
ce langage de Clément que toutes les doctrines soutenues dans
les Ecoles.

« Mes bien-aimés, abstenez-vous des désirs charnels qui nuisent à l'âme. Soyez sur cette terre comme des pèlerins. Ayez au milieu des nations une conduite édifiante afin que, loin de médire de vous comme si vous étiez des malfaiteurs, ils soient portés, à la vue de vos bonnes actions, à honorer Dieu au jour de sa visite ! Soyez donc soumis à toute créature humaine à cause du Seigneur ; obéissez au roi, il est au-dessus de tous ; obéissez aux gouverneurs, ils sont ses députés... »

De tels accents devaient être entendus ! l'humanité a fait plus que les entendre, elle les a mis en pratique ! Oui, merveilleux contraste, dira un historien de l'Eglise ! Dans le même temps Sénèque, philosophe, éloquent, riche, fait l'éducation d'un nouvel empereur ; Pierre, pêcheur de la Galilée, sans lettres sans argent, sans crédit, fait l'éducation d'un nouveau peuple ; l'élève de Sénèque fut Néron ; l'élève de Pierre fut l'Univers.

Par un phénomène étrange, deux forces opposées produisent des effets contraires à l'attente universelle. L'une a triomphé du monde et elle le tient captif, elle est forte de son crédit elle est en possession de toute sa gloire et elle aboutit aux extravagances sans nom, au délire, à l'ignominie.

L'autre née depuis quelques jours, modeste, humble, décriée dans son fondateur, triomphe des passions au point de nous donner l'idéal de la perfection au sein de la plus grande corruption. Libres désormais, ces âmes régénérées grandiront de jour en jour tandis que la Rome païenne s'affaissera sous le poids des hontes les plus épouvantables.

Quelle plus belle conquête citerons-nous que celle de *Pomponia Grœcina*, cette Romaine respectée et aimée de tous ? Oublierions-nous Flavius Clemens, dont Tacite, juge assez sévère, ne peut assez louer le grand caractère ?

Avec eux, le Viminal et l'Esquilin devinrent des centres importants de la foi chrétienne. Tairons-nous les noms de Quirinus, tribun du peuple et de sa famille Balbina ; d'Hermès et de son épouse Théodora, de symphore, cette femme héroïque mariée au tribun Gétrelius Joticus ?

Quelle œuvre colossale avaient accomplie les douze pêcheurs de la Galilée. L'Eglise existe. Elle a son dogme, ses lois c'est-à-dire une constitution particulière ; c'est une force nouvelle qui tend à dominer. Le Paganisme pris de frayeur à la vue des progrès de cette idée divine voulût tenter un effort sur-

humain pour arrêter la marche de celle que n'avaient pû déconcerter trois persécutions générales.

<h1 style="text-align:center">II</h1>

Tacite fût le premier à faire entendre un cri d'alarme, et
dans ce cri on sent percer une haine profonde pour le nom
chrétien ; tantôt l'exécution de ces malheureux est un exemple salutaire ; d'autrefois il les désigne comme de grands coupables dignes de toutes les représailles : « quand ils succom-
beraient, dit-il, par suite de l'insalubrité du climat, ce ne serait pas dommage ! » Il n'a pas d'expressions assez fortes pour
tonner contre ces ennemis des dieux de l'Empire. A quel mobile pouvait bien obéir ce savant ? Au fond, Tacite, n'a cure de
la question religieuse. Panthéiste et sceptique comme tous les
lettrés de l'époque, il ne croit guère aux exhibitions du culte
païen ! Pourquoi déclarait-il la guerre au Dieu du christianisme ? Sans doute parce qu'il détruisait le pouvoir en sépa-
rant le spirituel du temporel. Amant passionné de l'antiquité,
il rêvait de resserrer les liens de cette alliance désormais impossible ; il ne voudrait pas de l'émancipation des esprits, car
c'était la fin du philosophisme doctrinaire.

Prêtres en leur genre, les savants régnaient dans une sphère
à part au-dessus du niveau commun. Le christianisme, ennemi
des castes, rapprochait toutes les individualités, c'est là son
grand tort. Aussi Tacite précurseur de l'école philosophique
du second siècle, cherche-t-il à peser de toute son autorité sur
ce peuple, qui déserte les temples des dieux de l'Olympe pour
courir à je ne sais quelles utopies ! Les vérités chrétiennes lui
apparaissaient en effet comme des mythes. La loi philosophique
de la foi était encore imparfaitement définie. Le secret le plus
rigoureux était imposé aux adeptes de la nouvelle religion et
un certain mystère planait sur les assemblées chrétiennes.
Aussi les païens firent-ils circuler les rumeurs les plus inouïes
sur la moralité des partisans du Christ.

Le plus souvent on les dépeignait comme des forcenés in-
fidèles à la loi naturelle et se permettant des crimes contre na-
ture(1).

---

(1) «Que faisons-nous de mal, dit Origène, nous qui par des lectures et des exer-
cices de piété nous excitons mutuellement à un grand amour pour Dieu et à la pratique
des vertus divines. »

La haine s'aviva bientôt à un tel point que, l'œuvre du Rédempteur se trouvant menacée, Justin et quelques autres apologistes durent faire entendre une protestation indignée.

Ces chrétiens convaincus demandaient des juges. « Princes, disait Justin, en terminant son apologie, à vous de juger. Si nos usages vous semblent raisonnables, respectez-les ; si, au contraire, tout cela vous paraît être un tissu de futilités, méprisez-les ; mais n'armez pas votre bras afin de frapper de mort des créatures qui n'ont fait aucun mal. Qu'ils soient fous à vos yeux, passe encore ; mais cette folie ne préjudicie pas à vos intérêts ! »

Ces accents ne devaient pas être entendus ! trop de haines étaient déchaînées depuis plus d'un siècle contre l'œuvre du Christ. Malgré tout, elle avait progressé et elle venait d'atteindre la limite du second siècle, quand elle vit s'élever un violent orage.

Le paganisme expirant eût, en effet, un réveil terrible. Les persécutions sanglantes ayant échoué, la philosophie néoplatonicienne eût recours à d'autres armes.

Celse avait fondé à Alexandrie, vers la fin du second siècle, une école qui avait pour but premier de réunir en une vaste synthèse tous les anciens systèmes de philosophie. Il voulait les rajeunir et les approprier aux idées modernes. Cette philosophie remise à neuf à la façon des vieilles ruines devait surgir resplendissante en face de la morale évangélique ; on ne doutait pas qu'elle ne fût avec le temps la religion de l'avenir. Le paganisme en détresse tentait là un grand effort ! Celse était le précurseur de nos modernes rationalistes, qui veulent faire de la science la religion de l'humanité !

En vue de cette colossale entreprise, il fit disparaître des écoles les vieilles inimitiés, et faisant appel à toutes les bonnes volontés, sans considération de provenance, il groupa en un seul faisceau toutes les croyances anciennes. La réconciliation se faisait sur un terrain d'entente commune : la haine du nom chrétien !

Alors l'Inde accourut avec ses idées panthéistes ; la Perse apporta son dualisme ; la Grèce offrit son polythéisme tant soit peu expurgé ; le christianisme lui-même ne fût pas repoussé, et cet ennemi contre lequel on s'acharnait pour

le mettre hors de la maison, paya son tribut à cette œuvre
de régénération sociale. La Trinité chrétienne avait ravi d'aise
tous ces esprits avides de nouveauté, ils lui firent bon
accueil. L'idée de l'unité admirable du christianisme les avait
frappés, ils l'adoptèrent. Tout à coup, une difficulté insur-
montable vint se dresser en face de ces bâtisseurs ! Où serait,
se demandèrent-ils, le signe du divin dans ce vaste arsenal
conçu si habilement contre le philosophe de la Galilée ?

Celse ne s'arrêta pas longtemps devant ce problème ! La
magie et la theurgie de l'Inde vinrent à son secours. Ainsi
s'était élaboré silencieusement le plan de Celse, d'Ammonius Saccas, de Jamblique et de Porphyre.

L'Église se trouvait en face d'adversaires terribles. Le
dogme catholique était-il en état de résister au contrôle de
la science ? Où était-il ? Dans quels livres était-il contenu ?

Que répondra le catholicisme ? Pourra-t-il, comme l'ont
fait les Athénagore, les Justin et autres, reprocher au paganisme ses systèmes en contradiction avec l'expérience ?
non ! l'accord est fait. La foi païenne et la raison viennent
de s'unir ! La philosophie l'emportait et l'Eglise semblait
prise en flagrant délit de mensonge !

Tout était habilement combiné dans ce plan. La haine
avait juré cette fois d'attaquer jusqu'en ses fondements la
religion, puisqu'elle niait la divinité de son auteur.

Celse démontrait donc que Jésus n'avait rien innové
puisque sa doctrine se trouvait dans tous les recueils de
philosophie ; ses miracles ne prouvaient rien, car ils devaient
être attribués à la magie. Et puis, disait-il, les philosophes,
en ont fait d'aussi étonnants ! Et, pour prouver son assertion, il opérera à la façon des charlatans, faisant des miracles à l'usage du peuple, qui trop crédule, se laissera prendre
à ses jongleries.

Non contents de saper les bases de notre foi, les néoplatoniciens affichaient antérieurement leur morale sévère afin
de montrer par elle que la philosophie pouvait atteindre au
sublime chrétien.

Comme on pouvait leur objecter les fables du paganisme,
ils avaient soin de dire : ces fables ont été mal interprétées.
On doit y voir des allégories : « de tout temps, dit Celse
l'unité pure, absolue et immuable a existé ! Elle n'a pas de

diversité; elle n'a donc par conséquent ni objectif, ni sub-
jectif! ce bien absolu et suprême est le principe de tout ou
la puissance absolue. Elle n'a ni qualité, ni forme, ni propriétés. En d'autres termes, c'est l'être abstrait, l'être pur
(το ον). Tout vient de cette unité transcendante; c'est d'elle
qu'émane l'intelligence (νους) comme l'auréole provient des
reflets de la lumière. Intelligence toutefois inférieure à son
principe même; elle s'appelle l'âme universelle, la cause du
mouvement dans l'être. Cette âme, principe de vie, doit
produire quelque chose au dehors. Or, comme elle est unité
et dualité, en elle réside la pensée et l'être, car en produisant au
dehors les idées, il faut qu'elle les revête d'une forme, (les
âmes ne pouvant exister que dans un sujet). Aussi, en produisant les formes, produit-elle la matière, sorte de dériva-
tion du monde intellectuel. C'est le dernier terme de ce
développement, élément négatif, vide, informe !

L'univers sensible n'est pas autre chose que la grande
âme du monde recevant de l'esprit des formes intellectuelles et produisant une image affaiblie des idées qu'elle voit
en lui. Il est éternel parce que l'âme n'a jamais pu rester
inactive.

L'âme inférieure éprouve la sensation et perçoit les choses.
C'est d'elle que provient la force génératrice de la nature
ou la vie physique. « *Celsi sententiam esse mundum non
esse creatum* » (1).

La perception sensible est indifférente en soi à exprimer
telle ou telle vérité, car l'acte de la perception ne renferme
aucune vérité. Les seules choses vraies sont les réalités
supra sensibles perçues chez nous par la raison. L'objet est
produit par la pensée quand l'âme éclairée par (νους) se
recueille; de ce recueillement naît comme une sorte d'impression ; elle s'élève alors jusqu'à l'objet, devient un avec
lui et ainsi la connaissance se forme en nous.

Le monde intellectuel et le monde sensible se confondent
et opèrent parallèlement; ils s'expliquent naturellement à
qui sait user de la magie et de l'astrologie pour leur arracher
des secrets.

La nécessité a créé le monde ; les âmes agissent en vertu

---

(1) Origène. L. I. contre Celse t. XI de la Patrol. gr. n° 336 p. 693.

de cette même loi ; elles ne peuvent se défendre contre cette impulsion ; elles n'ont d'autre volonté que l'action.

Aussi admettait-il la métempsycose comme le lui reproche Origène (1).

La création n'est pas autre chose qu'un ensemble d'âmes aux situations différentes. Les premières sont les âmes intellectuelles, âmes supérieures auxquelles appartient le gouvernement du ciel et des astres. Elles sont libres de passions. Au-dessous se placent les âmes intellectuelles inférieures ou νεοσ. Au troisième rang viennent les démons ou agents de la force créatrice de l'univers. Enfin à la dernière catégorie appartiennent les âmes créées, c'est-à-dire l'homme et les bêtes (2).

Une âme intellectuelle en quittant le monde supérieur pour habiter un corps laisse une partie d'elle-même dans ce monde, c'est ce qui explique ce besoin inhérent à la créature de soupirer après un monde meilleur. Toutefois, toutes les âmes ne retournent pas à leur principe premier. Celles qui ont abusé des sens renaissent sous la forme des bêtes ; mais elles pourront renaître à leur vie primitive si elles arrivent à vivre humainement.

L'âme reçoit des secours supérieurs capables de produire en elle la science et la vertu ; mais la science que l'homme acquiert par la combinaison des idées est imparfaite; c'est par voie d'intuition qu'il peut s'élever jusqu'à Dieu! Pour la vertu, elle nous rapproche de Dieu et nous permet de parler avec lui. Nous pouvons, grâce à son secours, imposer notre volonté aux démons. Par la vertu nous sommes transformés en Dieu. C'est donc par un secours divin que nous pouvons avoir l'énergie suffisante pour vivre en hommes. Ce secours, la prière, sorte d'élévation de notre âme vers Dieu, peut nous le procurer (3).

A cet enseignement pratique Celse joignait ses attaques contre l'auteur du christianisme. Il cherchait à montrer l'imperfection de l'œuvre de ce Dieu. Pour lui, le Sauveur était

---

(1) Origène contre Celse L. I. n° 338 p. 695. t. XI. Patrol. gr.

(2) C'est la doctrine des Stoïciens. Origène les attaque constamment dans son livre contre Celse, L. V. n° 624 p. 1277. t. XI. Patrol. gr.

(3) Origène t XI. n° 334-368. *Baur.* La gnose p. 417 et suivantes, Plotin opera omnia. Edit 1835, 3 vol. Hergenrœther. t I. p. 287 et suiv.

un rhéteur ignorant qui avait jeté aux hasards des circonstances les bases d'un système philosophique ne reposant sur rien.

Cet effort tenté par les néoplatoniciens aurait pu ébranler la foi si les écoles n'eussent pas été fermées au peuple. Si poussant jusqu'au bout leur système d'imitation ils eussent inventé un petit compendium, résumé de leur synthèse, afin de répandre l'erreur au moyen d'un enseignement oral, oui, le péril eût été grand! mais Dieu merci, l'erreur n'eût pas cet éclair de génie.

Néanmoins l'attaque mit l'Eglise en garde contre les surprises! et comme il importait de mettre son dogme à l'abri des injures des hérétiques, elle eût l'idée de condenser en un tout uniforme toutes ses croyances. Ainsi naquit la théologie, cet arsenal où nous allons chercher contre l'erreur les bases de notre foi. C'est à l'école d'Alexandrie fondée par Pantène qu'appartient l'honneur d'avoir formulé toutes les croyances chrétiennes. Parmi les noms qui ont illustré cette réunion de savants, le plus glorieux et sur lequel je voudrais attirer votre attention est celui de l'Alexandrin Origène. Nul plus que lui n'a de titres à la reconnaissance de l'Eglise.

CHAPITRE II

I

Origène apparaît à une heure de crise. L'histoire de l'empire nous parle de révolutions successives. En moins de quinze ans Rome avait changé trois fois de maître et Septime-Sévère, qui montait sur le trône, avait à défendre sa couronne contre deux compétiteurs (1)! L'Eglise ressentait malheureusement le contre-coup de ces disputes qui déchiraient l'Etat. Nous avons dit précédemment à quel point elle était éprouvée par les attaques des incrédules! Dieu venait enfin de lui donner un soutien!

Par l'éclat qu'il a jeté sur cette terre d'Afrique si fertile en saints, cette grande et unique figure nous repose un peu de toutes les hontes de cette triste période. Jamais homme n'eut plus de traits de ressemblance avec le divin maître. Nul ne réunit plus de contrastes et fut en butte à plus de contradictions. Tout dans cette vie tient du prodige.

Il entre de bonne heure à l'Ecole d'Alexandrie d'Egypte. A un âge où l'adolescent songe peu à s'instruire, Origène est déjà savant. C'est là, dans ce foyer de toute science que nous le voyons grandir et acquérir un double amour. Chrétien, il se sentit porté avec ardeur vers la vérité à la défense de laquelle il avait consacré sa vie ; philosophe platonicien il garda un culte respectueux pour ses maîtres. Son amour pour la philosophie païenne le porta à reconcilier Jésus avec

---

(1) Commode avait régné de 180-192. Etranglé en 192, il fut remplacé par Pertinax qui fut assassiné par les prétoriens après 97 jours de règne (30 mars 193). Septime-Sévère, proclamé en Illyrie, eût à défendre sa couronne contre Pescennius Niger nommé empereur en Orient et Albinus, appelé à l'empire par les légions de Bretagne.

Platon; aussi s'attira-t-il le reproche, qui fut adressé du reste à d'autres Pères, d'être resté disciple de Platon, tout en étant Chrétien. Ainsi s'explique chez le savant ce dualisme qui surprend parfois quand on étudie de près cette physionomie si complexe.

Vers 187, il ouvre une école de grammaire et de littérature. Il voit accourir tout à coup de nombreux disciples autour de sa chaire et parmi eux, quantité de Gentils qui se sentaient attirés par sa dialectique serrée et sa chaleur communicative. Quelle gloire pour ce jeune professeur, à peine âgé de vingt ans, d'avoir su grouper autour de lui les plus brillantes intelligences! Devenu l'émule des plus célèbres philosophes, nourri des belles lettres, il conçoit le rêve magnifique d'amener à la foi chrétienne toutes ces brebis errantes assoiffées de vérité (1).

Bientôt son école de grammaire se transforme en un cours de philosophie et d'exégèse. Car Démétrius, évêque d'Alexandrie, ravi des espérances que faisait concevoir ce génie, lui confiait cette chaire laissée vacante par la retraite de Clément. Accablé par l'âge ce savant s'était vu dans la nécessité de renoncer à son enseignement. Il se consolait à la pensée de se survivre dans son illustre disciple.

Origène était digne de la confiance de ce maître vénérable. Il avait au cœur, en effet, un grand amour pour l'Eglise. Il l'aimait comme l'épouse immaculée du Christ! il la rêvait majestueuse, éclatante de beauté et sans rides. Pour lui, elle est la maison de l'alliance avec Dieu (2), l'arche sainte, où sont venus s'abriter tant de malheureux naufragés (3). Loin de lui la pensée de l'égaler à l'Eglise du Ciel, « car le triomphe, dit-il, n'est pas de cette terre! » Ici-bas, il y a des ruines et des dangers et à l'appui de son assertion, il cite tout un passage de la première épître de saint Paul aux Corinthiens. « Ne vous trompez pas mutuellement; si vous n'accordez pas ce qui est dû à votre nature, que ce soit pour un temps et afin de mieux prier; puis rendez-vous vos devoirs de peur d'être tenté par le démon (4). » Mais l'Eglise

(1) Eusèbe VI. 19.
(2) Origène in levit. Homlia IV. n° VIII.
(3) Origène *in genes Homilia* II n° III.
(4) Origène *de oratione* caput XXXI.

est le paratonnerre placé par Jésus au milieu du monde
pour nous préserver des embûches de l'esprit des ténèbres.
Elle est la montagne sainte vers laquelle les hommes ont
les regards tournés.

« Remarquez, dit-il, contre Celse, que Dieu parlant au prophète annonce celui dont le trône existe de toute éternité :
il prédit la verge qui doit nous conduire *virga regni ejus*.
Il a donc été oint par Dieu et dès lors il est Dieu » (1).

Tel est le Sauveur, auteur de la restauration universelle.
Par lui nous vient la grâce ; il est la base de ce tronc merveilleux planté sur cette terre et d'où sont sorties les branches qui
se sont étendues partout : « Ces chrétiens que vous persécu-
tez ce sont eux qui ont la vérité. Où est la nation Juive ? La
ville déicide a été ruinée de fond en comble ; les Juifs ont été
dispersés et d'autres peuples ont été appelés à la vocation
de fils de Dieu ! ceux-là sont chrétiens qui gardent le culte
véritable du Seigneur, ceux qui ont reçu les lois nouvelles
appelées à régir la république universelle ! Il fallait, dit-il,
que cette ville, où a souffert le Christ fut détruite et ses
habitants dispersés ; mais à la place s'est élevée une cité
merveilleuse qui est l'Eglise de Dieu (2) ». Regardez, ces
chrétiens sont partout, prêchant d'exemple et remplissant
le monde du parfum de leurs vertus (3). Il donne ce signe
de la diffusion du christianisme comme une preuve de sa
divinité.

Cette question de la catholicité de l'Eglise prend une grande
importance à ses yeux, aussi s'efforce-t-il de faire ressortir
aux regards des païens la force de cet argument. En même
temps il s'applique à leur démontrer l'excellence de cette
religion. Il apporte à cet effet le plus grand soin dans son
exploration du champ si vaste des études bibliques. Son but
nous apparaît alors sous tout son jour. Ces pages, il le sait,
ont été défigurées par l'erreur, aussi veut-il leur rendre leur
physionomie particulière ; il en fixe le sens d'une façon irré-
vocable afin de conserver intact le trésor le plus précieux
que nous aient transmis les Apôtres.

Le sens littéral ne le satisfaisant pas toujours, il aura sou-

---

(1) Origène. L. I. 1er contre Celse. t. XI, Patrol. gr, p. 764. n° 371.
(2) Origène. L. IV. de la Patrol, gr. p. 1060. 22 t. XI.
(3) *Ibidem.*

vent recours à des interprétations hasardées et nous le verrons aller jusqu'à la témérité dans son abus du sens spirituel.
Mais dans ses exagérations mêmes, quand il semble friser
la témérité au point de pouvoir passer pour hérétique, si l'on
y regarde de près, l'erreur n'est qu'à la surface et après un
examen sérieux on est forcé de conclure à la parfaite orthodoxie de ce docteur fidèle (1).

Avant d'étudier la doctrine théologique contenue dans les
écrits de ce Père, il ne sera pas hors de propos de faire une
remarque sur son caractère essentiellement militant. Ceux
qui ont jugé sévèrement le savant n'ont peut-être pas assez
pris garde à cette époque et au caractère de la lutte. Origène
est un soldat de l'Eglise placé à l'avant-garde. Ayant à défendre contre les philosophes la foi attaquée, il doit s'ouvrir
une voie à travers un dédale de difficultés. Sans cesse sur
la brèche, on le verra fournir une somme de travail que nul
n'égala.

C'est pour se mieux préparer à sa mission que nous le
voyons prendre l'habitude d'une vie austère. Il veut être
prêt à tous les sacrifices, aussi s'endurcit-il à la fatigue.

Il accordera peu de loisirs à la nature ; la terre nue sera
son lit de repos.

Lorsque la persécution eût dispersé l'Ecole d'Alexandrie
et mis ses maîtres en demeure de se cacher, quand elle eût
décapité son père et confisqué tous ses biens, Origène se
verra dans la nécessité de travailler pour subvenir aux besoins de sa famille, veuve de son chef. D'autres, dans la fiè-
vre d'arriver se fussent empressés de se créer une situation
en vue ; pour lui, toujours attentif à faire passer l'œuvre de
Dieu avant ses intérêts personnels, il n'eût au cœur qu'une
préoccupation : s'armer afin de défendre la plus noble des

---

(1) Origène nous a laissé des Commentaires sur saint Jean. Cet ouvrage était
dédié à Ambroise, riche converti qui avait mis sa fortune au service du savant. Il
fit paraître ensuite les Stromates, sorte de mélanges littéraires où il traite des
sujets divers et un peu sur toutes les questions. C'est de tous les ouvrages qui lui
sont attribués, le plus décrié. On doute de l'authenticité de ce livre : et, à supposer
qu'il fut d'Origène, les sujets qui sont traités pouvaient être facilement interpolées
par la main des hérétiques.
Anatole, évêque de Laodicée, attribue à l'Alexandrin un travail sur le libre arbitre
et un discours sur la Pâque. Saint Jérôme dans sa 29ᵉ lettre à sainte Paula parle
d'un autre ouvrage qui aurait eu pour titre : Monobiblia. Nous ne l'avons pas ;
c'est regrettable car ce savant y donnait l'explication de tous les noms propres
employés dans le Nouveau Testament.

causes. Quant aux nécessités de ce monde, il s'en remet à
la volonté du Maître adorable qui gouverne tout par sa Providence.

Il fera deux parts de son temps : l'une sera consacrée à
l'étude des auteurs profanes, l'autre sera employée à méditer
les saintes écritures. Cette dernière étude le préoccupe par
dessus tout. Ce qu'il cherche, dans ces pages écrites par les
disciples du Sauveur : c'est l'idée dominante, cette grande
âme, qui autrefois bouleversa la Judée. Il cherche à s'en pénétrer afin de devenir comme cet envoyé du ciel un illuminateur des peuples.

Aussi ses progrès sont-ils rapides et ses connaissances très
étendues ; toutes les sciences mêmes lui deviennent familières.

Esprit clair et méthodique, toujours heureux dans le choix
de ses expressions, il a le don de mettre à la portée de ses
disciples les questions les plus difficiles.

Ainsi armé, il partit en guerre avec une constance que
rien ne devait lasser contre les ennemis de sa foi.

Son génie put l'abuser parfois sur l'emploi des moyens,
car il se sert de toutes sortes d'arguments les croyant tous
également bons quand il était question de démasquer et de
confondre ses adversaires.

A la rigueur il eût employé contre eux le glaive. Le Christ
n'a pas voulu l'emploi de telles armes pour la défense de la
vérité angélique. La foi est une adhésion volontaire de l'esprit ; la force n'a rien à voir là-dedans ; mais à une époque
encore primitive nous ne saurions condamner la pieuse exagération d'un néophyte. On ne saurait suspecter les intentions
d'Origène ; dans tous les cas, son effort fut louable !

Son œuvre, il en avait le pressentiment, serait un jour
battue en brèche, aussi écrivait-il ces lignes significatives :
« Plusieurs qui nous aiment plus que nous le méritons affirment en louant nos écrits des vérités réprouvées par notre
conscience. D'autres, au contraire, calomnient nos travaux
en nous prêtant des idées auxquelles nous n'avons pas pu
nous arrêter (1).

Le phénomène le plus étrange à observer dans cet homme, c'est sa spontanéité. A dix-huit ans il fait ses débuts

_____

(1) Prologue Peri-archon t. XI. p.114.

dans la chaire des cathéchèses. Il enseigne à un âge où d'autres sont encore sur les bancs. Aussi est-il salué chaleureusement par ses disciples, qui voient en lui un flambeau appelé à projeter sa lumière sur le monde. Acclamé avec enthousiasme, chanté à l'envie par les païens et les chrétiens, ce maître admirable ne cède pas un instant à un sentiment d'orgueil. Fils d'un saint et élevé à la rude école du malheur, il rapporte à Dieu seul la gloire qui vient environner son nom. Plus sont nombreuses les ovations, plus il cherche à se distinguer par son talent afin de gagner au Christ un plus grand nombre d'âmes. Tout est grand dans cette vie !

Bientôt ce génie se trouve à l'étroit dans ce cercle restreint des cathéchèses. Désireux d'étendre ses connaissances et d'enflammer son cœur au contact des exemples de vertus, il s'en va visiter les autres églises de la chrétienté (212). Rome l'attire. N'est-elle pas la première de toutes, celle qui repose sur Pierre ? elle est la capitale, l'archétype, comme il l'appelle (αρχαιοτατην) des autres églises : elle est la mère de notre foi, aussi veut-il admirer les beautés du Christianisme au siège même du chef de la catholicité (1).

Puis, de retour dans son pays, il se mettra avec ardeur à l'étude de la langue hébraïque. Origène méditait alors un grand projet ; mais sa réalisation dépendait de ses connaissances de la linguistique syro-chaldéenne. Quand cette langue lui fut devenue famillière, on lui vit dresser ses tables ou les différentes versions de la sainte écriture disposées en colonnes parallèles. Successivement elles prirent les noms de tétraples, d'hexaples, d'octaples et d'ennaples. On voit figurer dans ces premières polyglottes la version d'Aquila, la traduction de Symmaque, le texte hébreu en caractères grecs, la version des Septante et la traduction de Théodotion.

Le livre des écritures une fois constitué, le docteur dut s'appliquer à en déterminer soigneusement le sens. Tel est le but poursuivi dans les homélies et les divers commentaires qui nous sont parvenus. C'est dans ces exposés complets de la doctrine du Sauveur que nous pouvons le mieux admirer l'essor de ce génie s'élevant parfois au sublime. Le plus

---

(1) Eusèbe, VI. 14.

souvent il abandonne le sens littéral pour s'attacher à l'allégorie renfermée dans tel passage. D'autres fois le sens spirituel satisfaisant davantage son intelligence, il en fera ressortir les beautés. En somme, avec Origène on sort du convenu.
Sa parole, comme l'eau jaillissante sort à torrents, s'emparant
de votre âme et la captivant par une éloquence rarement
atteinte. D'autres fois, il expose simplement des vérités sublimes voulant laisser à Jésus le soin de toucher votre cœur.
Mais sa doctrine, qu'elle soit relevée par les atours de l'éloquence ou qu'elle émane de sa bouche dépouillée de tout
artifice, est toujours profondément vraie, élevée, harmo-
nieuse, comme doit l'être le verbe de Dieu !

Cet enseignement fut surtout oral. Au début, Origène
se préoccupait fort peu de faire transcrire ces aperçus sur
l'Ecriture ; aussi ne nous est-il connu que par la tradition :
mais, le nombre des disciples s'étant bien vite accru, pour
repondre à leurs désirs, le Maître se vit dans la nécessité
d'élargir la sphère de son action et ainsi il fut amené à aborder les questions philosophiques.

Il entrait du reste dans sa pensée de mettre tous les dogmes catholiques en parallèle avec les données anciennes de
la philosophie platonicienne. La proposition allait donc au
devant de son secret désir. Ce fut avec un saint empresse-
ment qu'il entra dans cette voie nouvelle. Le sujet n'était
pas neuf pour lui. Imbu des principes du passé, très érudit, il était à même, mieux que n'importe qui, d'aborder
ces questions délicates, qui allaient lui permettre d'amener
à la foi tous les disciples fervents de Platon.

Vie étrange, assurément, que celle de cet homme dont
les rares loisirs seront consacrés à la pratique essentielle de
la foi ! On le verra passer de trop courts instants avec ses
frères éprouvés pour les consoler ; puis, ce devoir accompli, changeant d'allure et se faisant tout à tous, selon le mot
de l'apôtre (1), on le verra se plier aux arguties de la philosophie afin de poursuivre avec sa logique implacable les
ennemis du nom chrétien.

Parfois, il se mêlera aux Juifs afin de contrebalancer leur

_____

(1) Omnibus omnia factus sum, ut omnes facerem salvos. (St Paul ad Corinthios
I C. IX. 4. 22.)

influence, afin surtout de détruire leurs interprétations erronées de la Bible.

Quand un homme entreprend une œuvre aussi colossale, il lui faut, c'est fatal, descendre dans l'arène. Les polémiques, religieuses ou politiques, ressemblent assez à des combats singuliers. Elles ont leurs périodes de succès et de revers. Tout savant sincère doit se préoccuper dans des combats de ce genre de conserver sa pensée, de la rendre lumineuse ; puis il doit l'exposer fidèlement. Tel fut naturellement le travail auquel dût se soumettre Origène. Ne pouvant pas faire face seul aux nombreux adversaires avec lesquels il descendait dans le champ clos de la discussion, il dût demander l'aide de copistes.

Tâche ardue, qui eût découragé les plus forts ! Origène ne se laisse pourtant pas déconcerter par les difficultés. Il devait fournir chaque jour une somme de travail étonnante. Il dictait à sept copistes à la fois et sur des sujets différents. Quoi de surprenant dès lors que quelques incorrections aient pu se glisser dans ces écrits (1) ?

Les travaux les plus importants du savant sont le Peri-archon et ses huit livres contre Celse, philosophe de la secte d'Epicure. Le premier ouvrage est une explication complète du symbole de la Foi. C'est de toute son œuvre la partie la plus décriée, comme nous aurons l'occasion de le dire.

Dans son écrit *Contre Celse* il a pour but de réfuter deux opuscules du philosophe : le *Traité de la Magie* et le *discursus verus*. Dans son ardent désir de rabaisser le Christ aux proportions d'un homme, l'école néoplatonicienne avait attribué à la magie les nombreux miracles opérés par le Sauveur. Origène démontre donc contre ses adversaires à quel point le Messie a agi en Dieu. Les miracles ont été faits au grand jour, en présence de nombreux témoins et le but poursuivi par le thaumaturge n'est pas de satisfaire la curiosité, mais bien de prouver son origine céleste. Au fond, la réponse d'Origène pourrait porter ce titre : *Traité de la divinité de Jésus* !

---

(1) Saint Jérome: quis nostrùm tanta potest legere quanta ille conscripsit ? mille et eo amplius tractatus, quos in Ecclesià locutus est, edidit ; innumerabiles præterea Commentarios, quos ipse appellat « Τόμους ! Epist 41 et 65 » — videtisne et græcos pariter et Latinos unius (Origenis) labore superatos ? quis enim unquam tanta legere potuit, quanta ipse conscripsit? apud Rufin, lib. II.

Nous allons analyser d'abord cette apologie du christianisme avant d'étudier la doctrine du Peri-archon. Ce plan, de
prime abord peut paraître défectueux, car les livres contre
Celse ont vu le jour après celui des principes ; mais, ayant
à cœur de faire ressortir la beauté de la défense du docteur, il est juste de commencer par celui à qui revient ici-
bas toute gloire (1) !

---

(1) Regi autem sœculorum immortali, invisibili, soli Deo honor et gloria. ad Ti-
moth. I². Cap. I. 417.

CHAPITRE III

I. APOLOGIE DU CHRISTIANISME. — II. DIVINITÉ DU VERBE

I

Le seul fait d'avoir franchi ce pas immense est d'une importance capitale pour le catholicisme. Jusque là, il s'était tenu caché, enseigné en secret par les pasteurs. Avec Origène il affronte résolument la discussion et il se pose devant l'opinion. Celse venait de mourir laissant inachevée son œuvre de rajeunissement de la religion païenne. Il avait eu lui-même le pressentiment du peu de solidité des bases sur lesquelles reposait son dogme, aussi avait-il légué à ses disciples sa haine contre le Christ, s'attaquant à l'auteur comme le plus sûr moyen de détruire la religion.

Profitant des années de paix, qui avaient suivi la mort de Septimus-Severus, Origène s'applique à faire connaître l'Eglise. Il la montre existant réellement, en possession d'une croyance, qui n'est pas, comme l'ont cru ses ennemis, une réaction contre le passé, mais une religion divine dans son origine. Il montre aussi à quel point la restauration païenne rêvée par Hiéroclès est inacceptable et ridicule. Le paganisme, leur dira-t-il, n'a pratiqué aucune vertu ; il ne repose sur aucun fondement, il était donc appelé à disparaître pour faire place à la loi plus parfaite du Rédempteur. Les œuvres, pour grandir, ont besoin de la bénédiction du ciel, en vain chercheriez-vous la protection de Dieu dans la religion païenne.

La question ainsi posée, Origène devait s'attendre aux attaques sans nombre des adorateurs des faux-dieux ! Il ne se fait pas illusion un seul instant, aussi s'écrie-t-il au début de

son huitième livre contre Celse : « Que Dieu et le Verbe,
son Fils unique nous assistent afin que nous puissions réfuter complètement les mensonges contenus dans le *discursus
verus*. Puisse la véracité de la religion chrétienne apparaître
ainsi au grand jour. Nous le demandons comme récompense
de notre travail. Nous le demandons dans le même esprit
que Paul, osant dire avec lui : Nous sommes les légats du
Christ et Dieu parle par notre bouche » (1).

Cette invocation faite au verbe de Dieu prouve ouvertement sa croyance en sa divinité. A dessein il insiste sur le
texte de saint Paul et ajoutera encore pour ne laisser aucun
doute : « Il est grand ! Il est supérieur aux autres divinités !
Il est le roi des rois et le Seigneur des Seigneurs ! Par lui le
Tout-Puissant appelle du levant au couchant ceux qu'il a
faits ses héritiers. Ainsi notre Sauveur prouve sa supériorité
sur toutes les grandeurs de ce monde. En effet, il a pénétré
partout. De toutes parts il a convoqué ses élus, aussi saint
Paul dit-il avec raison : un seul Dieu de qui tout dépendait et
un seul Seigneur Jésus-Christ par qui tout a été fait et
nous par Lui » (2).

Ce Christ ressuscité d'entre les morts, il le montre vivant
en haut des siècles, auteur de la grâce, répandant la vie au
sein de nos âmes. En Lui, il implore le Gardien de notre
faible nature ; en Lui, il salue le souverain législateur qui doit
introduire l'humanité dans le domaine de la pensée accessi-
ble à tous ! Il chante en Lui, enfin, le libérateur qui doit
ouvrir l'ère du progrès ! (3).

Il ne nous cache pas néanmoins qu'en se donnant à Jésus,
l'humanité aura à triompher de multiples obstacles. Combien de misères morales il lui faudra faire disparaître ? Que
de vertus il faut acquérir pour avoir part à l'héritage ? Mais
il lui dit d'avoir confiance en Celui qui peut tout. Il est son

---

(1) Origène, T. XI de la Patrol. grecq. L. VIII. contre Celse, p. 1522.

(2) Nam Deus stetit in sinagogâ deorum, in medio autem deos dijudicabit. Deus
enim est deorum Dominus qui per Filium vocavit terram a solis ortu usque ad
occasum. Jubemur etiam Deo deorum confiteri : didicimus præterea Deum non
esse mortuorum, sed viventium neque hæc sola sunt in hanc rem loca, sexcenta
alia referri possent.
Origène. Contra Celsum, liv. VIII. t. XI de la Patrol. grecq. p. 1524.

(3) Origène contr. Celse. L. Iᵉʳ n° 327. t. XI. de la Patrol. gr. p. 672-673.

éducateur (1) ; il la conduira parfois par des chemins ardus ;
mais la victoire est au bout. Tout lui apparaît sublime dans
ce maître adorable conviant ainsi la faiblesse à la pratique
de la vertu ! aussi nous le dépeint-il surtout sous les traits
d'un médecin. Tantôt il nous le montre analysant les faiblesses du cœur pour les guérir ! Tantôt il nous retrace le tableau
des foules groupées autour de Jésus apprenant une doctrine non pas dans des livres ou du haut d'une chaire, mais
en face de la nature et sur les bords riants d'un lac.

Admirable enseignement, qui consiste à ouvrir devant
une multitude ignorante ce beau livre de la nature. Jésus
lui-même en tourne les feuillets, lentement et avec art. A
la douleur séculaire, à ce besoin d'infini, lui l'Eternel, il
répond par une promesse infinie.

Ne cherchez pas, dit Origène, de vaines formules ou un
corps complet de doctrine dans cette théologie donnée au
jour le jour. Le Maître jette la semence ! ses actes seuls
répondent de sa nature divine. Quel plus beau trait du
divin pourrions-nous demander ? Voyez, en effet, cette vérité
semée rapidement un peu partout, le Galiléen la confie à un
corps de pasteurs. On ne peut dire que son choix ait été
heureux ! Il prend des ignorants, des pauvres d'esprit, afin,
dit Origène, de montrer la puissance divine qui les animait (2).

Il importe peu à Dieu de se servir des moyens humains !
L'éloquence et la science sont laissées de côté par ce semeur
de la pensée du ciel ! A cette école du Maître prennent place
des hommes qui peuvent dire : Autrefois nous étions grossiers, incrédules, errants, livrés à nos désirs immodérés,
agissant avec malice et envie, nous haïssant. Mais quand la
bonté nous fut apparue dans le Christ fait homme, lavés dans

---

(1) Sed et de his quæ in Psalmis prophetantur de Christo, quid dicendum est,
in eo maxime qui superscribitur Canticum pro dilecto, ubi refertur quia : lingua
ejus calamus scribœ velociter scribentis ; decorus specie super filios hominum,
quoniam effusa est gratia in labiis ejus ? Indicium autem effusæ gratiæ in labiis
ejus hoc est, quod brevi tempore transacto (anno enim et aliquot mensibus docuit),
universus tamen orbis doctrina et fide pietatis ejus impletus est. Orta est ergo in
diebus ejus justitia, et multitudo pacis «permanens usque ad finem, qui finis abla-
tio lunæ appellatus est » ; et dominabitur a mari usque ad mare, et a flumine
usque ad fines terræ.

Origène. Peri-archon. L. IV, t. XI de la Patrol. gr. p. 350.

(2) Contra Celsum. L. I n° 376 t. XI de la Patrol. gr. p. 775-776.

le bain de la régénération, nous sommes devenus d'autres
créatures (1).

A Pierre illettré et grossier, il donne la mission d'être le
fondement de cette société nouvelle (2).

Telle nous apparaît dans la saisissante simplicité de sa
naissance cette école de philosophie chrétienne. Que renfermait donc ce dogme pour attirer à lui toutes les intelligences ? Il renfermait la vie. Le Dieu de l'Evangile n'est plus le
Jehovah se révélant au sommet du Sinaï au milieu de la fou-
dre ou du tonnerre ! Il n'est plus le redoutable Jupiter des
Romains ou le Teutatès des Gaulois ! c'est le bon et ineffable
protecteur vers lequel vont se réfugier nos cœurs meurtris !
C'est un père au pardon facile, un ami qui se rapproche de
nous, c'est enfin le Dieu qui s'identifie en quelque sorte
avec nous, qui communique un peu de son âme, en attendant le jour où il nous donnera dans le séjour de la gloire
le complément de vie dû à notre nature.

A peine ce réformateur s'est-il montré, que le monde est
plein du divin. Les Apôtres gardent avec soin le germe de
la vérité pour la répandre à profusion dans ce monde, véritable océan où s'agitent tant de tempêtes. Mais cette éclo-
sion de la pensée du Sauveur, dit Origène, ne pouvait avoir
lieu d'un seul coup. La vérité, pour se faire jour eût à
essuyer des heurts, elle eut forcément des arrêts. Tout cons-
pira pour empêcher sa diffusion: rois, chefs et tous ceux
qui furent revêtus à un degré quelconque de l'autorité (3).
Le docteur ne s'étonne pas de ces luttes. Elles étaient
nécessaires pour faire ressortir le beau côté du christianisme. Et puis, ajoute-t-il, il en est du domaine de la pensée
comme du champ de la science expérimentale. Souvent
l'ouvrier meurt à la tâche avant d'avoir réalisé son inven-
tion ! Si dans le domaine des choses finies l'homme doit
tenter un tel effort, combien plus doit-il s'attendre aux
obstacles quand il veut approcher de l'infini. Néanmoins,
dit-il, le nombre des adhérents a été plus nombreux que

---

(1) Contra Celsum L. I. n° 379 t. XI. Patrol. gr. p. 779.
(2) C. Celse, L. III, t. XI, n° 473, p. 972.
(3) Contra Celsum L. I, 345 p. 712 t. XI. Patrol. gr.

Celse veut bien le dire (1), car le Christ attirait à lui par le charme de ses discours.

Le Sauveur savait quels obstacles rencontrerait son œuvre, aussi met-il en garde ses disciples contre le découragement. Semez, leur dit-il, mais ne vous attendez pas à moissonner! Vous aurez des tribulations. On vous traînera devant les juges! n'importe! Allez, ma pensée est avec vous, un jour elle triomphera. Dans vos moments de découragement, laissez reporter votre âme vers le ciel! de là vous viendra la lumière qui éclairera les ténèbres de la terre!

Tel est d'après l'Alexandrin le caractère de la prédication évangélique. Les disciples ont foi au Maître. Il nous les montre répandus un peu partout où les appelle un besoin. Leur discours est sans apprêt; ils n'ont cure de la rhétorique; ne cherchez pas chez eux un enseignement fixé d'avance. Le *credo* est le seul compendium de leur foi. Entre eux nous pourrons voir surgir des rivalités; mais ces nuages n'arrêtent pas l'œuvre. Elle progresse malgré ces petites misères. L'édifice se construit à vue d'œil! Si l'esprit un peu étroit de Pierre s'assimile mal certaines données de la foi, il y aura un contrepoids dans l'allure plus accentuée de Paul. Au besoin, afin de laisser la vérité percer les ténèbres opaques du paganisme, Paul n'aura pas peur de combattre Pierre, qui se refuse à ouvrir toutes grandes les portes du Temple (2). Ainsi tombera Rome le centre du polythéisme. De la Babylone antique, devenue le centre du catholicisme, l'Eglise enseignante rayonne au loin et projette ses rayons lumineux sur l'Eglise enseignée! Quel est-il cet enseignement, se demande Origène? Les apôtres ne nous en ont livré que les points essentiels. Les grandes lignes ont été tracées; ils ont laissé à ceux qui viendraient par la suite le soin d'orner l'édifice dont les assises ont été posées sur le roc inébranlable (3).

_____

(1) Tanta enim illecebra et pelliciendi vis inerat Jesu sermonibus, ut non solum viri vellent cum eo in solitudine pergere, sed etiam mulieres femineæ imbecillitatis oblitæ, omissa que existimationis cura magistrum illum in deserta persequerentur. Origène L. III contre Celse t. XI, de la Patrol. gr. p. 931.

(2) Contra Celse t. XI, L. II, n° 387 p. 796.

(3) Illud autem scire oportet, quoniam sancti Apostoli fidem Christi prædicantes de quibusdam quidem quæcumque necessaria crediderunt, omnibus etiam his qui pigriores ergâ inquisitionem divinæ scientiæ videbantur, manifeste tradiderunt, rationem scilicet assertionis eorum relinquentes ab his inquirendam, qui spiritus dona excellentia mererentur et præcipue sermonis... gratiam per ipsum spiritum sanctum percepissent. (Per.-arch. L. I. p. 116 t. XI).

Néanmoins, dit-il, il y a un code de lois ; c'est notre *credo* ! c'est par ce petit symbole que l'âme de Jésus va désormais se communiquer au monde, fixant à jamais les esprits inquiets. Les disciples sont arrivés à ce résultat sans se préoccuper de la forme ; ils parlent au hasard, un peu partout, tâchant de communiquer aux masses l'enthousiasme dont ils sont remplis. Ils nous ont laissé quelques rares écrits : les évangiles, les actes, des lettres. Ils nous disent leurs relations avec le divin Maître, nous rapportent ses paroles les plus frappantes ; toutefois n'y cherchez pas un enseignement complet (1).

II

Mais le point le plus important à établir d'après le docteur, c'est celui de la divinité du Verbe. Cette vérité est essentielle, car elle est la base de tout le christianisme. Rabaissé aux proportions d'un philosophe, le Christ n'est plus qu'un homme dont le génie a pu trouver une sagesse jusque-là inconnue, mais qui ne s'impose pas à une volonté libre ! Aussi s'applique-t-il à établir fortement contre Celse, non seulement la toute-puissance du Sauveur, mais surtout sa consubstantialité.

Il arrive par gradation à cette conclusion. Il insiste d'abord sur les motifs de crédibilité. Le Christ, dit-il, c'est le *logos* de Dieu, celui qui révèle (*ta tou Theou*), les choses cachées en Dieu (2) c'est la sagesse incréée, l'envoyé attendu par les peuples ! (3). Il est le second principe, la vérité et la justice absolues (*autologos*) (4). C'est la lumière émanant de la lumière (*Phos de photos*) (5).

La nature divine s'est unie en Lui à la nature humaine. Il exprime cette union par le mot *Eunosis* (111.41). Puis

---

(1) De aliis vero dixerunt quidem, quia sint ; quomodo autem, aut undè sint, siluerunt, profecto ut studiosiores quique ex posteris suis qui amatores essent sapientiæ, exercitium habere possent, in quo ingenii sui fructum ostenderent... Peri. arch. I. t. IX Patrol. gr. p. 116 et 117.

(2) Jean, t. I. n° 42.

(3) Origène contre Celse L. V. p. 1264.

(4) Livre VIII. 12, contre Celse, t. XI, de la Patrol. gr. p. 1533.

(5) Jean, t. II.

par ceux de *Theandria*. Aucune expression ne pouvait
mieux rendre cette union intime, immuable et indissoluble
que nous trouvons dans la Personne du Fils de Dieu ! *Aliud
est in Christo Deitatis ejus natura quod est unigenitus Filius
Patris ; et alia humana natura quam in novissimis temporibus pro dispensatione suscepit* (1).

Aussi le Christ formant un tout indivisible, a-t-il droit à
l'adoration.

Nous n'affirmons pas cela sur une simple conjoncture,
nous y sommes amenés par les témoignages des prophètes.

Les écritures sont entre les mains des Juifs qui les
reçoivent comme nous, vous pouvez y constater ce qu'elles
disent de Dieu et de la création : « il dit, et toutes choses
ont été faites ; il a donné un ordre, et elles ont été créées.
Si donc Dieu a ordonné et si toutes choses ont apparu, quel
est celui qui, d'après la pensée du prophète, a exécuté
l'ordre divin ? Si ce n'est le Fils, le Verbe, esprit et vérité (2).

Un point d'une réelle importance se précise donc dans
ce fait des écritures invoquées par le docteur. Le Christ
n'est pas un personnage imaginé, mais existant dans le
passé.

C'est ce prêtre éternel, ce roi des siècles, le prophète
par excellence annoncé par Moïse. C'est l'homme immaculé
qui n'a point été touché par le péché et qui s'offre à son
Père pour la rédemption de tous : *De natura filii Dei con-
sideratis cum summâ admiratione obstupescimus quod emi-
nens omnium ista natura exinaniens se, de statu majestatis
suæ homo factus sit, et inter homines conversatus, sicut
Gratia labiis ejus infusa testatur* (3).

C'est le médecin de nos âmes. Dieu, nous prenant en
pitié, l'a envoyé sur la terre afin de guérir nos blessures.
*Missus igitur est Deus verbum ad peccatores tanquam medi-
cus* (4).

Mais il serait trop facile d'affirmer. Tenant à avoir en face
de la critique des philosophes une position bien déterminée,
le docteur s'applique à prouver avec soin la divinité du

(1) Peri-archon, I. 2, n° 1. Origène t. XI, de la Patrol. gr. p. 115.
(2) Contre Celse L. II, p. 809 t. XI. n° 396. Patrol. gr.
(3) Peri-archon. Lib. II. C. VI, t. XI, page 210.
(4) Contre Celse. Lib. III, 62, p. 1002. t. XI. Patrol. gr.

Verbe fait chair, de Celui qu'il appelle si bien la sagesse incréée (1).

Passant en revue la vie du Sauveur, il insiste à dessein sur sa mort, objet de mépris pour la gentilité, et sur sa résurrection, le plus grand de ses miracles et la base de notre foi selon le mot de l'apôtre des Gentils : *Si autem Christus non resurrexit, inanis est ergo prædicatio nostra, inanis est et fides nostra (I. ad cer, XV, 14).* La mort de Jésus-Christ est un fait d'une importance capitale. Non seulement, dit-il, elle nous est connue en détail ; mais il a voulu mourir en public, sur une croix, afin de bien montrer l'accomplissement de toutes les prophéties. Certes, a-t-il soin de dire, le Rédempteur n'avait pas à souffrir cette ignominie ; l'action la plus commune suffisait amplement à notre rachat ; mais il a voulu ajouter surabondamment à ses mérites (2). Une fois mort, à la demande de Joseph d'Arimathie, Pilate permit l'inhumation du condamné, mais sur le conseil du Sanhédrin et en vue d'éviter toute supercherie, on mit une garde afin de surveiller cette tombe, qui par surcroît de précautions avait été scellée. Or, le troisième jour, et c'est là le sceau, qui marque le côté divin, le Christ est sorti vivant et glorieux du tombeau! Il se montre pendant quarante jours à Pierre, aux douze et à ses cinq cents disciples (3).

Des scènes comme celle que rapporte Origène au sujet de saint Thomas et des disciples d'Emmaüs (nos 434 et 435, p. 894), ne s'inventent pas. Comment les Apôtres se seraient-ils exposés à souffrir les tortures les plus atroces afin d'implanter un odieux mensonge ? Comment, sur tant de témoins, pas un seul ne se serait démenti, et la nouvelle serait fausse ? Mais que gagnaient-ils donc ces prétendus envoyés à embrasser les maximes d'un imposteur pour les prêcher à des incrédules aux dépens de leur liberté et de leur vie ? Et ces ignorants, ces êtres aux mœurs grossières seraient partis emportant un cadavre et auraient réussi à changer l'univers. A leur voix, les peuples auraient quitté leurs habitudes de vice et auraient suivi les préceptes d'une doc-

(1) (Celse 111.41).
(2) Lib. IV. Contre Celse, t. XI, 4, p. 1034.
(3) Celse L. II 431, p. 887, t. XI.

trine sévère? Mais le seul fait d'avoir réalisé ce mouvement serait un miracle ? *Majorem barbarorum gentium partem subegit, innumeras que animas ad Dei cultum, quem docebat, ascivit.*

Orig. contre Celse L. I. n° 346, t. XI de la Patrol. gr. p. 711.

Une puissance invisible protégeait donc ces hommes (1). Les peuples, en embrassant le christianisme, ont dû se rendre à la raison des faits.

Le miracle de la résurrection une fois prouvé, Origène a soin de relever toutes les insanités de Celse. Pour ce sceptique, le tremblement de terre, les ténèbres ont été autant d'événements imaginés par les disciples pour grandir leur héros. « Et quoi, disait le philosophe, ce Christ, qui, vivant, a été dépourvu du secours d'En-Haut, mort, il se serait ressuscité, aurait montré sur ses pieds et ses mains les traces des clous et fait toucher son côté à Thomas ? »

Oui, dit Origène, il a été conduit à la mort comme un agneau : et il s'est tu devant celui qui le tondait (2).

C'est le même Jésus, qui apparaissant aux siens, leur présentait ses mains en leur disant : Qui a vu cela ? « *quis hæc viderit ?* »

Le même qui, se montrant à Marie de Magdala, lui lançait ces paroles dont vous vous servez : femme incrédule !

Après un tel examen, une conclusion s'imposait : il fallait reconnaître la divinité du verbe de Dieu! Celse ne voulant pas s'exposer à cet inconvénient, rejetait les motifs de crédibilité et s'acharnait contre sa victime qu'il couvrait de boue. Non seulement il trouvait la doctrine grossière, mais il décriait sa naissance, laissant entendre que sa mère avait eu une conduite infâme (3). « Le Christ, disait Celse, a imaginé sa naissance d'une vierge; mais on sait d'où il est sorti, le bourg où il est né. Sa mère était pauvre et gagnait sa vie en travaillant. Cette femme fut chassée par son époux, qui était artisan, parce qu'elle avait été convaincue d'adultère ».

Juifs et païens, on le voit par la réponse du docteur, ne

(1) Contre Celse L. I. n° 346 t. XI, p. 712 Patr. grec.
(2) Contre Celse L. II. n° 72 t. XI, p. 890. Postquam autem ille ex Evangelio retulit Jesum post resurrectionem ex mortuis, sui supplicii exhibuisse vestigia.
(3) Contre Celse, 2. 6. I. 28 p. 713. t. XI. Patr. gr.

comprenaient rien à cette naissance merveilleuse ; habitués à leurs mœurs grossières, ils ne concevaient de possibilité de venue au monde que par l'union d'un homme et d'une femme ; aussi se scandalisaient-ils de la prétendue virginité de Marie et de sa maternité divine.

Origène avait déjà insisté sur ce point dans ses Commentaires sur saint Jean (1), il avait même rapporté une tradition d'après laquelle Zacharie aurait été lapidé par les Juifs pour avoir permis à Marie d'habiter parmi les vierges après son enfantement. Ce prêtre aurait donc cru à la possibilité du mystère. Il ne s'arrête pas à cette seule preuve, mais il va rechercher dans les écritures juives les traces de cette croyance.

Isaïe, lui dit-il, vient corroborer notre foi. Son Emmanuel doit naître d'une vierge : Εκ παρθενου τεχθησεται τον Εμμανυελ ! Le mot latin *virgo*, que les hébreux ont traduit par « Αλμα » signifie une fille qui n'a souffert aucun contact avec l'homme. La loi juive était du reste formelle, et toute vierge qui concevait sans être en pouvoir de mari, était impitoyablement lapidée (2).

Dieu, ajoute-t-il promet un signe à Achaz, c'est-à-dire quelque chose d'extraordinaire. Où serait la merveille si l'Emmanuel annoncé au vieux roi était né de la même façon que le commun des mortels (3). *Et utri mulieri magis convenit genuisse Emmanuel. Ei ! quæ virum experta solito feminarum more conceperit : an illi quæ pura et intacta virgo.*

Puis s'adressant aux païens:« Quand vous avez voulu faire mentir Jésus, n'avez-vous pas inventé votre Apollonius de Tyane? ne le faites-vous pas naître d'une vierge? Et, poursuivant son argumentation serrée, il dépouille le héros de Philostrate de tout son prestige. Le comparant au Sauveur, il montre à quel point il lui est inférieur. Ses prétendus miracles sont autant d'impostures (4).

Sa défense est même si belle qu'Eusèbe de Césarée a pu

---

(1) Saint Jean. T.XXXII. n° 9.
(2) Cont. Celse L.I, n° 352, t. XI. P. gr., p. 725.
(3) Origène. LI contre Celse n° 353 et 354, t. XI de la Patrol. gr., p. 727.
(4) Contre Celse. L. II. n 402, 403, 404, t. XI. p. 830. 831.

dire de ses livres contre Celse: c'est la plus belle réfutation qui ait été faite du roman de Philostrate (1).

Oui, dit-il, le Sauveur a dû naître d'une Vierge « *His omni-bus mihi satis probatum videtur et salvatorem nostrum ex virgine nasci debuisse, et apud Judæos fuisse prophetas, qui de rebus futuris prædicerent non ea tantum quæ omnes homines æqué spectabant, et quae de Christo, de terrenis regnis, de iis quæ Israeli adventura erant, de gentibus quæ salvatori credituræ erant* (2).

Le Messie devait réaliser en tous points les prophéties. Voilà la raison pour laquelle il naît à Bethléem comme l'avait annoncé le prophète Michée. C'est un fait facile à contrôler (3).

Enfin, il oppose à son adversaire cette parole si sensée de Gamaliel reprochant aux Juifs leur animosité contre les disciples du crucifié: « Que craignez-vous ? avant lui d'autres ont apparu qui se donnaient pour fils de Dieu et dont l'entreprise a échoué. Si Jésus est un homme, son œuvre tombera d'elle-même; mais s'il est Dieu, arrêtez-vous, car vous ne sauriez vous élever contre une œuvre divine » (4).

III

Cette belle défense était bien faite pour ouvrir les yeux à des âmes moins prévenues: mais les philosophes étaient trop orgueilleux pour se rendre à l'évidence ! Dans leur besoin d'exalter le paganisme et de déprécier le christianisme, ils allaient jusqu'à imputer à la magie les miracles de Jésus (5).

L'action de ce thaumaturge bouleversant la Judée les laisse froids; ils ne cherchent même pas la cause de cet enthousiasme qui poussait les foules à le suivre. Le Christ restait un mystère pour ces aveugles et ils affirmaient avec une désinvolture sans pareille qu'il n'y avait rien d'extraordinaire dans ce personnage.

---

(1) Eusèbe advers. Hieroclon.

(2) N° 354, 37, p. 729. Lib. I. contre Celse, t. XI, Patr. grecq.

(3) Liber I contre Celse. n. 367. 51. page 734 t. XI. Patr. grecq. Ac de loco quidem ubi nasciturus erat, prædicitur fore ut ex Bethleem prodent.

(4) Lib. 1. « n° 372. 57,766 t. XI. »

(5)Lib II. contra Celsum. 422. 48. t XI. Patrol. grecq. p. 869.

«Eh quoi, s'écrie le docteur, prenez-vous pour peu de chose
les miracles qu'il a faits? : Les boiteux redressés, les
aveugles guéris, telles sont les raisons qui nous ont fait
regarder Jésus comme un Dieu » (1).

Ce qui est un scandale pour les impies devient pour le
chrétien un motif de crédibilité. Voir un homme guérir des
infirmes, voir même ressusciter des morts, sort de l'ordinaire
et dépasse les forces de la nature créée.

En cela, encore, le Messie réalisait les prévisions des
prophètes, qui lui attribuaient ce pouvoir. Celui qui com-
mande à la mort est revêtu d'un pouvoir surnaturel! Si donc
notre Maître a rendu la vie à des êtres, qui en étaient
privés, s'il a pu faire sortir du tombeau non pas un mort,
mais plusieurs, c'est donc qu'il avait la Toute-Puissance
divine. Et n'allez pas dire que ces choses ont été imaginées
par les Evangiles; des témoins nombreux sont venus déposer en faveur de la vérité : *Mortuos autem fuisse suscitatos,
nec istud commentos esse qui èvangelia scripserint, æque
constate ; nam si figmentum esset plures suscitatos recensuis-
sent eosque diutius monumentis dixissent fuisse moratos* (2).

Les miracles de Jésus étaient trop authentiques pour être
niés, aussi les philosophes disaient-ils avec les Juifs : il a
chassé les démons au nom de Béelzébuth. Origène répondait très justement : « le texte a été mal interprété par Celse,
car en disant à ses disciples : vous ferez des miracles comme
moi, vous en ferez même de plus grands, le Christ entend
leur donner tous ses pouvoirs. Il ne leur dit pas qu'ils
subiront une influence plus forte que la sienne. De même, en
les mettant en garde contre les faiseurs de prodiges, il
n'entend pas leur dire de ne pas faire de miracles, mais il
leur indique le but qui doit déterminer tout thaumaturge à
faire appel à sa puissance. Au fond, le Maître veut garder
ses disciples contre les faux Christ et contre ceux qui,
semblant agir au nom de Dieu, cachent au fond de leur
cœur une dépravation profonde. Loin de dire : j'ai fait
comme eux, il dit le contraire !

Il montre à quel point tout est divin dans le Rédempteur.
Pour Platon, Aristote et Socrate, l'humanité s'est arrêtée à

---

(1) Lib II. contra Celsum. 422. 48. t. XI. Patrol. grecq. p. 869.
(2) Lib II. contra Celsum. 422. 48. t. XI. Patrol. grecq. p. 870.

l'apothéose. En eux, elle a salué de grands philosophes ! Mais pour Jésus, elle a dépassé toutes les bornes, car elle l'a déifié ! Pourquoi cette distinction, se demande avec raison le philosophe chrétien ? Il y avait donc quelque chose de bien singulier, de bien grand dans cet être, pour que ses disciples l'aient ainsi exalté au-delà de toute expression et l'aient placé en haut des siècles sur ce piédestal où depuis dix-huit siècles nous l'adorons avec une persistance qui ne s'est jamais démentie.

La doctrine de ce Maître est bien supérieure à celle des philosophes. En vain, dit-il, Celse cherche-t-il à établir certaines anologies entre sa doctrine et celle de l'antiquité. Il n'a fait aucun emprunt à Platon ou à Aristote ; il leur est même supérieur en tout. Voyez comme il nous fait participer à la vie de Dieu en nous donnant une morale plus pure et une loi plus en harmonie avec nos intelligences libres. A sa suite, il nous convie à marcher dans la voie du ciel ! Lisez son discours sur la montagne, trouverez-vous jamais une page qui puisse lui être comparée ? Rien dans la sagesse de l'antiquité ne nous avait préparé à ces belles leçons. En lui, nous trouvons la perfection de la sagesse. *Te ipse potius arbitrum constituens inter eaque de Aristea scripta sunt et eaquœ de Jesu narrantur vide ex eventu et üsquœ ad novum emendationem pietatem que erga summum deum inducendum uterque fecit an non hoc judicium ferri debeat credendum esse non sine deo facto.*

Non content de faire subir au Sauveur un long examen, Origène passe en revue toutes les absurdités auxquelles se sont arrêtés les philosophes. Il tient à montrer qu'il n'est pas seulement une brillante intelligence appelée à projeter quelque clarté sur notre terre enténébrée, mais un être supérieurement divin. Vous ne sauriez mettre en doute la pureté incontestable de sa morale : celui, dit-il, qui aura eu un désir en regardant une femme a déjà commis l'adultère dans son cœur (1).

Il montre à quel point le paganisme s'est trompé sur ce chapitre de la continence et à quelles erreurs il s'est laissé entraîner en suivant la loi des sens, puis il conclut : « Ayant

---

(1) Lib. III, contre Celse, n° 464. 27. p. 95 t. XI. Patr. grecq.

connu Dieu, vous ne lui avez pas rendu le culte en rapport
avec sa gloire. *Cognoscentes deum non sicut deum adoravire,
et ei gratias egerunt.* Les faibles éléments dont dispose ce
Maître admirable pour enseigner sa sagesse parlent en sa
faveur : *infirma mundi elegit Deus ut confundat sapientes.*
Ces ignorants ont confondu la sagesse des savants ; ces
riens ont été appelés à détruire le monde ancien.

Prenez donc tous vos sages, comparez-les au Christ, que
sont-ils, mis en regard de Lui ? La moindre connaissance du
chrétien inspiré par l'Esprit prophétique l'emporte sur toute
la sagesse antique ! (1)

Le paganisme est donc l'œuvre du démon et le christianisme vous apparaît comme la pensée de Dieu. Il est grand
ce Christ ! Il est roi ! Il est Dieu ! *Rex regum et dominus
dominantium !* Mais, répondait Celse : « Comment expli-
quez-vous sa mort ? Car vous n'effacerez pas cette page. Cet
homme n'a pas été accepté ; les Juifs lui ont fait expier ses
crimes » (2).

Ce système d'attaque ne manquait pas d'une certaine habileté, car après toutes les affirmations des apôtres on s'expliquait mal cette conduite des Juifs ? Le Docteur expose avec
soin quelle a été la cause de l'incrédulité de ce peuple. Il
s'est trompé d'abord dans l'interprétation des écritures. On
lui représentait le Messie comme un chef et, au lieu de cela, il
a vu un enfant venant pauvre en ce monde. Il attendait un roi,
et il n'a sous les yeux qu'un ouvrier !

Toutes les théories de la nation se trouvaient donc renver-
sées. Alors Origène nous montre ce peuple se divisant en deux
camps. Les uns sont pour le Messie et ils l'adorent ; les autres,
au prétoire ont prononcé ce mot : que son sang retombe sur
nous et sur nos enfants !

Remarquez cependant comment tout concorde avec les prophéties dans la naissance de cet enfant. Le sceptre est sorti de
Juda et Auguste se donne la peine de consigner cet événement sur les tables de marbre de son temple d'Ancyre. Le
monde, dans l'attente, prêtait l'oreille à la prédiction de Vir-
gile ! Il traversait alors des circonstances particulières. Une
armée sans exemple dans les fastes de Rome tenait en suspend

(1) in Psalm. 36. 16.
(2) Lib II, c. Celse, t. XI, p. 801. Patr. grec.

l'univers entier, et Octave, le fils adoptif de César, en prenait solennellement possession en fermant le Temple de Janus pour y déposer la paix.

Rome dans l'ivresse de son triomphe chantait avec le Cygne de Mantoue.

Incipe parve puer risu cognoscere matrem ! (1)

Elle était partagée entre la crainte et l'espérance ! Tacite nous dépeint admirablement cet état d'âme et il nous en donne la raison. Les yeux se reportaient vers la Judée, car c'est de là que devaient sortir les rénovateurs du vieux monde !

Israël, pauvre peuple tombé en servitude et courbant son front sous le joug d'Hérode était-il redoutable ? Le sceptre était sorti de Juda. La prophétie de Jacob s'était accomplie : *non egredietur sceptrum de Juda et dux de femore ejus donec veniat qui mittendus est !* (2)

L'omnipotence impériale faisait loi sur cette terre des rois de Juda ; le juif si fier était matriculé comme les autres unités de ce grand tout qu'était devenu l'empire romain. A ce moment précis, le descendant de David, Jésus, fils de Marie selon la chair, mais fils du roi de Gloire, selon la filiation divine, naît dans une humble étable ! c'est le même enfant qui se montre à vous non loin de Césarée de Philippes et auquel Jean rendra ce témoignage : *Medius autem vestrum est quem vos nescitis...* c'est le même, derrière lequel courent les foules ! Tous viennent à lui, les Juifs sont seuls à ne pas vouloir le reconnaître ; aussi ont-ils été rejetés et appelés à vivre sous toutes les latitudes.

Per dies multos sedebunt filii Israël sine rege, sine principe ; non erit hostia, nec altare, nec sacerdotium, nec responsa. His ergo testimoniis utimur adversus eos qui videntur asserere de hisquæ in genesi ab Jacob dicta sunt, quod de Juda dicta sunt (3).

A partir de ce moment l'histoire des nations semble le rayer de ses annales, et, à chaque feuillet que nous tournons, il nous apparaît avec sa vitalité ; Origène s'apitoie sur

---

(1) Eglog. IV, 460.
(2) Péri-archon, L. IV n° 158. p. 347.
(3) Peri-archon. I. IV n° 158. p. 347. b. lib. III. contre Celse. n° 465. 57. p. 956. t. XI. Patrol. grecq.

ce peuple qui n'a plus de temple (*Constat ergo quia venit ille cui repositum est, in quo exspectatio*) *gentium est...* (1).

Peuple infortuné toujours en butte aux persécutions et portant sur sa tête la malédiction de Jéhovah (2). χρονον εκβεβλησθαι τησ σεμνησ αγιστειασ και λατρειασ, κρατηθεντασ υπο δυνατοτερον.

Le cœur compatissant du savant cherche la cause de cet endurcissement. Ont-ils bien interprété les écrits de leurs prophètes, se demande-t-il, et ne sont-ils pas excusables ? Ceux-ci parlaient, en effet, de deux avènements du Messie. Le premier devait avoir lieu sur la terre. Alors il devait se révéler à nous comme homme, prenait nos infirmités, moins le péché, afin de satisfaire à la justice de Dieu, son père. Le second, qui est à la fin des temps doit être glorieux !

Israël s'est donc trompé ; mais gardons-nous d'imputer à toute la nation le crime perpétré au Calvaire ? Les chefs seuls sont les coupables. La mort du juste doit être attribuée à un parti. La politique haineuse des Pharisiens doit seule porter devant l'univers la responsabilité de cet acte : *nos illum convictum, damnatum atque supplicio dignum fuisse judicavimus; ostendant cujus criminis illum convicerint ii, qui contra illum falsa testimonia comparare studuerunt?* (3)

Ceci n'empêche pas la foi des Juifs d'avoir été divine à l'origine, car elle leur fut donnée par Moïse sur l'ordre de Dieu. Avec nous ils adoraient le Créateur du ciel et de la terre et ils ne sont pas tombés dans l'erreur des païens, qui ont multiplié à l'infini la nature divine (4).

Ce châtiment infligé à ce peuple choisi par Dieu indique donc une prévarication et il reste comme une preuve qui milite en faveur de la divinité du Christ.

En vain, dit-il, Celse voudrait-il lui reprocher son origine juive et ses prétendus emprunts à certaines données du dogme proclamé au Sinaï !

Le Sauveur n'est pas imbu des préjugés de sa nation, car comment l'aurait-on regardé comme un Samaritain et un révolutionnaire ? On lui reproche de fréquenter les pauvres ! En effet, les indigents, les âmes éprouvées, toute la tourbe

off

(1) Peri-archon. L. IV. 159, 347, t. XI. Patrol. grecq.
(2) Contre Celse. L. IV. 516, p. 1656, t. XI. Patrol. grecq.
(3) Contre Celse L. II. 394. 10. p. 811. 11. Patrol. grecq.
(4) Contre Celse L. V. 581 6. 1187. XI. Patrol. grecq.

des malheureux, voilà ceux qui sont appelés à le suivre. A ces affamés il communique quelque chose de son âme ; à ces déshérités qui ont soif des connaissances divines, il fait part de son souffle divin, il les imprègne pour ainsi dire de son esprit et leur donne de porter des fruits pour la vie éternelle !

En approfondissant ce système de défense, on y trouve une telle élévation de pensée, que nous sommes en droit de nous demander si les livres contre Celse ne seraient pas le recueil fait après coup des catéchèses données à l'école d'Alexandrie. Jamais homme ne comprit mieux l'âme du Maître ! Cet enseignement donné avec une éloquence chaude et persuasive faisait pénétrer ces vérités jusqu'au plus profond des cœurs. Avec quelle joie les disciples écoutaient le Maître. Ils croyaient entendre le Sauveur ouvrant à ses disciples ce cœur qui a tant aimé les hommes et laissant déborder de ses lèvres ce langage si plein de charmes.

De tous ces textes réunis et échafaudés comme une citadelle en face du paganisme délirant on édifierait une magnifique somme contre les Gentils.

Nous aurions dans cet arsenal, mieux connu, une argumentation serrée à opposer à nos modernes destructeurs. L'histoire des siècles est la même, à peu près, à toutes les époques. Les attaques de Celse sont renouvelées sous une autre forme ; mais regardez-y de près, l'erreur ne fait que changer de vêtement. Origène, mieux connu et surtout mieux compris, nous fournirait un ensemble de preuves d'où se dégagerait admirablement la personnalité unique du roi éternel des siècles.

La force de ce traité apparaissait si grande, même aux ennemis du christianisme, qu'ils cherchaient à éluder la conséquence qui devait résulter de cette étude en prétendant qu'il n'y avait pas accord entre les évangélistes. La chose importe peu, car les détails ne sont pas l'essence d'un événement. Les historiens peuvent écrire différemment l'histoire. Mettrons-nous en doute le fait rapporté et reposant sur des témoignages irréfragables ? non ! Or, les évangélistes ont tous la même pensée sur le Messie. Les témoignages concordent, avec des variantes de récit, il est vrai. Origène, dans ses commentaires, montre avec soin à quel point ces divergences font ressortir le côté divin du héros.

C'est bien la même âme, le même sang qui coule dans les veines de cet être. Vous le retrouvez semblable partout.

Toujours c'est le Dieu rempli de mansuétude ; partout c'est cette physionomie attachante qui sait se faire aimer jusqu'au délire ! Et vous voudriez faire de Jésus un homme ordinaire, s'écrie Origène ! Mais, alors, expliquez-nous comment il a pu ainsi répandre sa doctrine dans tout l'univers ? Cela seul prouve sa divinité : « Je ne sais si un homme tentant de répandre sa religion et sa doctrine, pourrait à son gré remuer l'univers sans le secours de Dieu et triompher de tous ceux qui mettraient obstacle à sa divulgation ? Eh quoi ! rois, empereurs, sénat romain, chefs des nations, peuples s'y sont opposés et il aurait triomphé ? Comment donc la nature d'un homme, si elle n'a rien de supérieur, pourrait-elle changer les esprits d'une si grande multitude, au point de leur faire embrasser, je ne parle plus de la sagesse, mais ce désir d'abandonner le vice, alors qu'aucune raison valable ne militerait en faveur de cet abandon ? Chose étrange, de ces vicieux il ferait des continents ! Si le Christ a fait ces choses, c'est qu'il était la vertu de Dieu et la sagesse du Père. Tout cela, il l'opérera encore malgré les Juifs et les Gentils. Pour nous, instruits des choses de Dieu à l'école de Jésus, restons attachés à cette foi qui porte de telles marques de son origine divine ; efforçons-nous de gagner ces aveugles à notre cause, bien qu'ils nous accusent nous-mêmes d'aveuglement et qu'ils cherchent à nous tromper (1) ».

---

(1) Homo igitur fuit ille, et talis quidem, qualem et veritas declarat et demonstrat ratio. Sed nescio an homo, ausus per universum orbem suam religionem doctrinamque suam disseminare, posset sine Deo facere omnia pro arbitrio, superareque eos omnes qui suae doctrinae promulgationi adversarentur, reges, imperatores, senatum romanum, omnes omnium gentium principes, populum. Quomodo autem et hominis naturae, nihil habens in se ipsa praestantius, posset tantae multitudinis animos immutare, nec modo sapientium, quod non mirum esset, se deorum etiam, qui nulla ratione ducuntur, qui vitiis dediti sunt, quique eo difficilius ad continentiam adducantur, quominus rationi sunt obsequentes ? quoniam vero Christus erat et Dei virtus et Patris sapientia, haec omnia fecit et etiam nunc facit, licet Judaei et graeci ejus doctrinae increduli assentiri nolint !

Origène contre Celse, t. XI de la Patrol. grecque, L. II, n° 78-447, page 919.

CHAPITRE IV

I

La religion chrétienne avec son côté mystérieux était pour le paganisme un sujet d'étonnement. En vain cherchait-il un prétexte à ce renoncement à soi-même, à cette soif ardente de la souffrance qui faisait, d'hommes autrefois attachés aux richesses, des amants passionnés de la croix ! Comment des hommes libres pouvaient-ils aimer ce supplicié, objet de mépris pour la gentilité ? Aussi traitait-il de fous ces créatures qui renonçaient si facilement aux usages antiques. Loin d'admirer cette vie simple, il la censurait avec amertume, car, pour lui, le charme de l'existence résidait dans la satisfaction des appétits grossiers de la bête.

Le spectacle de ces matrones romaines soignant de leurs mains délicates le rebut de la société, ces fronts altiers se penchant sur la couche des malades pauvres, voyant dans ces déshérités un frère régénéré dans le sang du Rédempteur, ce spectacle, dis-je, n'avait pas le don d'émouvoir le monde païen succombant sous le faix de son égoïsme. S'il lui prenait fantaisie de pénétrer sous les lambris dorés d'un de ces palais de l'Aventin ou de l'Esquilin, il y voyait une femme du grand monde recevant avec ce cachet de grandeur qui marquait les descendants d'une Græcina Pomponia ou d'une Flavia Domitilla ; mais les exigences du rang une fois satisfaites, cette grande dame, restée seule, dépouillait sa parure de pourpre et ses bracelets d'or, se revêtait d'habits de condition inférieure et se rapprochait du pauvre, son frère dans la foi.

Oh! il est beau ce christianisme primitif m'apparaissant comme une sorte de protestation contre le luxe de l'épopée impériale. Ne sont-ils pas admirables de détachement ces premiers chrétiens? Oh! nous ne sommes pas en présence d'un édifice reposant sur le néant. Ce n'est pas un sépulcre vide! La pensée de Dieu est là, grandissant toutes choses, et ces âmes, sorties des langes du paganisme, ont comme un avant-goût des joies du ciel!

Libres des chaînes des passions, ces âmes ont au cœur l'amour de l'idéal; le Christ, ce roi couronné d'épines, elles le suivent en s'immolant dans la chasteté, dans le délaissement, dans la charité.

Elles se sentaient appelées à la grande vocation de filles du ciel, car elles avaient été purifiées dans le sang de l'agneau. Elles n'avaient plus rien de commun avec la corruption; en elles, comme dans un temple, habitait le souffle de l'Esprit-Saint. Ne soyons pas indifférents à ce spectacle. Arrêtons-nous avec Origène pour voir de près l'excellence de ce christianisme tant décrié. Lui seul remplit l'attente de la vie, puisque lui seul a les promesses d'éternité. — « Le grand effet de la prédication évangélique c'est d'avoir réformé les mœurs. Si quelqu'un avait guéri cent personnes du vice de l'impureté, on aurait peine à croire qu'il n'y eût rien de surnaturel en lui, or, que pensez vous d'une si grande multitude de chrétiens devenus d'autres hommes depuis qu'ils ont reçu cette doctrine? Ne les voit-on pas embrasser la continence parfaite et cela sous tous les climats? Les maximes des chrétiens les mettent bien au-dessus de ceux qui ne le sont pas. Un chrétien dompte ses passions les plus violentes dans la vue de plaire à Dieu; les païens, au contraire, se plongent sans rougir dans les plus honteuses voluptés; et, au milieu de leurs dérèglements, ils prétendent conserver encore leur caractère d'honnêtes gens? Le chrétien le moins instruit est cent fois plus éclairé sur l'excellence de la chasteté que les philosophes, les vestales et les pontifes les plus vertueux du monde païen. Nul d'entre nous n'est souillé de ces désordres, ou s'il s'en trouve quelqu'un, il n'est plus chrétien » (1).

Tout cela vous paraît étrange, aussi faites-vous de nous des novateurs. Pourquoi! Je le comprendrais, si le christianisme était une chose nouvelle, mais il est aussi ancien que le monde, car il est la religion primitive, ordonnée par le Verbe de Dieu, il est le complément de la loi donnée au Sinaï. Or, Dieu vous avait annoncé tout cela par les Prophètes. Ce Christ, vous l'avez renié, Lui qui était l'attente de l'univers (2).

Le christianisme est pourtant nouveau en ce sens que rien dans le paganisme ne nous y a préparé; car nous avons rejeté les absurdités de la théogonie ancienne et le polythéisme. Nous n'avons rien emprunté au judaïsme; néanmoins les rites de la loi mosaïque et les écrits des prophètes sont comme les rudiments de la religion chrétienne; mais ce judaïsme est épuré, le mystère est éclairci (3). Ne dites pas, dès lors, que nous méprisons Moïse, car nous l'avons grandi en donnant un plein épanouissement à sa loi et en montrant combien profondes sont les vérités cachées sous la lettre (4).

La religion chrétienne ayant toutes les apparences d'une institution divine, vous devez l'étudier avec soin et l'embrasser même, si vous êtes convaincus de sa véracité. La vérité n'est pas une chose que l'on peut étendre ou diminuer au gré de ses passions; nous dirons avec l'apôtre : « *Est, est ! Non, non !* » Elle est le reflet de la pensée de Dieu ! Vous la repoussez parce qu'elle s'éloigne de vos traditions ! Elle n'a pas d'idoles, dites-vous. Israël n'en eût pas sur l'ordre de Dieu qui craignait de les voir tomber dans l'idolâtrie. Nous n'avons pas d'images dans nos temples afin de ne pas nous exposer à rendre à Notre Père du ciel un culte qui ne lui conviendrait pas. Mais ce seul fait de ne pas concorder avec l'ancien culte n'est pas un motif suffisant pour rejeter le christianisme. Vous devez rechercher les causes

---

(1) Exhort ad martyres, n. 12, p. 578, du t. XI de la Patrol. grecque.
(2) Contra Celsum, n° 23, p. 680.
(3) Lib. II, p. 801. Contre Celse.
(4) Quid vero absurdum est legem esse nostræ doctrinæ, seu, quod idem est, Evangelii principium, cum ipse Jesus Dominus noster iis, qui ipsi fidem non habebant, dixerit : si credideritis Moysi crederetis et mihi. Lib. II, contre Celse, p. 802 du t. XI de la Patrol. grecq.

de ce beau mouvement dont vous êtes les témoins et vous incliner devant la volonté de Dieu. Si nous condamnons ce que vous avez adoré, à qui la faute ? Si non à vous qui avez rêvé de diviniser vos passions ! Vous avez eu un dieu pour les voleurs, pour l'adultère, pour tous les vices. La morale du Christ est en contradiction complète avec la vôtre ! Remarquez à quel point elle est pure et généreuse. Inclinez-vous ! Ne scindez pas la vérité, car si vous y touchez, vous détruisez la pensée divine.

II

L'Evangile, dit-il encore, nous fournit un ensemble de vues morales, mais il ne contient pas un enseignement complet. On y trouve les vérités essentielles sur Dieu ; mais le pourquoi des choses ou la partie théorique n'y est pas énoncée. Jésus et après lui les apôtres ont donné les grandes lignes, tout en laissant libre carrière, à ceux qui viendraient après eux, de les développer selon les circonstances. Paul s'y est appliqué ; toutefois, il n'a pas eu la prétention de mettre dans tout son jour cet enseignement qui va de la crèche au Calvaire, de la résurrection à l'ascension.

Combien de points restés obscurs, qui se sont éclairés avec l'apôtre des nations ; combien d'autres se sont développés avec les siècles. Justin et Athénagore, ces premiers défenseurs de notre foi battue en brèche, ont expliqué la raison de leur croyance. Il nous ont donné la notion des dogmes fondamentaux, comme l'Eucharistie ! Ce sacrement nous révèle la présence de Jésus dans le monde : Plus tard, Tertullien a encore élucidé certains points restés obscurs et ainsi de suite. A mesure que redoublent les attaques, chaque époque ajoute aux embellissements des âges précédents.

Malheureusement ce besoin d'interpréter les dogmes a donné naissance à des abus, et on peut s'étonner que le Christ n'ait pas doté l'humanité d'une croyance parfaitement constituée. Il ne l'a pas fait, sans doute, afin de ne pas porter atteinte à la liberté, afin que l'homme put se laisser guider par la raison, selon ce mot de saint Paul : *rationabile sit obsequium vestrum*.

La voie nous a été montrée ! les bases de l'édifice ont été

posées. A nous de l'orner ; mais le plus ou moins d'ornementation importe peu au Messie ! Son œuvre, comme le constate Origène, devait prendre son plein développement dans le temps !

De grâce, ne fixons pas de limites à cette grande pensée qui a dominé le monde ! Laissons s'épanouir l'âme de l'Eglise,. la seule grande institution qui ait défié le temps sur cette terre où s'agitent tant d'intérêts mesquins.

Ne faisons pas un grief à la divine sagesse d'avoir fait passer cette œuvre par les phases de l'évolution. Rien ici-bas ne vient au monde parfaitement développé. Tout naît dans l'enfance, après avoir passé par l'embryon. Si Dieu a voulu le commencement pour son Église, c'était sans doute pour nous montrer la grandeur de son œuvre, qui est arrivée à son plein épanouissement en s'appuyant sur la faiblesse de l'homme.

La régénération de l'humanité n'en a pas moins été la conséquence de la pensée divine !

Qu'il y ait eu des obstacles à vaincre, c'est possible. Nous ne saurions nier qu'à la fin du second siècle nous voyons s'élaborer dans l'ombre, un système qui pouvait ruiner l'économie de la Rédemption en sapant les bases de l'édifice. Un instant, l'élite de la société pensante pût croire frappée à mort la foi évangélique ; déjà on signalait son agonie, on s'apprêtait à lui faire de magnifiques funérailles. Certes, Valentin et son école était un terrible adversaire ; mais son système n'expliquait rien, il était plutôt la négation du Christ. Emporté par ce mouvement des esprits qui se tournaient vers l'Orient comme vers le centre où toutes les belles et bonnes choses ont leur origine, Valentin voulait concevoir l'insaisissable, et dans cet espoir, il était allé emprunter aux mystérieuses pratiques de l'Egypte, le fondement de sa voie. Son Christ « Eon », était un être inférieur à Dieu, impropre à nous relever, auquel ne pouvait pas s'unir notre nature viciée. Avec cet Alexandrin nous serions restés dans notre état d'abjection. Rien de bien saillant en somme dans cet aperçu philosophique très confus. L'Eglise s'arrête cependant devant cette théorie renouvelée d'Homère. Elle ne lui ferme pas ses portes, elle veut simplement juger et elle ne se résout à rejeter Valentin qu'à la dernière extré-

mité ! Les absurdités de la théogonie égyptienne ne pouvaient
pas expliquer la création, et le livre de la Genèse restait
jusqu'à nouvel ordre la seule théorie admise par l'Église.

Un autre ennemi non moins redoutable était l'Ecole néoplatonicienne qui prétendait allier ses théories au catholicisme.

Sentant l'inanité du culte des idoles, ces savants avaient
imaginé de se composer une religion mi-païenne, mi-chré-
tienne. Au fond, ils entendaient réconcilier Jésus avec les
dieux de l'Olympe. L'Eglise écoute encore ce cri de la conscience païenne. Elle ne refuse pas de recevoir tous ces
fervents du Maître, mais elle entend, comme c'était son
droit, prendre la tête du mouvement pour le diriger.

La tempète grondait donc de toutes parts. Le vaisseau
porté sur la haute mer serait-il destiné à sombrer? Dieu
était avec ses disciples! L'école d'Alexandrie se créait en
face de l'école de Valentin. Elle s'empressa de fixer les
points les plus importants du dogme et de faire ressortir
la divinité du Christ.

Les néo-platoniciens avaient eu affaire à forte partie; ils
ne pouvaient nier la valeur de l'argumentation d'Origène.
Se sentant battus, ils eurent recours à la délation, cet
argument des faibles. Ne pouvant rien contre l'édifice, ils
voulurent couvrir de boue ceux qui étaient dedans. Les
chrétiens furent dès lors représentés comme les ennemis
du culte national et des traditions anciennes (1)

« Non, ils ne sont pas les ennemis de leur pays, pas plus
que les philosophes anciens, qui avaient rejeté vos supersti-
tions et abandonné vos institutions pour se livrer à l'étude.
A quel titre les chrétiens seraient-ils parjures? parce qu'ils
ne mangent pas de viandes immolées ou qu'ils n'ont pas de
statues faites à l'image des choses créées? Mais en cela nous
sommes seuls raisonnables, en n'accordant pas au créateur
de l'univers des noms inventés par la fiction. Nous reconnaissons un Dieu unique, c'est lui qui règne dans les
cieux (2)! Nous ne sommes donc point des athées comme il
vous a plu de le dire.

---

(1) T. XI. Patrol. grec. 57. n° 604, p. 1, 2, 3, 4.
(2) Origène, t. XI. de la Patrol. grec. p. 1, 2, 3, 5 et t. XI de la Patrol. grec.
n° 344, p 707.

« Loin d'être les ennemis de notre pays, nous prions pour
nos persécuteurs ; nous bénissons ceux qui nous maudis-
sent nous invoquons notre Père du ciel pour ceux qui nous
calomnient ! Ainsi le veut notre loi ! Il n'y a rien de répréhensible en tout cela.

« N'acquittons-nous pas fidèlement le tribut ? en un mot,
nous rendons à la société tous les services qu'elle est en
droit d'exiger de nous ; nous sommes dès lors des citoyens
et vous nous prenez pour de vulgaires malfaiteurs !

« Vous nous reprochez le secret qui entoure nos assemblées ; mais où est le mal ? Ceux qui sont en possession
d'une découverte n'ont-ils plus le droit de se grouper afin
de se concerter ensemble pour la défense de leur propriété ?
Nous ne nous réunissons pas pour comploter contre la vie
de notre souverain ; notre fidélité, sachez-le, est à toute
épreuve. Bien loin d'exciter la moindre sédition, nous usons
de la seule patience envers nos ennemis. Ainsi l'a voulu le
Seigneur, qui nous a recommandé de nous laisser égorger.
L'Évangile ne nous permet aucune violence ! Dieu s'est
chargé de défendre lui-même nos intérêts. Vous savez à
quoi vous en tenir, vous qui avez cherché à nous extermi-
ner par tous les moyens possibles. Vos efforts ont-ils abouti ?
La mort de nos martyrs ne diminue pas notre nombre et
nous progressons de jour en jour (1).

« Barbare, dites-vous, est notre doctrine ? La grâce est-elle
à vos yeux le centre de la civilisation ? Oui, n'est-il pas vrai !
Eh bien, prenez un grec, introduisez-le dans nos assemblées ? Se trouvera-t-il dépaysé ? Non ! Il comprendra notre
langue et vous dira que tout dans notre sainte religion
dénote une origine divine.

« Après tout, nous avons un culte comme vous, nous avons
des autels, des sacrifices ! Si nous ne professons pas notre
culte au grand jour, ce n'est pas, comme vous le croyez pour
nous livrer à des excès contre nature, mais pour éviter de
livrer les choses saintes à la profanation des Gentils (2).

« Nous adorons le Fils de Dieu à l'égal de son Père, nous
conformant à la parole de saint Paul : *qui in lege gloriaris*

---

(1) Contre Celse, T. XI. Patrol. grec. n. 35 et 36 du livre V.
(2) Contre Celse, t. XI. Patrol. grec. n° 320, p. 854.

per prævaricationem legis Deus inhonoras... et iste : quanto magis putatis deteriora mereri supplicia, qui Filium Dei conculcaverit, et Sanguinem Testamenti pollutum duxerit, in quo Sanctificatus est, et Spiritui contumeliam fecerit. Si donc celui qui est transgresseur de la loi commet une offense envers la divinité et foule aux pieds le Verbe, combien plus celui qui observe la loi honore-t-il Dieu ! (1)

« Notre foi est éclairée, car elle repose sur une promesse qui ne saurait être vaine. Rien ici-bas ne l'emporte sur cette morale sublime qui nous rapproche de notre Créateur. Par elle nous faisons revivre son verbe animé et vivant, sa sagesse incréée (2) ! »

Les païens nous reprochent les calamités qui désolent l'empire. Tertullien avait déjà répondu à ces rumeurs, Origène tient à en parler, renouvelant une partie de l'argumentation qu'il développe avec soin dans son traité XXVIII° sur saint Mathieu.

Les chrétiens avaient eu à souffrir à la suite de ces calamités ; mais toujours conformes à la loi de l'Évangile, ils étaient allés à la mort sans se plaindre.

Ce système de défense, on le voit, est admirable. Poussé jusque dans ses derniers retranchements, le paganisme essayait de se disculper en disant que les chrétiens n'étaient pas parfaits. Chez vous, disaient les philosophes, il y a divergence d'opinions, ce qui est loin de supposer une bonne entente.

A ce reproche, l'Alexandrin répond par ce mot de saint Paul : *oportet et hœreses esse in vobis, ut qui probati sunt, manifesti fiant.* Nous agissons comme des médecins qui voulant connaître la propriété d'un remède, en font des applications diverses. Les philosophes en font tout autant ? Pourquoi trouvez-vous ridicule chez nous ce que vous pratiquez journellement ?

Après tout, ces divergences ne sont pas réelles ! Si Pierre est repris par Paul, c'est en vue d'éclairer un point obscur. Il y a des dogmes fondamentaux ; la moindre erreur mettrait la foi en péril ; d'autres pratiques sont moins essentielles

(1) Contre Celse t. XI. Patrol. grec. n° 749. 10, livre VIII, p. 1531.
(2) Origène, t. XI de la Patrol. grec. L. III, n° 81, p. 1027. (p. 1027. L. III. 81, c. Celse, t. XI).

et elles peuvent être regardées comme des règles de discipline (1).

Les divergences d'opinion ne sont pas une preuve contre la véracité de notre religion. Tous les systèmes ont eu des sectes. Nous en trouvons chez les juifs et chez les philosophes. Le monde a été livré aux disputes des hommes. Un seul fait importe ici, c'est celui de la divinité de Jésus ! En vain vous acharnez-vous à le convaincre de mensonge, il vous remplit de confusion par les démentis qu'il vous inflige. Ne vous apparaît-il pas Dieu avant de se faire chair? Comme nous-mêmes devenu homme, n'est-il pas encore Dieu?

Telle est l'habile défense du maître. Sans cet écrit, de nombreux fidèles se fussent laissé surprendre par le système à la fois panthéistique et mystique de Celse (2). Origène se plaint à juste titre du peu de convictions arrêtées de bon nombre de chrétiens. Entrés sans vocation dans l'Eglise, ils avaient la prétention de se faire un christianisme à leur portée. Gens aux vues étroites, ils rejetaient ce qui ne cadrait pas avec leur niveau intellectuel. Malheureusement, comme il arrive souvent, ils étaient écoutés des chrétiens relâchés, et la contagion s'étendait à ceux-là mêmes qui avaient édifié jusque là leurs frères par leur piété.

Si le paganisme avait nourri l'espérance de triompher facilement de ces hésitants, il fut déçu, car le philosophe d'Alexandrie venait de les ressaisir. Quand Porphyre et Hiéroclès tenteront à leur tour de marcher sur les traces de Celse, ils verront leurs plans déjoués, car l'Eglise ira chercher dans les écrits d'Origène une apologie complète du christianisme.

Ainsi donc la nécessité de combattre l'erreur avait fourni à ce docteur la matière du plus beau traité qui se puisse imaginer de la divinité du verbe.

Entre le paganisme et la religion du Christ, l'abîme se creuse de plus en plus. La porte n'est pourtant pas fermée, puisque l'Alexandrin salue par anticipation le jour où les restes épars du vieux monde reviendront à Dieu!

Hélas! si le paganisme qui s'effondrait avait compris la

____

(1) Origène, *in Psalmis.* n° 26. 4.
(2) Origènes contre Celse t. XI. Patrol. grec. L. III. n° 456. 14. p. 957.

grande âme de ce docteur, il fut venu à la vérité, qui
pouvait seule guérir les blessures de son cœur! mais le
philosophisme païen était encore trop imbu de préjugés;
trop d'orgueil se cachait dans ces âmes : *credere oportet
accedentem ad Deum*, dit la Sainte Ecriture; pensée que le
Maître a rendue différemment, mais non moins divinement :
« Si vous ne vous faites petits, vous n'entrerez point dans le
royaume de mon Père! »

Origène avait vengé l'Eglise de toutes les imputations
malveillantes de la philosophie. En soldat courageux, il
s'était lancé au plus fort de la mêlée, s'ouvrant un passage
dans les rangs serrés des adversaires, montrant à tous le
chemin qui conduit à la connaissance de la vérité! c'est
ainsi que la pensée du Christ a grandi au milieu des
combats!

Origène aurait pu s'en tenir là ; mais croyant n'avoir rien
fait tant qu'il n'aurait pas opposé une digue aux flots envahis-
sants de l'erreur, il rêva d'asseoir définitivement le dogme de
l'Eglise ; il eût, le premier, la conception de cet arsenal auquel le temps a donné le nom de théologie. Prévoyant à quelles
luttes effroyables serait en butte l'évangile pour répandre au
sein de la terre le bienfait de la civilisation, il voulût le
protéger contre la malveillance des hérétiques et des sectaires, préludant ainsi à la confection de cet instrument qui
sert à l'Eglise depuis dix-huit siècles.

Ce sera là, à n'en pas douter, le plus beau titre de gloire
d'Origène à la reconnaissance de la postérité.

Arrêtons-nous un instant afin de considérer le chemin
parcouru. L'œuvre du Christ se montre donc dans sa stabilité
étonnante, en dépit des attaques de la philosophie et des
empereurs. Elle peut dire avec le Psalmiste : *quare fremue-
runt gentes.. et meditati sunt inania* !

Depuis son origine il en est ainsi. Que demande-t-elle
pourtant ? une seule chose : le droit de faire reluire au sein
de nos sociétés décrépites l'idéal dont le Sauveur fut l'incarnation! Souvent on s'est tourné vers elle pour lui dire avec
Pierre : « Vous seule avez les paroles de la vie éternelle ; et
malgré tout, on l'a tenue sur un calvaire en permanence.
Comme son Maître, elle souffre le martyre. Parfois ses épreuves ont été grandes, si grandes que l'on se demandait si elle

aurait la force de résistance suffisante pour surmonter l'obstacle, et, toujours maintenue par une volonté supérieure, elle est sortie victorieuse de la lutte. L'erreur l'a circonvenue de tous côtés, mais jamais la vérité évangélique n'a fléchi. Le roc immuable sur lequel l'édifice s'élève reste inébranlable. La vue de ce triomphe remplit de joie le cœur de l'apologiste et il entrevoit l'aurore des jours où, dominant sur la terre, l'évangile réalisera ce mot du Sauveur : *ut sint unum, sicut me et te Pater, unum sumus* !

CHAPITRE V

I

A partir de la mort de Septime-Sévère le catholicisme avait joui de quelques années de tranquillité. Les règnes paisibles d'Héliogabale et d'Alexandre Sévère avaient signalé un progrès réel de la vérité. C'est donc entre les années 217 et 235 que l'Alexandrin dut être appelé en Achaïe auprès du gouverneur désireux d'embrasser la foi chrétienne. De là, le docteur devait se rendre en Palestine, à Césarée et à Jérusalem. Il excita partout l'enthousiame et fut sollicité bien des fois par les foules avides d'entendre sa parole éloquente et persuasive.

Origène était encore laïque. Mais le fait de voir porter la parole dans une chaire chrétienne n'était pas rare dans la primitive église. Comment refuser à des amis, le sollicitant au nom du Christ? Il répondit aux nombreuses invitations qui lui furent adressées, trop heureux de faire servir son talent à la défense de la belle cause à laquelle il avait consacré sa vie.

L'enfer jaloux du bien opéré par cette âme ardente ne pouvait voir sans un secret dépit les nombreuses conversions, fruit de cette prédication digne des apôtres. L'apparition du *Livre des Principes* coïncidait avec ce voyage du docteur; c'était le dernier coup porté au paganisme. Dans ce vaste arsenal, toute la doctrine catholique était réduite en systèmes s'appuyant sur le *Credo* d'abord, car c'est la règle de la foi, puis sur les écritures et la tradition. Ce livre eut un grand succès en Palestine et, partout, l'illustre docteur était reçu comme un triomphateur. Heureux du concours qui leur était apporté par cette célébrité, les évêques de cette contrée crurent devoir lui conférer le sacerdoce (1).

Ils sanctionnaient ainsi le mérite de cet homme et lui donnaient le moyen pratique de faire plus de bien.

Ces évêques ne s'étaient pas préoccupés de la question de juridiction, pensant avec raison que Démétrius, l'ami intime de l'Alexandrin, applaudirait à cette consécration. Or, l'évêque d'Alexandrie protesta. Certes l'acte était contraire à la législation ; mais dans ces débuts les questions de juridiction étaient encore bien vagues. Connaissait-on des cas prohibitifs ? qui saurait démêler le vrai du faux ? A vrai dire les empêchements étaient chose inconnue dans la législation primitive qui ne dut se fixer qu'à la fin du III⁰ siècle.

La protestation de Démétrius laissa Origène assez froid sur le moment ; mais à son retour à Alexandrie, la lutte devint ardente et le savant se vit frappé d'interdit.

Il paraîtrait que prenant trop à la lettre la parole du Sauveur « *sunt qui eunuchi facti sunt* », Origène, dans un excès de zèle, aurait mutilé son corps. (Il ne prenait donc pas tout au sens allégorique ?)

L'eunuque était-il formellement rejeté des ordres à cette époque ? non ! car saint Jérôme lui-même restait en admiration devant l'intention de cet acte d'une vertu exaltée ! certes, au point de vue naturel, cette mutilation devenait coupable puisque c'était un demi-suicide. Où seraient, en effet, le mérite et la vertu si toute lutte était enlevée ? nous n'aurions pas conscience alors de bien faire (2).

Répréhensible au point de vue naturel, cet acte ne l'était pas moins aux regards de la foi, car c'était un doute. La grâce de Dieu ne nous donne-t-elle pas le courage de résister aux attraits du plaisir ?

Il est plus sage, je crois, de ne pas rechercher ici la raison qui a motivé dans Origène cet excès de zèle ; mais s'il a agi ainsi, c'est qu'il croyait pouvoir le faire sans léser les droits

---

(1) Ici se pose la question de savoir si les évêques pouvaient ordonner un clerc appartenant à une autre Eglise ?

D'abord Origène était laïque. En outre cette jurisprudence ne fût portée qu'au IV⁰ siècle. L'ordination du savant ne péchait à aucun point de vue. Elle était parfaitement licite et non moins valide.

(2) Ce fut au concile de Nicée (325) que l'on porta un décret contre l'ordination des eunuques.

de sa conscience. Il poursuivait sûrement un but supérieur
et sa mémoire ne saurait être entachée !

A cette époque, Mammea, mère d'Alexandre, fût moins
sévère que Démétrius, elle qui de passage à Antioche, voulût voir celui dont la renommée était universelle. Un désir
de la cour valait un ordre. Origène comparut donc devant
les grands de la terre non pour s'enorgueillir, mais pour
affirmer à la face de tous la supériorité du christianisme. Les
païens purent se convaincre que les sentiments les plus ardents de la foi s'allient facilement au génie sans le déprimer.

Malgré ces témoignages d'affection venus de si haut,
Démétrius ne désarmait pas. Dans sa haine il ne sut pas ou ne
voulut pas excuser une faute qui pouvait être palliée dans
un jeune homme épris du désir de ressembler à Jésus en se
faisant une âme grande comme la sienne. Le corps étant un
obstacle à la réalisation de ce rêve, Origène avait supprimé
l'inconvénient. Son but était louable et l'évêque d'Alexandrie
n'avait pu l'ignorer, lui qui était admis dans l'intimité du
savant.

Chose étrange, cet évêque n'élève aucun doute avant l'ordination, alors qu'il aurait dû parler ! Pourquoi ? Les canons,
très probablement, ne devaient pas être très affirmatifs sur ce
point. Si le droit avait été du côté de Démétrius, il lui était
facile d'opposer son *veto* ; mais, loin d'agir ainsi, il attend,
pour intervenir, que le mal soit sans remède.

Nous le voyons convoquer à la hâte un concile afin d'examiner la cause de ce prêtre. On invoque je ne sais quel précédent pour condamner un absent. Or, c'était aller manifestement contre les traditions qui veulent la présence de l'accusé. Voilà donc cet évêque qui use d'un droit fort contes-
table, car les évêques d'Achaïe devaient connaître leurs prérogatives tout aussi bien que lui. En outre, il injurie ses frères
dans le sacerdoce, en défendant à Origène l'exercice des fonctions de son ordre. Le savant, il est vrai, ne fut pas seulement
condamné de ce chef, car l'acte l'accuse d'hérésie, sans noti-
fier toutefois, par de plus amples détails, sur quel point il a erré.

Tout, dans cette procédure est inique ! mais il y a mieux (1).

L'évêque ne fût guère conséquent avec lui-même, puisqu'il

_____

(1) Eusèbe VI. 23.

conserva à la tête de l'école d'Alexandrie un homme ayant encouru une condamnation pour fait d'hérésie.

C'est donc devant l'auditoire compacte de ses nombreux disciples que le prêtre rejeté va expliquer son ouvrage des Principes. Jamais livre n'excita l'enthousiasme comme cet écrit du docteur. Cette publicité, ces acclamations, ne furent-elles pas la goutte d'eau qui fit déborder le vase ? Les irrégularités précédemment signalées nous permettent cette supposition. L'envie seule fut le principe de cette condamnation.

Car aussi prévenu que l'on soit contre le docteur, on ne pourra voir en lui un hérétique.

La foi de cet homme était ardente et jamais il ne rompit avec la communion de Rome. Le symbole resta toujours pour lui la règle supérieure de nos croyances, il répudia les opinions plus ou moins fondées sur la raison. Cet aveu échappé à son cœur dès la première page de son (*Peri-archon*) n'est-il pas le meilleur témoignage de son orthodoxie : *Illa sola credenda est veritas, quæ in nullo ab ecclesiasticâ discordat traditione* (1).

Ne récusait-il pas ainsi à l'avance toutes les erreurs qui auraient pu se glisser dans ses écrits. Grande leçon d'humilité qui nous est donnée, par le plus grand savant des origines chrétiennes.

Comme un fils dévoué soumet sa doctrine au jugement infaillible de l'Eglise, acceptant de réprouver ce qu'elle trouverait de repréhensible dans son œuvre.

Jamais Origène ne récrimina contre son évêque ! Injustement frappé, il se soumet, imitant en cela notre modèle qui se taisait devant ses bourreaux.

II

Que reprochait-on à ce savant? d'avoir erré, dit-on, sur une foule de sujets. De toutes les accusations portées contre lui nous signalerons les cinq principales.

On lui reproche d'avoir méconnu l'égalité de substance entre le Père, le Fils et le Saint-Esprit ; il aurait mis les deux personnes divines au rang des créatures. Il conçoit

---

(1) Principes. p. 116 n° 2. t. XI. Patrol. grecq.

donc ces personnes subordonnées *ratione principii, non ratione naturæ*. Or, les pères de Nicée n'ont pas parlé autrement. Le Père, ont-ils dit, premier principe est plus grand que le Fils. Pour le Saint-Esprit, il paraît le rabaisser en restreignant son action aux seuls saints; mais ce point n'est pas clair, comme nous le dirons plus loin.

Faisant du châtiment un moyen médical, il n'aurait pu concilier l'éternité des peines avec la notion philosophique de la bonté divine, et dès lors, il aurait conclu à la possibilité d'une restauration. La conséquence sur ce chapitre étant rigoureuse et la sanction devant être la même pour tous, il suivrait que le démon pourrait être pardonné.

Il aurait cru à une restauration de toutes choses, restauration dans laquelle les éléments corporels une fois détruits, les éléments spirituels subsisteraient seuls. D'où, il aurait dénaturé le dogme de la résurrection puisque tout élément corporel était destiné à périr.

Au sujet de la création, on lui attribue l'opinion platonicienne de l'Eternité de la création et de la pluralité infinie des mondes correspondant à l'activité éternelle du Créateur. Pour ce qui concerne l'origine de notre monde matériel, il l'aurait expliquée par une prévarication du monde des esprits antérieure aux temps. Il se serait donc trompé sur l'origine du bien et du mal et sur la question de la préexistence des âmes. Il a partagé en cela l'opinion de plusieurs Pères, notamment de saint Augustin.

Enfin il aurait cru que la nature angélique était susceptible de prendre un corps; de là à enseigner la corporéité des Anges, il n'y avait qu'un pas!

Avant d'étudier les erreurs, qui sont surtout des spéculations philosophiques et qui, dès lors, n'ont rien de bien fondamental, on nous permettra une remarque importante. Ce génie était dans son plein épanouissement à une époque où les ténèbres épaisses du paganisme obscurcissaient encore le monde. L'Eglise, toujours en butte aux tracasseries du pouvoir, s'était peu préoccupée jusque là de fixer le sens de son symbole; mais du jour où elle le voyait battu en brèche par la formidable attaque, qui lui vint de l'école du gnosticisme et des Docètes, elle dut songer à établir sur des bases solides les points primordiaux de nos croyances touchant l'origine du bien et du mal, de la grâce, de la création; mais sur quoi s'appuyer pour fixer ces données assez confuses de nos origines? Quel est homme dont l'intelligence finie pourrait aborder sans trembler ce problème si ardu? Et puis, quelle route suivre? Certes le champ de la théologie était déjà vaste. Saint Paul avait tenté de frayer la route en compagnie de saint Jean; après eux étaient venus les Clément, les Athénagore, les Justin, les Ignace, les Tertullien, les Irénée. Parmi cette pléiade de savants, plusieurs avaient envisagé ces questions difficiles, mais rien n'avait été élucidé. Origène eut le rare mérite de vouloir percer à jour ces problèmes mal définis! Il s'exposait, peut-être, à rester en deçà de la vérité ou à se lancer dans une exposition frisant la témérité; mais il ne pouvait pas reculer. L'effort tenté par l'école néoplatonicienne lui imposait l'obligation de défendre la foi!

Pouvait-il laisser sombrer le vaisseau qui portait les destinées de l'Eglise au moment d'atterrir au port? son indifférence eût été coupable. Et, pour n'avoir rien à se reprocher, pouvant beaucoup pour la cause du catholicisme, il se lança sur ce terrain mouvant des opinions au risque de rencontrer à chaque pas un écueil. L'entreprise de ce savant est d'autant plus louable qu'il avait conscience lui-même du danger auquel il s'exposait. Sa crainte d'errer est telle qu'il évite souvent de se prononcer. Toujours nous le voyons donner la forme dubitative aux notions peu connues. Aussi, à regarder superficiellement son œuvre, pourrait-on croire à l'erreur chez cet homme aux intentions si droites.

Comment douter de son orthodoxie quand on voit quelle affection lui avaient vouée Ambroise et Alexandre, diacre d'Alexandrie, l'époux de sainte Marcelle. La mémoire du docteur est à l'abri de tout soupçon, car de telles amitiés sont la meilleure des garanties. Ne se plaint-il pas souvent de la mauvaise foi de ses adversaires qu'il accuse d'avoir défiguré à dessein le sens de ses propositions.

Comment saint Jérôme aurait-il pu dire: « Il vint à Rome sous le pape Zéphirin afin de voir l'Eglise principale (202); plus tard, il écrivit à Fabien pour justifier sa foi et témoi-

gner de son regret de ce qui se trouvait d'inexact dans quelques-uns de ses écrits (236).

En apprenant sa mort, le solitaire de la Palestine s'écriera :
« C'était un grand homme et le vrai fils d'un martyr. Il a
gouverné avec gloire l'Ecole d'Alexandrie ! il a eu de l'hor-
reur pour les plaisirs et foulé aux pieds l'avarice : il a su
mieux que personne l'Écriture en entier et il a employé toute
sa vie à l'expliquer avec un extrême travail. Nous avons
de lui plus de mille discours et une infinité de commentaires.
Qui de nous a pu parcourir tous ses ouvrages ? Il est admirable dans ses œuvres ! Que si quelque Judas, jaloux de sa
gloire, a pu lui objecter des erreurs, qu'il sache que le plus
grand homme est exposé à commettre des fautes. N'imi-
tons pas Origène dans ses défauts, mais reconnaissons-le
inimitable dans ses vertus ! » (1).

Ce qui a pu contribuer beaucoup à lui attirer la haine, c'est
la grande admiration qu'il excita. Faire de ce savant un
hérétique, c'est condamner les pontifes qui ont eu avec lui
des relations ; or, de mémoire d'homme on n'a jamais vu les
évêques de Rome recevoir la visite d'un hérétique. Eh quoi, .
Théoctiste et Alexandre, ces saints évêques d'Achaïe et de
Palestine, auraient été intimes avec un homme ayant encouru
une condamnation de l'Eglise ? mais ce serait inouï ! Qu'un
évêque vienne à Césarée ou à Jérusalem, ce prélat rend
visite au savant, croyant ainsi s'honorer en allant saluer le
plus grand flambeau de l'Eglise.

Comment lui aurait-on permis d'ouvrir un cours d'exégèse à Jérusalem si son enseignement, comme on le prétend,
était erroné ? alors, ce serait, avouons-le, à n'y plus rien
comprendre ?

III

Le Dieu de toute miséricorde, qui sait toujours alléger les
souffrances du cœur même le plus éprouvé, donna au
malheureux persécuté une grande consolation. Deux jeunes
gens appartenant à l'une des meilleures familles de Néocé-
sarée lui furent confiés. Ils étaient encore païens. Le doc-

---

(1) Saint Jérôme : préface, in libris de nom. Scrip. Sac. Voir t. X. Patrol. grecq.
p. 052.

teur avait mission de leur enseigner le droit. Mais tout en
leur apprenant la lettre de la procédure fort embrouillée
à cette époque, il ne laissait pas que de s'attacher à ces deux
âmes droites. Des rapports très intimes s'établirent entre
les disciples et le Maître. Les deux frères, bien vite gagnés
par le charme de cette conversation élevée, se firent instruire de la foi et devinrent chrétiens. L'un devint plus
tard, Grégoire, surnommé le Thaumaturge, évêque de Néo-
césarée.

Rien d'aussi touchant que cette affection mutuelle de ces
hommes remarquables. Hélas ! ces liens devaient être de
courte durée. La persécution de Maximinus venait les briser peu de temps après. Pour sauver les jours de ce Maître
vénéré, les disciples durent prendre la fuite. L'empereur,
en effet, cherchait à se venger de celui qui par son génie
avait attiré tant d'âmes à l'Eglise. Les foudres du tyran
visaient avant tout cette tête auguste.

Tristes furent les adieux. Les disciples ne pouvaient se
faire à l'idée de quitter cette vie douce et paisible pour
affronter loin du regard de leur mentor les dangers du
monde. A chaque instant le souvenir de ces jours de calme
renaissait à la mémoire de Grégoire qui écrivait à son vénérable ami des lettres touchantes.

« Je quittai, s'écrie-t-il, cette vie bienheureuse comme
le premier homme s'éloigna de la face de Dieu. Quelles
larmes j'ai versées quand j'ai dû revoir comme lui la terre
d'où j'étais sorti. Hélas ! c'est elle qui devra me nourrir
désormais ! je la cultiverai, mais elle produira seulement
des ronces et des épines. Je suis revenu, ô mon pays, vers
toi que j'avais dû quitter ; famille, maison où habita et où
mourut mon père, je vous retrouve ; mais vous n'êtes plus,
je le sens, la véritable patrie et la famille de mon choix !
Comme Israël je suis retenu en captivité sur les rives de
Babylone. O patrie de mes Pères dans la foi, cité où jour
et nuit j'entendais retentir les préceptes de la loi sainte,
j'ai dû te quitter ! Jérusalem, demeure chérie où la lumière
aussi brillante que le soleil révèle à l'âme les divins mystères, tu étais la maison de Dieu car tout en toi respirait le
souffle d'en haut. Pourquoi me faut-il aller dans une terre
lointaine où je n'entendrai plus les chants sacrés, où ma

harpe suspendue aux saules ne fera plus entendre ses doux
accords ? ah ! si encore je partais malgré moi comme s'en
vont les captifs ? mais non ! non ! je pars de mon plein
gré, je me chasse moi-même ! peut-être aurais-je pu rester ?
je quitte une cité paisible où j'étais à l'abri du danger. Ne
deviendrai-je pas la proie des brigands qui me blesseront
et me laisseront à demi-mort sur la voie » (1).

Le maître dut blâmer ce découragement. Le noble caractère d'Origène ne comprenait pas ces défaillances de la
nature. Certes il n'était pas dépouillé de toute attache cet
homme qui avait su inspirer une telle confiance à son élève ;
mais il avait l'intuition de la grande vocation à laquelle
était appelé Grégoire et il le voulait fort jusqu'au sacrifice.
Un autre passage d'une lettre nous montre à quel point le
docteur savait inspirer à tous la plus grande confiance.

« Pourquoi ces plaintes, ajoutera Grégoire ? n'ai-je pas
l'appui du sauveur des hommes ? n'est-il pas l'ami, le médecin que vous m'avez fait connaître ? n'est-il pas le verbe
de Dieu, le vigilant gardien de toute vie humaine ? O Origène, j'emporte ma part des semences de vérité que vous
nous avez confiées du haut de votre chaire. Désormais nous
cheminerons en pleurant, emportant avec nous cette pré-
cieuse semence. Puisse le ciel veiller sur nous et nous donner de revenir vers vous les mains remplies des fruits
produits par votre enseignement. Que vaudront-ils ces fruits ?
ah ! sans doute, seront-ils bien imparfaits !.. ô maître levez-
vous et priez pour nous ! Vous êtes puissant sur le cœur de
Dieu ! Daigne le ciel nous accorder par vos prières quelque
consolation ! »

Qui pourra mettre en doute la parfaite orthodoxie, du docteur en voyant quelle affection lui avaient vouée ses disciples ?
Sans doute la preuve n'est pas suffisante ; mais elle a sa
valeur ! Nous ne voyons pas bien comment Grégoire le Thaumaturge aurait pu demander à un hérétique d'intercéder pour
lui auprès du Seigneur ? Cette grande confiance en son maître s'expliquerait mal si on mettait en doute la grande sainteté
du docteur. Il vécut en saint et il mourut en saint des suites
des tourments endurés pendant la persécution de Decius.

_____

(1) 11, 15. Luc X. 30 Grég. panégyrique.

L'esprit le plus prévenu s'incline devant le malheur. Origène fut une victime ; ses écrits sont intacts et s'il y a quelques points de répréhensibles, ils ne lui sont pas imputables.

Des papes tels qu'Anastase, Gelase et Vigile ont eu à examiner cette question. Ils ont condamné les hérétiques, qui pour se mettre à couvert, s'étaient abrités derrière l'ombre de ce profond génie. Les VI°, VII° et VIII° conciles généraux qui ont eu à trancher cette difficulté font de même. Ils jugent les opinions prêtées au docteur, ou ceux qui s'autoriseraient de ses écrits pour semer la division dans l'Eglise ; jamais ils n'ont condamné ce Père. Comment, en effet, mettre au pilori des pages dont nous nous servons à chaque instant pour la défense des croyances chrétiennes ?

Du reste les deux parties, qui nous restent à traiter, savoir : (les erreurs imputées à Origène et la question de l'origénisme) éclaireront suffisamment le débat.

IIᵐᵉ PARTIE

Erreurs d'Origène.

CHAPITRE I

ORIGÈNE A T-IL MIS LE CHRIST ET LE SAINT-ESPRIT AU RANG DES CRÉATURES ? EXPOSÉ DE SA DOCTRINE SUR DIEU, LA TRINITÉ ET LA JUSTIFICATION.

I

Nous avons dit déjà avec quelle force le savant fait ressortir contre Celse la divinité du verbe ; mais puisqu'il se plait à revenir souvent sur cette question si importante de l'Incarnation il ne sera pas hors de propos d'envisager encore ce sujet. Origène dit du Christ : « Il est le Fils de Dieu, envoyé sur la terre comme l'avaient annoncé les prophètes (1). Né du Père au commencement des temps, il a voulu servir son Père dans la condition de créature, alors qu'il était le créateur de l'univers. Aussi a-t-il caché sa gloire et, se faisant homme, s'est-il incarné (2). Ce mystère s'est accompli en Marie par l'opération du Saint-Esprit. »Le corps du Christ. nous dit-il encore, est semblable au nôtre, sujet aux blessures et à la mort comme celui des autres hommes ; aussi ne saurait-on douter de la réalité de la chair du Sauveur.

---

(1) Et quod hic Deus in novissimis diebus sicut per prophetas suos antè promiserat, misit Dominum Nostrum Jesum Christum (Peri-archon, nº 4, 48, p. 117).

(2) Seipsum exinaniens homo factus incarnatus cùm Deus esset et homo factus mansit quod erat Deus. (Peri-archon, nº 4, 117. Corpus assumpsit nostro corpori simile, eo solo differens quod natum ex virgine et Spiritu Sancto est).

Il n'a pas eu, comme Celse le veut, un corps apparent ; il s'est réellement manifesté aux hommes (1).

Comment nous parlera-t-il de l'âme humaine à laquelle s'est uni Jésus-Christ ? « Elle s'est unie d'une façon très intime avec son corps dont elle ne doit pas être séparée (2). Deux natures, d'après lui, peuvent s'unir pour former un seul tout ; l'union de l'homme et de la femme est de ce genre, et la Sainte Ecriture dit avec raison : *non amplius duo sunt, sed una caro.* De l'union d'où doit résulter le Seigneur et verbe, la sagesse et la vérité, l'homme parfait en un mot il dira : « Celui qui adhère au Seigneur devient un même esprit avec Lui..... s'il en est ainsi, l'âme de Jésus et le verbe le premier-né de toute créature doivent former un seul tout (3).

Le verbe fait chair s'étant uni à une âme humaine, il existe entre eux une union très intime et inséparable. Il y a en Jésus-Christ deux natures ; la nature divine puisqu'il est Dieu, et la nature humaine, car il est homme ; mais ces deux natures ne forment pas deux personnes. Il y a en Jésus-Christ une seule personne, qui est celle du Fils de Dieu. Si nous parlons ainsi ce n'est pas que nous séparions le Fils de Dieu de Jésus. Le Verbe ne fait qu'un avec l'âme et le corps de Jésus (4) Comment a-t-on pu accuser après cela Origène d'avoir fait du Christ une créature. La consubstantialité du Verbe ne fait pas de doute pour le docteur. Ici citons *ses paroles en latin* et tout au long : *Quod autem verbum ab œternitate sit cum Patre, nec alterius quam Patris substantiœ vel hypostasis proprius sit ut .declaravit synodus, liceat vos iterùm a laborioso Origene audire !* Qui parle ainsi ? c'est Athanase le glorieux défenseur de la foi de Nicée. Arius venait de nier la consubstantialité du Verbe et de proclamer Jésus fils de Dieu par adoption. Aussitôt le diacre d'Alexandrie va chercher dans Origène pour lequel Arius avait une profonde vénération la preuve à apporter à l'hérésiarque (5) : « *Si est imago Dei invisibilis, invisibilis quoque est ipsa imago. Quin etiam addere ausim, cùm sit simili-*

---

(1) Il combat donc l'erreur des Docètes.
(2) Il nous livre donc la définition la plus exacte de l'union hyposthatique de la nature divine avec la nature humaine.
(3) Origène contre Celse t, XI de la Patrol. 97. n° 47. 669. p. 1373.
(4) Origène contre Celse t, XI. de la Patr. grec. Libr. II. p 80.
(5) Celse VIII. 2. 26. 67.

tudo Patris, non posse fieri ut aliquando non fuerit. Quando enim Deus quem Joannes lucem appelat, nam Deus lux est, propriæ gloriæ splendore caruit, ut quis audeat principium existendi Filio tribuere, quasi scilicet anteà non fuisset? Quandonam vero non erat verbum, verbum, inquam, quod et Patrem cognoscit, et est character et imago ejusdem substantiæ, quæ dignè nec exprimi, nec nominari, nec proferri possit? Intelligat enim qui dicere audet, fuit aliquando cùm non esset Filius, idem ese ac, si diceret : « Sapientia aliquando non erat, verbum non erat vita non erat ».

Le Fils est donc consubstantiel c'est-à-dire égal en substance au Père. Si le témoignage de saint Athanase, pourtant bien placé pour connaître Origène, pouvait faire un doute, on se rendra au moins à l'affirmation de l'Alexandrin. Il n'y a pas eu un instant où le Fils n'ait existé : *Propter quod nos semper Deum Patrem novimus unigeniti filii sui, ex ipso quidem nati, et quod est ab ipso trahentis, sine ullo tamen initio, non solum eo quod aliquibus temporum spatiis distingui potest, sed ne illo quidem quod sola apud semetipsam mens intueri solet, et unde, ut ita dixerim, intellectu, atque animo conspicari.*

Au n° 3, il dit bien du Verbe : *hic est verbum animal vivens.* Or, ce passage serait tiré des actes de Paul aux Hébreux, (IV. 12.) Le grec porte : Ζων γαρ ο λογος του θεου.

Evidemment le sens de ce passage est celui-ci : le verbe de Dieu est vivant! Tel était le sentiment d'Origène, qui, pour corriger ce qu'a de malsonnante l'expression « *animal vivens* » ajoute : *Excelsius et præclariùs in initio Evangelii sui dicit, propria definitione Deum esse definiens verbum, dicens : et Deus erat verbum, et hoc erat in initio apud Deum!* Le Christ a la vie en lui-même, car comment aurait-il donné aux autres ce qu'il n'avait pas. Les créatures sont son œuvre ; elles manifestent sa toute puissance. La génération du verbe est éternelle ! *Est namque ita æterna ac sempiterna generatio sicut splendor generatur ex luce. Non enim per adoptionem Spiritus Filius fit extrinsecus, sed natura Filius est.* (2)

(1) (*Apud Athan. Lib., de decretis Nic. Synod t. I*ᵉʳ, p. 232.)
(2) Lib. Iᵉʳ, Peri-arch. p. 134, t. XI de la Patrol. grecq.

Comment, s'il en était autrement Origène aurait-il pu admettre cette parole du Christ : *qui me vidit, vidit et Patrem*. Comment serait-il la lumière, la vie ?

Subsistentia Filii ab ipso Patre descendit, sed non temporaliter, neque ab ullo initio, nisi, ut diximus, ab ipso Deo (1).

Sans doute il conçoit le fils subordonné à son père ; mais d'après ce qu'il dit, il est évident qu'il le conçoit subordonné *ratione principii, non ratione naturæ*. Ne dit-il pas, en effet, en parlant de la sagesse incréée, c'est-à-dire de la seconde personne de la Sainte-Trinité : *Quomodo autem extra hujus sapientiæ generationem fuisse aliquando Deum Patrem vel ad punctum momenti alicujus, quis potest sentire vel credere ?..* Marcel d'Ancyre prête à Origène cette doctrine beaucoup plus explicite : « nous n'appelons pas Dieu Père comme le sont les hommes de la terre car ils n'ont pas la puissance de l'être sans Dieu ; or, Dieu a toujours été Père du plus admirable des Fils (2).

Dans son 4ᵉ livre où il a soin de récapituler ce qu'il a dit précédemment, le docteur revient encore sur la génération du Verbe : « Le Père étant invisible et inséparable de son fils n'a pas enfanté comme quelques-uns le pensent à la façon des hommes : Il n'a pas de corps. Or, un être engendre un autre être semblable à lui « *similis simili* ! Le Père étant incréé et esprit, le Fils doit être improduit. Ce Père qui nous apparaît comme premier principe est-il plus grand que ce Fils ? Origène, dit-on, s'est prononcé dans le sens de l'affirmative ; mais il a entendu parler comme les Pères de Nicée. Sa foi reste donc intacte et sa doctrine n'est souillée d'aucune erreur. Quelques passages sont obscurs, il est vrai, notamment la citation faite plus haut ; mais Marcel d'Ancyre a soin de nous dire que Rufin l'a rendue obscure à dessein pour pallier ses erreurs.

Saint Anastase dit de ce savant : « Pour Rufin, au sujet duquel vous me consultez, je laisse à sa conscience éclairée des lumières d'en haut le soin de prononcer. Il a traduit en

---

(1) Peri-arch t. VI de la Patrol. grec. p. 42.
(2) Liv. Iᵉʳ, p. 131.
(3) Lettre d'Anastase à Jean de Jérusalem.

langue latine les écrits d'Origène. Sont-ils bien de ce Père?
Le Pontife doute. Il se demande à quel mobile a obéi Rufin en faisant paraître ces écrits. Le savant avait un culte
pour le docteur Alexandrin et, voyant l'erreur se servir
de ces ouvrages comme d'une forteresse, il eut l'idée de
les traduire, sans prendre le soin de les expurger. Saint Jérôme, qui était lui-même en admiration devant cette lumière
de l'Eglise, attribua à Rufin les erreurs qui s'étaient glissées
dans ces pages. De là cette querelle si retentissante entre
les deux amis. Saint Augustin en gémissait ; en sorte que
tous les deux eurent des torts. L'un voulant défendre la
cause d'Origène la servit très mal puisqu'il travailla à faire
croire à ses erreurs, et l'autre en s'acharnant contre Rufin,
ne servit pas davantage les intérêts de ce Père de l'Eglise.
« O Christ, s'écriera-t-il, n'est-ce pas vous qui avez attiré ces
catéchumènes, vous qui les avez poussés à quitter leurs
demeures pour venir à votre loi. Nous ne sommes pas allés
frapper à leurs portes ; c'est vous, mon Dieu, vous le Dieu
puissant, qui avez touché leurs cœurs ! vous les saviez dignes de cette faveur, et vous les avez appelés malgré eux
à la sublime vocation du christianisme ? »

Qui les soutient, qui les défend, qui les protège, sinon
vous, le Fils de Dieu, qui les avez attirés. Vous avez dit :
« Voici que je suis avec vous jusqu'à la fin du monde ; il ne
vous suffit pas d'être avec nous, vous nous faites violence
pour nous sauver ! » *(Hom. 20 in Num.* p. 158, t. 1er).... De
telles paroles défendent mieux le docteur que tout ce que
nous pourrions ajouter.

II

La doctrine de l'Eglise touchant le Saint-Esprit a été
énoncée au concile de Constantinople : *Credimus,* disait
l'Eglise, *Spiritum sanctum, Dominum et vivificantem, ex Patre procedentem et cum Patre et Filio adorandum et glorificandum, qui locutus est per prophetas !*

D'après l'énoncé du concile, la croyance au Saint-Esprit
peut se résumer ainsi : le Saint-Esprit est une personne

_____

(1) Hornil in Luc VII. t. II p. 38.

distincte, éternelle, adorable, subsistante, procédant du Père et du Fils. Voyons donc si telle est la doctrine du docteur d'Alexandrie ?

Nul ne mettra en doute la divinité d'une personne à laquelle on donne tous les attributs divins. Or, le docteur attribue au Saint-Esprit tous les attributs propres à Dieu :

1° LA SUBSISTANCE. — *Tum deinde honore ac dignitate Patri ac Filio sociatum tradiderunt spiritum sanctum, factus an non factus, vel filius etiam Dei ipse habendus sit ?* Le Saint-Esprit est le terme de l'amour ; on ne peut donc l'appeler à proprement parler le fils de Dieu. Il procède du Père et du Fils, a dit l'Eglise ; et en effet, dans la Trinité, nous trouvons un père incréé et un fils engendré de toute éternité, un père et un fils s'aimant d'un amour infini et efficace, par conséquent d'un amour qui doit s'exprimer au-dehors. Or, cet amour doit former entre eux un lien subsistant, procédant des deux.

En Dieu, il y a deux processions : celle de l'intelligence et de la lumière par laquelle le Père s'exprime et se manifeste en son fils et la procession de l'amour par laquelle le Père et le Fils s'aiment en l'esprit, et ces trois subsistants ne font qu'un ; ils n'ont qu'une seule et même nature divine. Origène nous a répété précédemment cette parole du Christ : mon Père et moi ne faisons qu'un ; ce que mon Père a, je l'ai aussi. Qui me voit, voit mon Père.

Le Fils a la même nature que le Père. Or, ce qu'il a dit du Verbe, il le dit de l'Esprit Paraclet. Il est incorporel comme Dieu : *Sed et cum de spiritu multi Sancti participant, non utique corpus aliquod intelligi potest spiritus sanctus, quod divisum in partes corporales percipiat unusquisque Sanctorum* (1).

Il nous dit encore : *subsistentia est intellectualis et proprii subsistit et extat* (2). Nul n'a pu avoir une idée de la subsistance de l'Esprit-Saint s'il n'est instruit des écritures. Et en effet, l'intelligence humaine ne saurait s'élever jusqu'à la conception de la nature de Dieu. Elle sait uniquement par la révélation ce qu'elle doit croire. En

_____

(1) P. 122, n° 50, 2, 3. Péri.-arch.
(2) N° 50, 3.

maints endroits des Ecritures, dit Origène, il est parlé du
Saint-Esprit. *Et spiritum sanctum tuum ne auferas a me*, dit
David à Jéhovah ; mais c'est dans le Nouveau Testament qu'il;
faut surtout chercher la véritable doctrine de l'Eglise. Le
docteur cite ensuite (1) divers passages qui mentionnent
l'existence divine de cette personne.

2° *Dieu*. Or, il est curieux de remarquer l'analogie existant entre la doctrine de ce Père et celle qui est professée
dans l'Eglise. L'Esprit-Saint révèle toutes choses : *etiam pro-
funda Dei... Spiritus qui solus scrutatur etiam alta Dei, re-
velat Deum*. Rien n'existait avant l'Esprit, car notre foi serait
absorbe : qui oserait dire que l'Esprit n'a pas toujours existé
et qu'il a ignoré le Père, il n'a pas été fait, car s'il avait été
créé : *nunquam utique in unitate Trinitatis, id est Dei
Patris inconvertibilis et Filii ejus, etiam ipse spiritus sanctus haberetur, nisi quia et ipse semper erat Spiritus
sanctus.*

Nous sommes baptisés au nom du Saint-Esprit, dit encore
ce docteur, or la régénération suppose un pouvoir divin et
nous mettons le Saint-Esprit sur le même pied que les
autres personnes divines : *qui regeneratur per deum in
salutem, opus habet et Patre et Filio et Spiritu sancto, non
percepturus salutem nisi sit integra Trinitas.*

Il dira, il est vrai, plus loin, que l'action du Saint-
Esprit se borne aux seules âmes saintes : *operationem vero
Spiritus sancti ne quaquam prorsus incidere vel in ea quæ
sine anima sunt, vel in ea quae animantia quidem, sed muta
sunt.* Il semble admettre une gradation dans la Trinité. Le
Père serait supérieur au Fils et le Saint-Esprit serait inférieur
à la seconde personne.

Saint Jérôme entend ainsi ce passage : « il a dit que le Fils
est inférieur au Père parce qu'il est le second. En effet,
dans sa pensée, l'idée de Père indique une supériorité ; mais
la distinction est purement logique. Origène a parlé selon
la manière de voir des hommes ; mais il ne pouvait éluci-
der ce qui reste mystérieux. »

Comme nous, il a dû étudier les Ecritures et la tradition,
car sa raison ne pouvait lui donner une connaissance même

_____

(1) Lib. Ier, n° 60, 2, p. 47.

approximative de la nature divine. Aussi, saint Athanase, s'inspirant de la doctrine de ce docteur pourra-t-il dire aux Ariens : « hommes audacieux, pourquoi discutez-vous sur une question que vous devez croire, mais que vous ne sauriez comprendre ? »

Comment aurait-il donné une démonstration exacte de ce dogme puisqu'il ne connaissait ni l'essence, ni la cause, ni l'effet de l'objet, trois conditions essentielles d'une démonstration. Dieu est sans cause ; *Principium absque Principio*, les modes personnels de son essence ne dépendent d'aucune cause. Ce qu'il est, nous ne le savons pas ! Il existe ; il nous révèle sa vie propre ; mais nous ne saurions dire quelle est sa nature. Il s'est manifesté à nous, mais parmi tous les effets qui nous sont connus, nous ne saurions dire si tel doit être attribué à une personne plutôt qu'à une autre.

Néanmoins, le docteur a pu voir comme nous certains vestiges de la Trinité dans la création et dans les traditions des peuples.

Origène sent à quel point il marche sur le bord d'un précipice. C'est pour éviter d'y tomber qu'il appuie surtout sa doctrine sur l'Ecriture. Il nous rapporte les paroles du Christ, disant à ses disciples : « *eumtes, docete omnes gentes, baptisantes eos in nomine Patris, et Filii et Spiritus Sancti.*

La toute puissance du Saint-Esprit est manifestement affirmée dans ce passage : *Auferes Spiritum eorum, et deficient, et in terram suam revertentur. Emittes spiritum tuum et creabuntur et renovabis faciem terræ; quod manifeste*, dit-il, *de Spiritu Sancto designatur, qui ablatis atque exstinctis peccatoribus et indignis, ipse sibi novum populum creet...* Recevez le Saint-Esprit, dira Jésus-Christ à ses disciples, les péchés seront remis par la puissance de l'Esprit-Saint. Or, Dieu seul peut remettre les péchés. *Adest etiam gratia Spiritus sancti, ut ea quæ substantialiter sancta non sunt, participatione ipsius sancta efficiantur.* La sanctification de nos âmes lui est donc attribuée. Par son souffle divin nous devenons capables de bien et nous pouvons vivre en conformité avec la volonté de Dieu, qui est notre sanctification.

C'est ce même esprit qui anima l'âme des prophètes et des apôtres (c. VII. p. 216). *Omnes gentes servient ei.* C'est le

Paraclet, docens majora quam voce proferri possunt, et, ut ità dixerim; quæ ineffabilia sunt, et quae non licet homini loqui!

Quelles plus belles preuves pouvions-nous apporter de l'élévation de cette doctrine. Voilà donc une force invisible qui opère en nos âmes, qui leur donne la grâce, qui intercède pour nous, qui fait des actes divins et qui ne serait pas Dieu. Ces pages lues et relues avec attention ne nous ont pas montré un seul instant le bien fondé de l'accusation portée contre ce savant. Parfois, il est vrai, il se sert d'expressions obscures et d'une interprétation difficile ; mais nous viennent-elles du docteur ? Quand on songe au style si limpide d'Origène, on reste rêveur devant ces quelques lignes où l'on ne retrouve plus rien de son génie méthodique. La pensée est grande, l'expression manque pour la rendre.

Pour convaincre amplement le lecteur de l'orthodoxie de la doctrine du Péri-archon, il sera bon de la rapprocher du symbole de saint Athanase.

ATHANASE.

Fides autem catholica una est : ut unum Deum in Trinitate, et Trinitatem in unitate veneremur neque confundantes personas neque substantiam separantes. Alia est enim persona Patris, alia Filii, alia Spiritûs Sancti. Sed Patris et Filii et Spiritûs Sancti una est divinitas, æqualis gloria, coæterna majestas. Qualis Pater, talis Filius, talis Spiritus Sanctus. Increatus Pater, *increatus* filius, increatus Spiritus Sanctus. *Immensus* Pater, immensus Filius, immensus Spiritus Sanctus.

Æternus Pater, æternus Filius, æternus Spiritus Sanctus. Et tamen non tres æterni, sed unus æternus... Similiter omni potens Pater.. Filius.. Spiritus Sanctus.

ORIGÈNE. « Extraits du Péri-archon ».

In unitate Trinitatis, idest Dei Patris inconvertibilis et Filii ejus, etiam et Spiritus Sanctus habetur (149). Regeneramur Per Deum in salutem, id est, per Patrem et Filium et Spiritum Sanctum, ita ut non percipiamus salutem nisi in integrâ Trinitate (150) Nulla est discretio (divisio) in Trinitate (154) Pater et Filius et Spiritus sunt in eadem unitate (154).

Deus ingenitus (145). Filius natus. Spiritus Sanctus procedens (144). Pater generat filium ingenitum (186). Filius est virtus Dei, lux æterna, non vapor gloriæ omnipotentis, neque æternælucis, Subsistens Filius (142). Subsistens Spiritus et non factus (146,

Et tamen non tres omnipotentes sed unus. Ita Deus Pater, Filius.. Spiritus Sanctus... Et tamen non tres Dii...

Pater a nullo est factus, nec creatus, nec genitus. Filius a Patre solo est : non factus, nec creatus, sed genitus. Spiritus Sanctus a Patre et Filio : non factus, nec creatus, nec genitus, sed procedens.

Unus ergo Pater, non tres Patres ; unus Filius non tres Filii : unus Spiritus Sanctus, non tres Spiritus Sancti. Et in hac Trinitate nihil prius aut posterius, nihil majus aut minus, sed totæ tres personæ coæternæ sibi sunt et coæquales. Ita ut per omnia, sicut jam supra dictum est, et unitas in Trinitate, et Trinitas in unitate veneranda sit.

149). Incomprehensibilis atque inæstimabilis. Intellectualis natura simplex (6) unigenitus Filius Dei qui est primogenitus omnis creaturæ est virtus et Dei sapientia. c. II. qui ex Patre natus ante omnem creaturam, Deus et homo, permanens Deum. Est Substantialit ersubsistens, ipsa υποστασισ non corporea. Ex Deo natus, et quod est ab ipso trahens, sine ullo tamen initio. Deus est, verbum et vita. Ex virgine et Spiritu Sancto quod (homo) natum est !

Unus Deus qui omnia creavit.

Intellectualis natura simplex (6) nihil omninô adjunctionis admittens natura illa simplex et tota mens ut moveatur vel operetur aliquid, nihil dilationis aut cunctationis habere potest æterna ac sempiterna Patris generatio (133). Filius est imago Patris. Pater Filium genuit imaginem scilicet suam, figuram substantiæ atque subsistentiæ ejus.13(5-136)

Filius immensus, invisibilis et magnitudine præditus.

Spiritum Sanctum profert Pater, non quasi qui antè non erat, sed quia origo et fons Filii et Spiritus Sancti Pater est.

Dans ses commentaires sur saint Jean (11. 4. 6), Origène tient ce langage qui ne saurait plus laisser planer de doute sur sa croyance au Saint-Esprit « nous sommes persuadés qu'il y a trois hyposthases, le Père, le Fils et le Saint-Esprit. Dans ses commentaires des Psaumes CXLVII.13, il dira encore: La sainte Trinité qui gouverne le monde (PS. XVII. 16).

N'enseigne-t-il pas la Trinité, quand empruntant les paroles d'Isaïe, il s'écrie : Saint, Saint, Saint est le Seigneur Sabaoth ? il ajoute : Le fils unique de Dieu et l'Esprit-Saint (1).

_____

(1) 4. n° 61. Lib. 1er, Péri. arch., p. 148.

Donc pour nous résumer : que trouvons-nous dans le docteur ?
Dieu, nous dit-il, est l'incompréhensible, l'être qui ne saurait
avoir de nom (1). Mais la théologie ne nous dit rien d'autre.
Deus est ens quo majus excogitari nequit. Et l'étendue de
notre connaissance de l'être divin, dirons-nous avec Origène,
est un effet de la grâce d'en haut. L'œil de l'homme n'a pas
vu, son oreille n'a pas entendu la douce harmonie du ciel.

Il voit Dieu dans son œuvre ; il sent sa présence, c'est
tout (2).

Dieu n'est pas un être corporel ! c'est l'innommé. On lui
donne bien un nom dans la Bible car les prophètes l'appellent
Jehovah, Elohim ! Deus ! Sabaoth ; mais tout cela ne nous dit
pas quelle est sa nature. *Magnus Dominus et immensus* (3). Il
est immuable (4). Il se connaît lui-même ; il voit tout ensemble le présent, le passé, jusqu'à nos plus secrètes pensées (5).

On a prétendu qu'Origène avait nié en Dieu la connaissance
des choses possibles. On s'est appuyé sur le passage suivant
du Peri-archon : *utrum Deus comprehendere possit omnia, an-
non posse ? Et dicere quidem non posse, manifeste impium est.
Si vero,* quod necesse est, *dixerit quia omnia comprehendit,
superest ut eo ipso quo comprehendi possunt et initium habere
intelligantur et finem. Nam quod penitus sine initio ullo est,
comprehendi omnino non potest.*

Où a-t-on vu dans ce passage une doctrine niant en Dieu la
possibilité de créer un monde autre que celui actuellement
existant ? Un monde fini serait-il seul en rapport avec sa connaissance ? Origène se contredirait, puisqu'il admet l'infinité
de Dieu. En outre, ce passage si torturé par les adversaires du
docteur, j'en fais juge les latinistes, veut dire ceci : Dieu peut-il
comprendre toutes choses, c'est-à-dire, les avoir présentes ?
Si on le nie, on avance une impiété. Si on est pour l'affirmative
il faut que les choses présentes à Dieu aient, un jour, un commencement et une fin. On ne saurait supposer en Dieu la connaissance de la possibilité de choses qui ne seront jamais. Le

(1) Celse, VI. 65.
(2) Celse VII. 44. Peri-arch, 1. 3. n. 4. de oratione. n. 24.
(3) Celse VI. 71.
(4) Peri-arch. I. 1. n° 6.
(5) Peri-arch. III. 1. n. 13. 22. adv. Celse 1110.
(6) Peri-arch. lib. III, V, 2.

docteur entend parler des futurs contingents, c'est-à-dire, des choses qui dépendent de la volonté libre de l'homme. Elles existent déjà dans la pensée de Dieu ; elles ont donc un commencement ; il en voit le terme, donc il n'est pas contraire à sa nature de voir ces événements. L'Esprit ne peut percevoir que des connaissances réelles c'est bien ce que le docteur admet, quand il ajoute : « *In quantumcunque enim se intellectus extenderit, in tantum comprehendi facultas sine fine subducitur et differtur, ubi initium non habetur !* (1)

Comment concilier cette prétendue doctrine avec ce beau passage sur la justification : *Verbo enim dei et sapientia ejus creata sunt universa, et per ipsius ordinata sunt justitiam. Per gratiam vero misericordiæ suæ omnibus providet, atque omnes quibuscunque* curari possunt *remediis hortatur et provocat ad salutem.*

Il connaît donc ceux qui seront sauvés et ceux qui seront damnés. Toute la doctrine sur la justification serait à citer ; mais il faudrait donner *in extenso* le chapitre IX du livre second, 9, 7, du Peri-archon. Au fond c'est toute la doctrine de saint Paul exposée dans un commentaire lucide et consolant. N'accusons pas Dieu d'injustice, dit-il, rapportons à nous seuls la cause de ce malheur, nous rappelant ce mot de l'Ecriture : *Vanitati enim creatura subjecta est non volens. In omnibus creaturis justitia debet creatoris apparere.* Le docteur n'approfondit pas cette terrible question. Peut-être est-il plus sage qu'une certaine école. *In die judicii futurum quod separentur boni a malis... qui se expurgaverit in hâc vitâ positus, ad omne opus bonum erit paratus in futuro... unicuique pro merito vel succuri vel consuli deberet.* Laissons à la justice divine le soin de reconnaître ses élus. Ne faisons pas Dieu impitoyable. Il en perdra quelques-uns, il le faut, pour l'exercice de la justice ; mais il perdra ceux qui auront bien voulu s'égarer. Dieu est bon. Il a conscience du mérite et des faiblesses de l'homme. Il a dit ce mot bien consolant : *pax hominibus bonæ voluntatis.*

Ceux qui ont reproché à Origène d'avoir mis le Fils et le Saint-Esprit au rang des créatures étaient-ils de bonne foi ? Ont-ils bien pris garde à l'équivoque des deux mots grecs qui

---

(1) 2, l. III, p. 327, Peri-arch., t. XI.

signifient à la fois créé, produit, engendré et fait, et cet autre
qui veut dire : non engendré ? En disant du Père : il est
improduit, le savant n'avance pas une erreur. Il ne se
trompe pas non plus quand il dit du Fils : il est engendré.
Verbe (en grec *Logos*) est un mot qui prête à un double
sens.

Il signifie quelque chose de créé et de fait. Tout esprit
impartial s'il veut bien examiner attentivement le texte de
l'auteur, verra de suite qu'en parlant du verbe de Dieu, la
sagesse incréée, il n'entendait pas désigner une créature.
Car il se contredirait quelques lignes après, quand il dit de
ce logos : il est éternel! Il lui applique, en effet, ce passage
de la Sagesse : *Nondum erant abyssi et ego jam concepta
eram.* Il lui reconnaît la même nature qu'au Père : *similis
Patri.* Non content de lui attribuer la consubstantialité, il
s'élève à la considération de sa nature divine qu'il fait aussi
puissante que celle du Père. Peut-être certains passages
sont-ils abstraits et peu clairs; le sujet, à vrai dire, n'est
guère lucide par lui-même; mais en se donnant la peine de
rapprocher ces passages des pages où le docteur expose
plus clairement le dogme catholique, on y découvre une
clarté lumineuse qui illumine la pensée de l'auteur et qui
nous montre une élévation rarement dépassée. Les passages obscurs ont été interpolés au iv⁰ siècle. Il est facile
de se rendre compte de ce fait en rapprochant ces lignes de
l'ensemble doctrinal du docteur. Ce n'est plus la même
lucidité, le même élan, ni le même style.

Les luttes auxquelles l'arianisme donna lieu suffisent
à expliquer l'interpolation. Battu par l'Alexandrin dont
Athanase s'était fait une arme, Arius songea tout naturellement à se servir des mêmes armes. Origène fut ainsi
opposé à lui-même. Mais comme les Ariens ne pouvaient
user des écrits du savant qu'à la condition de les falsifier,
ils n'hésitèrent pas à commettre ce crime. La chose était
d'autant plus facile que les écrits étaient fort peu répandus
dans le monde.

A vrai dire cette allégation peut être regardée comme
une pure supposition; mais pour qui connaît l'esprit de
l'arianisme, elle n'a rien d'invraisemblable. On sait combien longuement ils ont ergoté sur le terme ομοουσιοσ et

ομουσιασ. Dès lors je conclus : tout ce qui est dit de la nature du Père considéré comme source primitive de l'être, est faussement attribué à Origène. Nous verrons ce qu'il faut penser de la création éternelle qu'on lui impute. Il n'a jamais entendu parler de la nature humaine du Christ dans le sens qui lui a été prêté. Les Pères, tels que Grégoire le Thaumaturge, saint Pamphile, saint Athanase, saint Grégoire de Nazianze, saint Jean Chrysostome, etc., se seraient-ils portés garants de son orthodoxie s'ils avaient cru fondées les attaques dirigées contre lui ? c'est peu probable. De tels défenseurs sont la meilleure des cautions dans une cause ; leur témoignage vaut bien celui d'adversaires qui ont trop d'intérêts à blâmer cette mémoire.

CHAPITRE II

I

L'idée d'une réhabilitation générale et définitive de
toutes les créatures s'était universellement répandue dans
l'Eglise aux débuts du second siècle. Cette croyance s'ap-
puyait sur certains textes plus ou moins obscurs de l'Apocalypse. L'Ecole platonicienne croyait à la possibilité de
cette restauration et quelques docteurs, disciples du Maître, croyaient à la métempsycose. En face de ce mouvement
des esprits, Origène ne pouvait rester muet. Il se devait
à lui-même de dire quelle était la pensée de l'Eglise.
Cette question de la sanction donnée par Dieu au péché
presqu'à l'origine de la création est effrayante lorsqu'on la
considère sous son véritable jour.

Ne Diabolus quidem ipse incapax fuit boni, se demande
Origène. En face de cette proposition, le savant répond :
« une peine doit avoir pour principal effet de corriger; elle
est donc médicinale. Dieu en punissant Satan a-t-il voulu
fermer la porte à son repentir ou lui a-t-il laissé la facilité
de s'amender? »

Saint Augustin dans son traité de la cité de Dieu s'efforce
de réfuter cette idée : *Sed pœna altera idéo dura et injusta
sensibus videtur humanis, quia in hâc infirmitate mori-
bundorum sensuum deest ille sensus altissimæ purissimæ-
que sapientiæ, quo sentiri possit, quantum nefas in illâ
rimâ prævaricatione commissum sit (21. 12.)*

Le docteur insiste à dessein sur le caractère de la peine. De prime abord, la sanction nous apparaît comme un remède approprié à la faute et, on est en droit de se demander, si toute peine ne doit pas être médicinale?

En fait, le Christ en venant sur la terre a eu pour but de guérir les blessures morales faites à l'âme par la chute. Dans les diverses circonstances de sa vie, il se donne comme un guérisseur. Tantôt il se montre à nous sous les traits du Samaritain, d'autrefois il sera le bon pasteur, et quand, législateur, il pose les bases du système social de l'avenir, c'est un médecin et un père.

Néanmoins Origène n'a jamais entendu dire que Dieu veuille pardonner au démon. Saint Jérôme, en rendant ainsi : « *Diabolum dicet non incapacem esse virtutis* » le passage du docteur, est en contradiction formelle avec le contexte; car l'auteur a soin d'ajouter à sa proposition l'explication suivante : *non incapax fuit boni (non tamen idcirco quia potuit recipere bonum, etiam voluit, vel virtutis operam dedit*. En rapprochant ce passage de la pensée principale, on voit facilement quelle est l'intention de l'écrivain. Il veut, c'est évident, prouver que rien de mauvais n'est sorti des mains du créateur. Le démon était bon, et après être sorti des mains de Dieu, il pouvait faire le bien; il en était capable ; il ne l'a pas voulu.

Après sa révolte, sa situation étant différente, le tout lui devenait impossible. Laissons le docteur nous livrer sa pensée à ce sujet dans son VIIIᵉ livre contre Celse : « Ceux qui s'éloignent de Jésus tombent dans le feu éternel, feu d'une nature différente de celui dont nous nous servons. C'est de ce feu éternel que parle Isaïe à la fin de sa prophétie, quand il dit: « Le ver rongeur ne meurt pas en eux, et le feu qui les consume ne s'éteint pas. Il est sans doute fait d'une substance particulière, car il brûle ce qui est invisible, selon ce mot de l'apôtre: ce que l'on voit est caduque, ce qui n'apparaît pas est éternel » (1).

Ce ne sont pas les démons, qui ont créé le monde. Nous ne leur devons pas un culte, comme le veut Celse, dit-il encore dans son livre VIIIᵉ (2). Dieu ne nous a pas jetés sur la terre pour

---

(1) In. Mat. tht. 34. p. 1553. Libu. VIII. Celse.
(2) Contre Celse, VIII, p. 1564.

être au pouvoir du démon ; mais pour être soumis à Jésus qui nous a rachetés ! (1).

Le sens, qui a été donné, nous apparaît bien plus vrai, si nous le rapprochons de ce témoignage du savant : le démon devenu mauvais a été bon : *fuit aliquando bonus.* Il y a donc eu en lui dit-il la liberté de faire bien : *virtutis recipiendæ* et de faire le mal *vel malitiæ facultatem;* usant de cette liberté il s'est révolté contre Dieu et s'est tourné complètement vers le mal : *et a virtute declinans tota se mente convertit ad malum* (2).

Or, dans tout ce passage, le docteur ne parle pas du tout de l'Eternité.

Revenant sur cette question dans sa neuvième homélie sur Ezéchiel, il se demande quelle a pu être la nature de ce péché qui a mérité un tel châtiment ? « Le péché, le plus gand de tout qui a entraîné la chute de Satan, c'est l'orgueil ! A cause de ce délit il a émigré du ciel vers les terres ! »

Parlant ensuite de l'état des âmes, il ajoute : « Or, comme tous, soit chrétiens ou juifs, soit grecs ou barbares, croient à la sur-vivance de l'âme après sa sépation d'avec le corps, et puisqu'il est conforme à la raison que celle qui est pure, c'est-à-dire exempte de tous liens, s'envole vers les lieux éthérés ; **il convient, au contraire, que celle qui rampe à terre à cause de ses péchés, soit punie dans les souterrains où l'on ne respire pas !** (Livre VII. contre Celse.)

Il ajoute, il est vrai : « là elle se tourne et se retourne ; elle erre dans ces lieux où demeurent les spectres des âmes : « *quædam circa monumenta ubi etiam umbrosa quædam ani-marum spectra interdum conspiciuntur, aliæ circa terram pas-sim volitantes...* c'est la dotrine de Platon qui est énoncée ici. Ce qui a laissé croire à quelques historiens que le docteur a cru en la métempsycose. Il y croyait si peu, qu'il dit au livre VIII* contre Celse : « Nous sommes éloignés de l'opinion de ceux qui croient que l'âme change de corps ; aussi nous abstenons-nous pas de la chair des animaux comme le font les Pythragoriciens. »

Pour ce qui est de l'âme unie au corps, le savant dit avec rai-son que l'Eglise n'a rien défini. Est-elle engendrée avec le

(1) P. 1575.
(2) Péri-arch. Lib. I**, VIII. 3, p. 178.

corps et par le principe qui pose l'acté de la génération ou a
t-elle une autre origine? Il ne se prononce pas (1).

Dans l'interprétation de l'évangile de saint Jean il ajoute :
« Ce qu'il y a de sûr, c'est que les âmes nobles, qui sont venues
à la vie par les voies ordinaires, y sont venues malgré elles et
en soupirant. Aussi rentrent-elles avec joie dans le lieu du repos après une existence laborieuse et remplie de mérites Elles
ont produit le centuple avec le corps auquel elles étaient unies! »

Ce passage suffit-il à entacher le nom de l'illustre docteur?
Qui voudra y voir la doctrine de la préexistence des âmes? Vin-
censi, au contraire soutient l'opinion opposée. Pour lui, Origène n'a jamais professé cette doctrine. Ce passage assez confus a dû être mal interprété par les copistes, qui dans leur hâte
de transcrire la pensée du Maître, n'ont pas pris garde qu'il
se posait une objection; en sorte qu'ils auraient attribué à
Origène ce qu'il mettait dans la bouche de ses adversaires.

Le point le plus difficile à expliquer, c'est sa doctrine toute
platonicienne de la purification progressive des âmes. Les expressions en effet si on les prend dans toute leur rigueur, ne peuvent se concilier avec l'éternité des peines. Mais ici encore,
il importe de considérer les choses sous leur véritable jour.

Origène parlait, dans l'exposition de la doctrine, d'un principe alors reconnu et auquel, en philosophe qu'il était, il a
voulu donner trop de développement.

Quand Dieu châtie, il veut avant tout toucher le cœur du
coupable : *scindite corda vestra* ! Or, la peine envisagée soit
du côté de l'esprit du législateur, soit du côté du coupable,
doit être une réparation. Elle doit donc être médicinale plus
que pénale. « En châtiant, disait donc Origène, Dieu veut
amender le coupable; il ne veut pas le perdre éternellement ».

Pris dans leur sens strict, ces termes sont, en effet, la négation de l'éternité des peines. La question serait donc résolue,
si elle avait été la vraie pensée du docteur. Mais un interprète consciencieux, avant de tirer une conclusion semblable,
doit avoir recours au contexte. Or, dans ce qui précède, le docteur a soin d'établir la doctrine de l'église sur le péché! Les
uns, dit-il, donnent la mort à l'âme et la dégradent sans la tuer
entièrement. Origène n'établissant aucune distinction, il est

_____

(1) Peri-arch. L. I. 5. p. 118.

de bonne logique de ne pas distinguer nous-même et d'interpréter ce passage dans le sens le plus large. Il est question ici d'une
âme qui n'est pas complètement morte à la vie de grâce. Le péché
l'a atteinte néanmoins ; elle est bien malade ! Evidemment il
veut parler de l'état de celui qui n'ayant pas satisfait à la
justice de Dieu doit être plongé dans les flammes ; or, comme il n'est pas mort, il pourra reprendre vie et, quand il aura
expié, alors il aura la justice complète, qui lui permettra
de voir Dieu.

Le mot enfer, dont se sert le docteur, a pu donner lieu à cette
interprétation sévère. Le mot enfer et purgatoire, dans l'hébreu, comme en grec, ne se traduit pas de deux façons.

Le mot purgatoire même n'était pas dans les écrits des Pères.
Saint-Augustin parle bien de *l'ignis purgationis* ; mais en dehors de cette expression καθαρσιον πυϛ, nous ne trouvons aucune
donnée là-dessus.

Clément d'Alexandrie dans ses stromates nous livre ainsi sa
pensée sur la purification : « Nous disons que le feu purifie ;
ce même feu dévore, car il a l'intelligence de ce qu'il faut faire
pour établir une sélection des âmes ».

Origène en parle aussi dans sa XVIᵉ homélie sur Jérémie
et dans sa XXVᵉ sur saint Luc ; mais ces deux passages
manquent de précision.

Hâtons-nous, pour éclairer ce débat, de dire que le mot
purgatoire est du XIIIᵉ siècle. Il paraît remonter à l'an
1254 d'après un décret d'Innocent IV accepté par les
Grecs.

On aurait pour la première fois fait usage de ce terme
aux conciles de Lyon et de Florence. Jusqu'à cette époque, par conséquent, soit pour désigner le supplice éternel
de l'enfer ou l'épreuve transitoire du purgatoire, la langue
ecclésiastique n'avait qu'un terme. Origène n'avait donc
pas le choix et, avec les Grecs, il devait se servir du terme
Αδου, d'où nous avons fait infernum, tant pour exprimer
le lieu habité par Satan, que celui habité par les justes qui
se purifient avant d'aller au ciel. C'est au lecteur à savoir
distinguer quel sens il convient de donner à tel passage du
docteur ; et ce serait se tromper étrangement que de lui
attribuer l'intention d'avoir restreint la durée des supplices
de l'enfer. Ne proteste-t-il pas contre cette trop grande

facilité à le dénigrer. Ecoutez-le vous dire dans son apologie de Pamphyle : « Quelques-uns de ceux qui se font un plaisir de trouver un sujet de blâme dans les autres, m'accusent d'avoir blasphémé dans mes écrits ».

« J'aurais dit, d'après eux, qu'un jour le diable serait sauvé; or, cette doctrine, nul homme ne la soutiendra, à moins d'être insensé. Mes œuvres ont été falsifiées! Dois-je m'en étonner? non! puisqu'on n'a pas eu plus de respect pour l'épître de saint Paul aux Thessaloniciens... Aujourd'hui, la même chose m'arrive. N'a-t-on pas vu un hérétique, après avoir accepté de discuter publiquement avec moi, prendre la relation de notre dispute de la main de ceux qui l'avaient écrite et y ajouter ou retrancher tout ce qu'il lui plût de modifier. Puis il fit paraître sous mon nom sa propre relation. Nos frères de Palestine en furent indignés. Ils envoyèrent aussitôt demander l'original qui m'avait servi dans le débat. Comme je ne l'avais pas lu, il avait été jeté avec d'autres papiers, en sorte qu'il me fut assez difficile de le retrouver. Après bien des recherches, je réussis enfin à mettre la main dessus. J'envoyais aussitôt ma relation aux évêques et j'insistais auprès du faussaire pour l'amener à se rétracter. J'en reçus ce mot assez bizarre : J'ai écrit, disait-il, pour ma satisfaction personnelle, et si j'ai agrémenté notre dispute de quelques adjonctions, je l'ai fait sans aucune malice. Voilà la correction de mes antagonistes! Marcion et Appelles n'ont pas agi différemment avec les évangiles. De même que ces derniers ont faussé les Ecritures, ainsi cet hypocrite a effacé ma vraie doctrine pour lui substituer, sous le couvert de mon nom, le venin de l'erreur »(1).

Il aurait dit que Satan serait un jour sauvé? or, il s'en défend dans son apologétique, où il n'admet pas de terme pour les tourments de l'ange révolté. Pourquoi en admettrait-il un pour les compagnons que lui donnera le péché? Ceux qui ont tiré cette opinion des écrits de l'Alexandrin ont dû n'accorder qu'une attention distraite à sa doctrine. Origène a du Christ une opinion plus grande que celle du commun des mortels. Pour lui c'est l'être idéal qui ouvre

_____

(1) Œuvres de saint Jérôme. t. V. p. 251.

bien grands ses bras afin d'embrasser tous les hommes. C'est l'être rempli de mansuétude qui offre un généreux pardon à tant de créatures plus coupables de faiblesse et d'ignorance que de malice. Dans bien des cas nous offensons Dieu malgré nous et non pour le plaisir de l'outrager. Avec Origène, nous le proclamons bien haut, on fausse l'idée de ce maître débonnaire, qui a le pardon facile.

Nous ne croyons pas être hérétiques parce que nous ne professons pas la doctrine rigoriste, qui voudrait nous représenter le Christ sous les dehors d'un juge implacable ! Aurait-il pris la peine de descendre sur la terre, si ce n'était pas pour sauver le plus grand nombre d'hommes ? Mais en attendant la miséricorde, nous ne nions pas l'exercice de la justice et, avec le docteur, nous nions que les réprouvés puissent attendre une délivrance générale après un temps plus ou moins long d'expiation. Ce Jésus est-il pour cela inéxorable ? non !

Saint Augustin est de notre avis, lui qui, après avoir interprété avec saint Jérôme le texte d'Origène, s'étonnait de ne pas le voir aller jusqu'aux dernières conclusions de son argumentation. Si Origène avait posé les données de la réhabilitation finale du damné, il n'eut pas hésité à conclure à la possibilité du pardon pour le démon. Dès lors qu'il nie la chose possible pour l'homme, il ne pouvait l'admettre pour une créature supérieure. Car ne l'oublions pas : la faute croît en proportion des connaissances de l'être. De même, le docteur aurait pu admettre la réhabilitation pour l'homme et la rejeter pour Satan, car nous ne saurions établir de parité au point de vue des connaissances entre la nature angélique et la nature humaine. Purs esprits, intelligences dépouillées de la matière, les anges ne pouvaient arguer de leur passion ; ils n'étaient pas enténébrés, comme nous, qui sommes retenus par les entraves de notre corps. Si donc ils ont offensé Dieu, ils ont dû mesurer toute l'étendue de leur faute. Il n'en est pas ainsi de l'homme, mesure-t-il toujours la profondeur de l'abîme dans lequel il va choir ? a-t-il de Dieu une connaissance suffisante pour être porté vers lui d'un amour de prédilection ? Certes, nous savons qu'il voit Dieu, car toute la terre est pleine de sa gloire ; mais il le voit *tanquam in œnigmate. Le quid sid Deus*, lui

échappe et s'il veut aller trop loin, son esprit téméraire se
voit frappé de cécité. Pour lui se réalise la parole de
l'Ecriture : *qui scrutator est majestatis opprimetur a gloria.*
D'un côté, il y a trop de lumière; en sorte qu'il est tenté
de tirer un voile épais pour ne pas être aveuglé par les
rayons lumineux ; de l'autre côté, il y a ténèbres. Son âme
est environnée d'ennemis de toutes sortes, qui lui font une
guerre acharnée. Il lui faut triompher, mais au prix de
quels efforts.

Certes bien éloignée de ma pensée est l'idée de faire
l'apologie du mal. Nous ne nions pas la liberté et nous ne
prétendons pas faire de l'homme un être inconscient ; mais
avec le grand docteur nous constatons un fait, c'est-à-dire
l'existence du mal moral. L'homme se trouve porté vers cet
objet; il en rougit, il lutte. Et quand après bien des combats,
il sera tombé comme un vaincu sur le chemin de la vie,
devrons-nous le piétiner ? Dieu s'acharnera-t-il contre lui?
Origène a cru que cela était à l'encontre de la miséricorde
de Dieu.

L'Evangile au fond était avec lui. Et quand il se trouvait,
lui âme candide, en face de ces paroles du Maître : *qui
manducaverit ex hoc pane vivet in æternum,* il ne pouvait
pas croire que des âmes régénérées dans le sang d'un Dieu
fussent assez misérables pour perdre éternellement le fruit
de ce rachat. *Quanto magis intelligendum est et hunc medi-
cum nostrum Deum volentem diluere vitia animarum
nostrarum, quæ ex peccatorum et scelerum diversitate colleger-
rant, uti hujuscemodi poenalibus curis, etiam ignis inferre
supplicium his qui sanitatem animæ perdiderunt* (1).

Irénée (*adversus hæres.* L. 17. n°2.) Grégoire de Nysse (in
PS. tr. II. c. VIII. XIV) saint Jérôme (in Epih. IV. 16. in Gal.
V. 22) n'ont pas pensé autrement.

Pour Origène, le sort de l'âme est fixé après la mort :
« *non parum temporis transeat usque opus eorum tantum
modo quæ super terram sunt ratio post vitæ abscessum
dignis et bene meritis ostendatur, ut per eorum omnium
agnitionem et plenæ scientiæ gratiam, lætitia inenarrabili
perfruantur* (2).

(1) T. XI. Peri-arch. Lib. II. X, 6, p. 238).
(2) T. XI, Peri-arch. Lib, c. XI, n° 5, p. 245).

Après le jugement dernier, il admet une révolution générale qui doit s'opérer sur la terre et le monde, matériel doit être renouvelé. Ces modifications s'opéreront par le feu. Cette idée d'une conflagration universelle n'est pas nouvelle dans l'Eglise. Déjà au Ier siècle cette opinion avait.cours et saint Pierre ne parle pas autrement dans sa seconde épître (c. II) *Si enim Deus angelis peccantibus non pepercit, sed rudentibus inferni detractos in tartarum tradidit cruciandos, in judicium reservari. Et originali mundo non pepercit, sed octavum Noë justitiæ præconem custodivit, « diluvium mundo impiorum inducens. Et civitates Sodomorum et Gomorrhæorum in cinerem redigens, eversione damnavit* (p. 4. 5. 6).

Quod ad nos attinet, dit-il, au IVe livre contre Celse, (12), *nec diluvium nec conflagrationem orbibus et siderum conversionibus illigamus ; sed horum causam esse dicimus nequitiam, quæ cum aucta est plurimum diluvio et purgatione purgatur.* (pr 1042) t. XI. Il y revient au livre V^e p. 15 en répondant à une plaisanterie de Celse. Nous ne faisons pas pour cela de Dieu un cuisinier ; mais Origène n'a jamais soutenu avec les origénistes l'anéantissement final des corps. Telle était, en effet, la doctrine des Platoniciens. Nous la retrouvons bien dans ceux qui se sont autorisés de la doctrine de ce Père pour répandre leurs erreurs ; mais bien que cette question n'ait été résolue qu'au second concile général de Constantinople, dont le XXIe canon sanctionne la doctrine qui enseignait la persistance de la substance corporelle, il n'y a rien dans le docteur d'Alexandrie, qui nous permette de dire qu'il ait cru à l'anéantissement complet du corps.

Nunc vero, dit-il, (chapitre XI. Lib II. Péri-archon) *sermonem convertimur ad nonnullos nostrorum, qui vel pro intellectûs exiguitate, vel explanationis inopiâ, valde vilem et abjectum sensum de resurrectione Corporis introducunt... quomodo intelligenti animale corpus gratià resurrectionis immutandum, et spiritale futurum, ; et quomodo quod in infirmitate seminatur, resurrecturum sentiant in virtute ; quod in ignobilitate, quomodo resurget in glorià ?.. Et ita his quidem qui regni cælorum hæreditatem consequi merebuntur, ratio illa reparandi corporis quam suprà diximus, Dei jussu ex terreno et animali corpore corpus reparat Spiritale, quod habitare possit in cælis...*

Dans ce passage, Origène soutient évidemment la thèse de la condition du corps glorieux. Il est sûr que notre corps sera changé quant à ses propriétés *omnes autem immutabimur*, a dit saint Paul. Comment cela se fera-t-il ? personne n'en sait rien ! Dieu seul le sait.

Quand il nous parle de feu éternel quelques lignes plus loin, évidemment il parle de l'enfer : *ita tamen ut corum qui ad ignem æternum, vel ad supplicia destinandi sunt, per ipsam resurrectionis permutationem ita corpus incorruptum sit quod resurgit, ut ne suppliciis quidem corrumpi valeat et dissolvi.* (Per. arch Lib II. Xl 3).

Néanmoins il admet l'identité fondamentale, quant à la substance du corps que nous aurons après la résurrection avec celui qui nous sert à accomplir notre pèlerinage ici-bas. III. VI. n. 5. *In* Math. XIII. 17. (*In* Psalm. 36. Homil. III. 10).

La doctrine sur la propriété des corps ressuscités est celle de tous les Pères. Il admet comme propriété : la clarté, l'agilité, la spiritualité, l'incorruptibilité, l'immortalité : Origène contre Celse L. VII. 32-33.

Ce dogme, avoue le docteur, est profond et difficile à saisir, et le plus sage ne peut que balbutier en face de ce mystère ; néanmoins notre faible entendement saisit à quel point il est digne de la majesté de Dieu, qui est le Dieu des vivants et non le Dieu des morts (1).

Sur la question des sexes après la résurrection le docteur ne partage pas l'avis de saint Augustin. Il appliquait à la lettre la parole du Christ : *in cœlis neque nubent, neque nubentur*(En Epip. V, 28. Matth. XVIII. 30). Pour lui il n'y avait plus de sexes. Il parle, il le dit lui-même, de choses qui nous sont inconnues : et saint Augustin, avec toute sa science, n'était pas plus avancé qu'Origène. Nous sommes dans l'impossibilité de préciser puisque c'est le

---

(1) Quoniam vero resurrectionis dogma altum sane et enarratu difficile, quodque omnium maxime indiget viro sapiente, imo in sapientia provecto, qui ostendat quam dignum illud Deo, quam sublime sit ; si quidem ex illo discimus rationem seminis inesse in hoc animæ, ut scripturæ vocant, tabernaculo, in quo justi ingemiscunt gravati, nolentes exspoliari, sed super vestri ; ideo Celsus irridet quia non intelliget, nec audivit nisi ab imperitis, qui nullo illud argumento astruere poterant, utile fuerit, præter ea quæ hac de re supra dicta sunt... Orig. cont. Celse t. XI de la Patrol gr. L. VII. 32 p. 1466.

mystère. Ces questions sont oiseuses. En maintenant la différence des sexes, saint Augustin aurait-il la prétention de dire l'exacte vérité ? Il serait bien téméraire. Mais qu'importe cela. *Videbimns Deum !* cela doit nous suffire. Le sexe n'a rien à voir dans un corps glorifié et soustrait aux fonctions de la vie animale. La question des sexes existe-t-elle chez les anges ? Je n'en sais rien ! Pourquoi donc étudier cela chez les hommes jouissant de la vision béatifique. Soyons avec Origène, ce sera plus raisonnable.

Augustin maintient la survivance de tous les organes. Origène avec raison pense le contraire ; car ils ne sont d'aucune utilité. Peut être l'accusera-t-on d'un faux spiritualisme ou d'avoir obéi aux écarts d'une imagination avantureuse. Ce sont là des injures gratuites et de grands mots inventés par ceux qui, ne pouvant saisir la beauté de cet enseignement, ont voulu le discréditer. Oui, Origène est un spiritualiste réagissant contre la morale grossière de Valentin et de Manès. En élevant l'homme, il a prétendu lui donner une haute idée de sa mission ici-bas. *Templum estis spiritus sancti*, leur dit-il avec saint Paul. Vous avez été créés pour la gloire ; ne descendez pas des hauteurs où Dieu vous a placés. *Ex hoc corpore mortali surget incorruptum.* Voilà ce qu'il nous crie dans ses livres V, 23, VI, 26 et VIII, 32, contre Celse. Doctrine sublime bien faite pour reposer nos esprits au milieu des bassesses de cette terre misérable.

Que deviennent donc les attaques en face de ces témoignages de l'orthodoxie de cet homme ? Elles tombent d'elles-mêmes. La gloire du modeste savant n'est pas atteinte, et, après seize siècles, l'exposé, qu'il nous a livré de notre avenir dans l'Eternité, est encore ce qu'il y a de plus succinct, de plus lumineux et de plus consolant.

CHAPITRE III

LE BIEN ET LE MAL. LA JUSTIFICATION

I

La grande question qui préoccupait les esprits à la fin du second siècle était celle de l'origine du bien et du mal. La difficulté énorme qui surgissait en face de la Providence de Dieu, difficulté insoluble, semblait-il, était de concilier le mal avec la bonté de Dieu.

Quelle peut être la cause du mal ? Pourquoi y a-t-il sur la terre des bons et des méchants ? L'homme n'a-t-il pas été créé dans cette condition ? Jusqu'à quel point est-il libre ? n'obéit-il pas à la loi de l'instinct ? autant de questions difficiles à résoudre. L'esprit anxieux était partagé entre deux craintes : l'une qui consistait à aggraver le sort de l'homme ; l'autre qui consistait à taxer Dieu d'injustice.

Marcion, Valentin, Basilide s'étaient préoccupés de cette situation et ils l'avaient résolue en inventant un système monstrueux. Pour eux, il existait deux principes éternels l'un bon, l'autre mauvais. Longtemps l'esprit du mal ignora l'existence du bon principe. Lui et ses Eons étaient enfermés dans le royaume de la nuit et la paix n'existait pas entre eux. Dans un de ces combats où les vaincus, chassés des cinq régions soumises au mal, erraient à l'aventure, ils s'approchèrent des extrémités de la région des ténèbres et virent la lumière du ciel. Ils s'en approchèrent et conclurent une armistice avec les démons et leur proposèrent d'envahir le séjour de la Gloire. L'esprit vivant, pour détourner ce fléau, se vit obligé de venir au secours de l'homme. Il forma le monde, et il plaça dans ce monde des êtres intermédiaires.

Ces créatures formèrent à leur tour d'autres êtres. Ainsi le principe du bien engendra d'abord l'âme supérieure de ce monde, c'est-à-dire l'élément lumineux, le fils de Dieu, Jésus-Christ ! il fut assujetti à la souffrance et composé de portions de lumière ravies par les ténèbres. Ces parties sauvées du naufrage, Marcion et Basilide, les placent dans le soleil et dans la lune. C'est le Jésus dont la souffrance ne peut approcher le premier homme, le chef des armées lumineuses, bien différent de la créature que nous appelons Adamoth.

Il appartenait à cette créature de soutenir la lutte avec le démon. Favorisée du don de la lumière, elle vit s'obscurcir son âme sous l'action des ténèbres. Le premier homme était vaincu. Sa défaite laissa se dissiminer bon nombre des parcelles de la lumière ; ces parcelles furent absorbées par l'esprit du mal. La lumière s'unit aux ténèbres ou matière, et, par cette union, elle devint apte à recevoir une forme particulière.

Ainsi débute cette grande guerre, lutte de tous les instants, que l'homme livre à ces deux éléments qui tendent à dominer en lui.

Peu à peu les deux empires se fusionnèrent plus ou moins. Satan à son tour se donna une postérité à la suite de son union avec Nebrob. Ainsi naquit la race humaine. Issu de ce commerce de Satan avec l'Eon, son épouse, l'homme devient une copie du monde physique. Il réunit à la fois l'image de Dieu dans les parties lumineuses de son être et tous les éléments ténébreux dans sa partie matérielle. Adam possédait donc deux natures : l'âme passionnée ou irrationnelle, de beaucoup plus développée dans la femme et l'âme rationnelle, qui est supérieure dans l'homme.

L'homme était seul. Le prince des ténèbres songea à lui donner une compagne. Comment s'y prendre ? Là était le point délicat ; Satan fit en sorte de délivrer la partie lumineuse et captive, puis il persuada à ses compagnons qu'ils avaient avantage à lui abandonner leur part de cette nature. Il l'absorba et la relégua dans Adam. Comme la puissance du premier homme pouvait devenir redoutable, il chercha à l'enchaîner : Eve fut créée ; c'est la femme engendrée de

Hyle et qui dissipa la nature lumineuse de l'homme en l'enlaçant dans les liens de la volupté.

Adam se laissa séduire et le genre humain se multiplia sous l'influence de l'esprit des ténèbres. Désormais captive, la nature lumineuse s'individualise de plus en plus par la génération et bientôt, son énergie devenant nulle, elle n'aura plus la force de se relever. Sa marche se trouvera entravée par la multitude des corps, et elle sera emprisonnée. Le mal bientôt dominera et, par le mariage, le péché entre dans le monde.

Les hommes toutefois ne furent pas encore perdus ; la transgression de la défense de manger du fruit défendu provenait de leur nature supérieure. L'âme lumineuse, venant du Dieu bon, ne pouvait entièrement succomber sous la matière, ni être vaincue par l'âme mauvaise. L'homme réunit en soi, d'une manière plus concentrée que les autres êtres les étincelles de la lumière répandue par toute la nature ; avec sa haute origine il connaît la mission qui lui incombe de réunir autant que possible dans sa constitution toutes les parties lumineuses et de les introduire dans la nature, afin de pouvoir pénétrer un jour dans le royaume de la lumière. Il pèche, il est vrai, ou plutôt, il ne pèche pas ; le péché est imputable à l'âme mauvaise qui l'emprisonne. Il se laisse aller par pure condescendance et par faiblesse ; aussi obtient-il facilement son pardon.

Le principe du bien ne pouvait pas laisser périr ainsi misérablement la race humaine ; il eut pitié d'elle et pour lutter contre l'envahissement de son domaine par le mal, il donna le Christ, celui qui trône dans le soleil, l'âme lumineuse que la matière n'avait pas souillée. Il est le saint de Dieu, l'impassible, la puissance sans limites qui est descendue sur la terre et qui s'est abaissée jusqu'à nous pour nous sortir du judaïsme et du paganisme. Revêtu d'une forme corporelle il a vécu et souffert, non en réalité, mais en apparence, c'est lui qui a instruit les hommes, lui qui les a purifiés de leurs passions et leur a montré la voie pour arriver au ciel.

Tel est l'exposé rapide de la gnose. Cette doctrine creusait donc un abîme sans fond, en effaçant la justice de Dieu et en admettant une création viciée.

Origène s'élève avec sa science contre ces absurdités.

Dieu, nous l'avons vu, n'est pas seulement le *ens magnum quo majus excogitari nequit,* c'est l'être idéalement bon, l'être qui s'est penché sur nos infirmités pour les guérir. Aussi, après avoir reproché à Marcion, à Basilide et à Valentin d'avoir fait de Dieu un tyran (1), il définit exactement ce qu'il faut entendre par le mal et quelles en sont les causes.

Le mal est une pure négation; c'est l'absence du bien : *Recedere autem a bono, non aliud est quam effici in malo. Certum namque est malum esse carere bono* (p. 227. IX. L. II. Peri-arch) In Joan. t. II n. 7.

Mais pour expliquer l'origine du mal, point n'est besoin d'avoir recours à deux principes : *quæ ratio apud homines virtutis ac malitiæ habeatur, et si videtur consequens esse, ut virtutes dicamus in Deo, vel, ut ipsis videtur, in duobus istis diis?* (2) Dieu, dit-il, la bonté même, ne saurait être l'auteur du mal. Ce n'est pas non plus la matière (3), c'est la volonté.

L'homme d'après Origène est un être essentiellement libre. On pourrait croire qu'il subit parfois l'influence de causes extérieures; sans doute, elles peuvent diminuer le volontaire, mais elles ne le troublent pas assez pour lui enlever son libre arbitre : *Si vero quis ad naturalem corporis intemperiem culparum refert causas, contra rationem id esse totius eruditionis ostenditur* (4).

L'homme est un être doué de raison, qui voit naturellement la distinction à établir entre le bien et le mal. Il a donc le choix; s'il fait bien, il acquiert des mérites; s'il fait le mal, il encourt une peine : *In eligendo quidem quod bonum est, laudabilis, in sequendo vero quod turpe vel malum est jure culpabilis* (5). Le docteur ici est très juste dans ses appréciations. Il admet un certain tempérament dans la portée du mal. Souvent nos yeux peuvent être obscurcis, notre entendement vicié et alors le degré de culpabilité diminue; mais même alors, dit-il, la raison doit et peut nous guider.

Passant ensuite à l'étude des causes de nos fautes, il fait voir à quel point nous sommes souvent imprudents. Que de paroles oiseuses ou mauvaises. Que de lectures dangereuses. Que de regards lascifs. Telles sont les portes par lesquelles

---

(1) P. 226, c. IX. Lib. II. Peri-archon.
(2) P. 209. Lib. II. V. Peri-arch.
(3) Lib. IV. 66 Celse, p. 1133.
(4) P. 254. Lib. III. C. I.
(5) N. 3. C. I. L. III. Peri-arch.

entre l'ennemi : *corrumpi bonos mores colloquiis malis, et effici eos tales quales sunt illi quibus nihil ad turpitudinem deest* (1).

Il y a deux voies ouvertes devant l'homme : *posui ante faciem tuam viam vitæ et viam mortis, elige quod bonum est et incede in eo. Si volueritis et audieritis me, quæ bona sunt terræ comedetis. Si vero volueritis, gladius vos consumet.*

En parfaite conformité d'idée avec l'Église, Origène croit à la possibilité de l'endurcissement du cœur humain. Après avoir cité l'exemple de Pharaon, il se demande si Dieu doit être taxé d'injustice : *Ille* dit-il, *benignitate suâ et patientia utitur, his quidem qui ejus benignitatem et patientiam ad contemptum et insolentiam ducunt, induratur cor, dum criminum pœna differtur* (2).

Dieu attend le pécheur; donc si le coupable se damne il ne peut s'en prendre qu'à lui-même : *Secundum duritiam autem tuam et impœnitens cor thesaurizas tibi ipsi viam in die iræ et revelationis justi judicii Dei* (3).

Mais bien souvent l'orgueil, principe de nos chutes, nous retient. Nous nous habituons au péché et alors notre cœur devient dur comme la pierre! Dieu n'a pourtant pas créé ainsi notre cœur. Il l'a fait bon, dit le savant; s'il devient insensible à qui la faute : à la malice et à l'inobéissance : *nulli enim a Deo cor lapideum creatum est, sed per malitiam unicuique et inobedientiam cor lapideum fieri dicitur* (4).

Le démon est, d'après Origène, le grand ennemi contre lequel il nous faut lutter. Il est le grand révolté, l'être méchant dès l'origine, qui tend à nous entraîner avec lui dans la damnation (5).

Dieu lui a donné un certain pouvoir sur les hommes. Il peut les tenter : *Si diabolus non esset, nemo hominum omnino delinqueret* (6).

Le principe est peut-être un peu exagéré ; néanmoins il agit sur nous. L'homme peut toujours lui résister, car l'action de l'esprit des ténèbres n'agit pas tant sur son

(1) P. 225. Lib. III.
(2) P. 266. Lib. III. Peri-arch.
(3) P. 270.
(4) P. 275. L. Peri-arch.
(5) Celse VII, 69.
(6) P. 305, Lib. III. C. II. Peri-arch.

intelligence qu'il ne sache distinguer le bien du mal. A plusieurs reprises, il revient sur cette question dans ses écrits ; mais il a soin de noter la limite qui est posée par Dieu à la puissance infernale : *Fidelis autem. Deus qui non permittet vos tentari supra id quod potestis* (1).

Un autre ennemi c'est notre corps : *caro concupiscit adversùs spiritum*. C'est ce qu'il appelle la tentation humaine. En face de cette situation faite à la créature le docteur se demande avec raison s'il est possible d'atteindre la vie parfaite : *Dei sapientiam* ? Nous devons parler le langage de Dieu : *loquimur Dei sapientiam in mysterio absconditam, quam prædestinavit Deus anté sæcula in gloriam nostram.* Oui, dit-il, cela est possible, car le Christ nous y a conviés. *Ego sum via, Dei sapientia*, dit-il, *amplius et manifestius revelata per Christum est !* (2).

Eh quoi, dit-il, étonné lui-même de son audace, moi qui n'ai rien et qui suis moins que rien, je puis m'élever jusqu'à Dieu en dépit de mes infirmités ? Oui, car la grâce de Dieu me guette. C'est elle qui me donne de réagir contre mes tendances mauvaises : *vos electionis est mihi iste*, voilà ce que Dieu dit d'une âme : *confidite, ego vici mundum*, lui dit-il, *amplius autem quam omnes illi laboravi, non autem ego, sed gratia Dei mecum.* Et répétant les paroles de Paul, il ajoute : rien ne me séparera de la charité de Jésus-Christ, c'est-à-dire de ma fin, qui est Dieu connu, aimé et possédé pendant l'Eternité (3).

Même après le péché, une âme ne doit pas se décourager, car elle peut retrouver Dieu et rentrer en grâce avec lui : *cessante malitia reparari posse ad bonum : ex quo opinamur, quoniam quidem, sicut frequenter diximus immortalis est anima et æterna, quod in multis et sine fine spatiis per immensa et diversa sæcula possibile est ut vel a summo bono ad infima mala descendat, vel ab ultimis malis ad summo bono reparetur ad finem* (4).

Néanmoins une question restait ; elle était difficile à résoudre : « Dieu connaissant toutes choses savait quel

---

(1) Lib. III. Peri-arch. 11. 3.
(2) Peri-arch. 314. Lib. III, c. 111.
(3) P. 341, c. 11. L. III.
(4) 302. Lib. III. 21.

sort nous attendait pendant l'éternité: ou sauvés ou damnés, il n'y a pas de milieu ? S'il savait que je serais damné pourquoi m'avoir créé ? la damnation vient-elle de lui ? Origène se demande donc comment cela se fait ?

Non volentis, neque currentis, sed miserentis est Dei. Si non est volentis, neque currentis, sed cujus Deus miseretur, is salvatur, non est in nobis ut salvemur (1).

Tous les saints veulent et désirent le bien, aussi le cherchent-ils ; d'où tout est louable en eux. Les méchants cherchent un bien, il est vrai, mais qui est à l'encontre des intérêts de Dieu. Ils trouvent ce qu'ils ont désiré ; mais ce n'est pas Dieu. Tout édifice doit reposer sur ce fondement : *quæ sine Deo ædificantur, et quæcumque sine eo custodiuntur, vanè ædificantur et sine causà servantur* (2).

Le seul plaisir humain ne suffit pas pour le mérite d'un acte, il faut que notre course soit dirigée vers le ciel. Dieu est la fin de toutes les créatures. La volonté humaine doit donc rechercher Dieu ; elle doit aussi demander le secours d'en haut : *neque qui plantat est aliquid, neque qui rigat, sed qui incrementum dat Deus* (3).

Mais, enfin, la justification dépend-elle de Dieu seul ? *Ergo cui vult miseretur, et quem vult indurat ?* Dieu en aurait-il choisi quelques-uns qu'il veut sauver d'une volonté efficace, et aurait-il désigné ceux qui doivent être réprouvés ? (4).

Non ! il appartient à toute créature de se sauver. Elle a la grâce suffisante pour cela : *Ergo qui se emundaverit efficitur vas ad honorem ; qui autem immunditias suas purgare contempserit, efficitur vas ad contumeliam. Ex quibus sententiis nullatenus, ut opinor, causa gestorum ad Creatorem referri potest.* (5).

Avons-nous le droit de nous plaindre de Dieu, dit-il ? *non! Conqueri adversus Deum fatigati et victi tædiis? tànquam humanam vitam non æque juste que moderantem ? non! omnia quæ fiunt in mundo, quæ media existimantur,*

(1) P. 287. L. III.
(2) P. 290. Lib. III. 130.
(3) P. 291. L. III.
(4) P. 294.
(5) P. 295. Lib. III.

sive illa tristia sint, sive quoque modo sint, non equidem a Deo fiunt, nec tamen sine Deo ; dum malignas et contrarias virtutes talia volentes operari non solum non prohibet Deus sed et permittit facere hœc, sed certis quibusque temporibus et personis (1).

Comment explique-t-il donc que Dieu crée, bien qu'il sache qu'une âme doive se perdre ? *prius gestorum unius cujusque causa præcedit, et pro meritis suis unusquisque a Deo vel honoris vas efficitur vel contumeliæ. Undè unumquodque igitur vel ad honorem a creatore formetur vel ad contumeliam, ex seipso causas et occasiones præstitit conditori* (2).

Origène admet donc en Dieu, comme le fera plus tard saint Thomas la science de vision : *creatæ sunt res quia novit, et non novit quia creatæ sunt.* Mais il n'y a rien qui soit contraire à la liberté humaine, car comme le fait très justement remarquer ce Père : la prescience de Dieu n'est pas la cause des choses mais les choses sont la cause de la prescience de Dieu. Notez bien qu'en se servant du terme cause, le docteur n'entend pas dire qu'elle produise la science en Dieu. Il exprime ainsi la manière dont Dieu connaît les choses.

Dieu voit tout et c'est d'après cette vision qu'il désigne à l'avance ceux qui seront sauvés et ceux qui se perdront. Il n'agit pas sur la volonté; il la laisse libre et il donne à chacun la grâce suffisante pour se sauver.

L'homme a-t-il le droit de protester ? non, dit le docteur. *O homo, tu quis es qui contrà respondeas Deo. Puto illud esse quod ostendit ex hoc quoniam ad fidelem quemque recte et juste viventem et habentem fiduciam apud Deum talis increpatio non refertur.* (p. 298. L. III).

Remettons-nous en à Dieu et efforçons-nous par notre vie de mériter d'entendre cette parole : *Venite benedicti Patris mei* ! Origène s'éloigne, on le voit dans ses conséquences de l'école Thomiste. Les Thomistes disent : Dieu avant toute prévision de mérites ou de démérite a dit: je veux sauver toutes les créatures ; mais voulant sauvegarder sa justice et conserver l'ordre établi dans le monde, il aurait

(1) Peri-arch. L. III. c. II, p. 7.
(2) P. 298, n. 134. Lib. III. Peri-archon.

dit ensuite : Les uns seront sauvés, d'autres seront damnés!
donc l'acte de Dieu serait complètement arbitraire. Néanmoins, même aux damnés, Dieu accorde la grâce suffisante pour se sauver. Où est la miséricorde de Dieu dans
ce système et comment des créatures prédestinées à la dam-
tion *antè prævisa merita* pourraient-elles faire le bien ?
Bien que citant le texte de saint Paul : *quos præscivit, hos
et predestinavit*, Origène ne tire pas les conclusions des
Thomistes. Quand saint Paul dit : le germe humain est
une masse de perdition, il n'entend pas appliquer cette
parole au monde régénéré par le Christ. Dans cette masse
de perdition il est allé chercher ses élus lors de la prédication apostolique ; mais ce que saint Paul applique aux
juifs et aux païens, nous ne saurions l'appliquer à l'univers lavé dans le sang de ce Dieu. La doctrine de saint Augustin est peu consolante et va à l'encontre de l'écriture :
Dieu veut sauver tous les hommes. Pour cela, il a envoyé
son fils sur la terre. Jésus est mort pour tous.

Ce passage de saint Paul « *quos præscivit* » est pour
nous qui voulons concilier la miséricorde et la justice,
car la prévision, d'après saint Paul, précède la prédestination. De plus ce texte ne veut pas parler de la prédestination à la gloire, mais de la prédestination à la grâce,
car dans le premier sens il n'aurait pas dit : « ceux qu'il a prédestinés, il les a glorifiés », mais bien : il les glorifiera.
Saint Paul parle donc de ce qui se passe sur la terre et
du don de la foi, non de ce qui se passe au ciel. La grâce
de la foi était un don gratuit. Parmi ces appelés, il pouvait
y avoir des damnés. Ne détournons-donc pas l'épître de
son sens obvie pour y trouver ce que nous ne saurions
comprendre.

Le ciel, quoi qu'on dise, est le prix du mérite. Or Dieu
doit prévoir les choses comme il entend les exécuter dans
le temps ; s'il veut donner une récompense, il ne peut l'accorder qu'à ceux qui auront usé de leur libre arbitre pour
bien faire, et il ne pourra damner que ceux qui auront
mal agi ; donc, il ne peut les prédestiner que d'après leurs
mérites ou leurs démérites.

Origène avait donc raison de professer cette doctrine consolante, la seule plausible. Bien longtemps après l'Alexan-

drin, Célestin consulté par les évêques des Gaules au
sujet de la prédestination leur écrivait cette lettre si judi-
cieuse.

*Profundiores vero difficilioresque partes incurrentium
quæstionum, quas latiùs pertractarunt, qui hæreticis resti-
terunt, sicut non audemus contemnere, ita non necesse habe-
mus adstruere ; quia ad confitendum gratiam Dei, cujus
operi ac dignationi nihil penitùs subtrahendum est, satis
sufficere credimus, quidquid secundum prædictas regulas
apostolicæ sedis nos scripta docuerunt* ».

Cette doctrine, sévère en apparence, est infiniment plus
consolante que celle des hérétiques combattus par Origène.

Les âmes humaines, disaient-ils, sont purifiées par le Paraclet ; mais toutes n'ont pas le même avenir. Les unes plus
fidèles et plus pures, une fois dépouillées des imperfections
de la nature première, sont soulevées par une roue immense
formée de douze éléments et sont portées d'abord dans
un grand lac où elles se purifient de leurs fautes ; du
monde lunaire, elles passent dans le soleil et enfin dans
le séjour de la gloire, où elles se reposeront éternellement.

Les autres subissent toutes les phases de la métempsycose. Elles passent tour à tour, pour se purifier dans des
corps d'hommes ou d'animaux. Lorsqu'elles ont entièrement
satisfait à la justice divine, elles vont rejoindre les âmes
qui sont dans le monde lunaire. Celles qui ne sont pas
purifiées doivent passer par les enfers d'où elles peuvent
sortir pour animer de nouveaux corps. Dans ce lieu d'expiation elles doivent devenir meilleures ; si elles restent
obstinément coupables, alors, elles demeurent pour toujours
enfermées dans ces lieux. La chair est maudite, elle ne
saurait réssusciter.

Telle est la doctrine renouvelée par Celse et que combattait l'Alexandrin. Pour lui le mal a une cause, c'est la
chute, le démon et la lutte de la chair contre l'esprit. A
l'homme de s'armer et de mettre Dieu de son côté en lui
demandant sa grâce. Il doit lutter ici-bas, car la vie est
un combat. Plus tard, il n'est plus temps. Le sort de l'âme
est fixé au jugement qui suit la sortie de ce monde.

Comment voudrait-on que le docteur eut nié l'Eternité

des peines et se fut déjugé au livre suivant d'un écrit qui m'apparaît comme le rempart le plus grandiose élevé contre Marcion et les philosophes de l'école platonicienne ?

Pourquoi se serait-il appliqué à prouver avec tant de soin que Dieu est la lumière incréée, l'illuminateur du monde où Satan n'a qu'un pouvoir restreint? Le mal existe; mais il n'est pas imputable à Dieu. Si Dieu a porté une loi, c'est pour prévenir le mal; la loi n'est pas une restriction de la liberté ou une atteinte à un droit; c'est une ligne directive, un poteau indicateur, qui indique à la créature la route à suivre pour aller à sa fin.

Au reste n'était-ce pas la doctrine de Platon énoncée dans ces mots : ατε ουκ εχοντεσ εν εαυτοισ παραδειγματα ομοιοπαθη τοισ πονηροσ (Lib. III de rep.) Les bons, en effet, sont aisément trompés par les méchants. L'homme ici-bas me paraît assez semblable à cette créature instruite, possédant toutes les connaissances nécessaires et ayant à sa disposition tous les trésors. Placée sur ce piedestal sur lequel la main libérale de Dieu l'avait mise, elle a vu mugir autour d'elle une mer en fureur. L'horrible fracas des flots est venu un instant se briser contre le granit de cette parole de Dieu; faisons l'homme à notre image et à notre ressemblance. Mais à force de se voir en butte aux attaques de Satan, elle a oublié la parole de Dieu; elle qui parlait familièrement avec son créateur, elle s'est portée vers le mal, et ainsi le péché est entré dans le monde.

Alors naquit cette idée qui nous hante parfois de faire le mal. Socrate a exprimé ainsi cette lutte dans son *Phædon*: « Il y a en nous deux idées dominantes et qui nous régissent : L'une qui nous pousse au plaisir ; l'autre, qui semblable à un sentiment implanté dans nos âmes, nous fait désirer ce qui est mieux. Il y a des instants où ces deux idées sont en harmonie ; d'autres où elles se font la guerre : tantôt l'une l'emporte, tantôt c'est l'autre. Lorsque le sentiment qui désire le mieux est dominant, alors nous observons la tempérance; mais quand domine le sentiment qui nous entraîne, au mépris de la raison, vers le plaisir, alors nous ne sommes plus nous-mêmes et devenons des révoltés ayant l'insulte sur les lèvres ».

Néanmoins, ils admettaient la possibilité de dominer ce

qu'il y a de mauvais en nous puisque Platon dit dans son *Livre des Lois*. L. III : « Les âmes de ceux qui sont pénétrés de la rosée céleste, comme le fer dans le feu, s'amollissent et deviennent flexibles, au point de paraître reprendre leur première jeunesse. Ils deviennent dociles et maniables comme de jeunes plantes sous la main de celui qui veut les façonner et les rendre bons ».

Quelle plus belle définition trouverions-nous de cette assistance divine ou de la grâce qui nous sollicite et nous aide à bien faire 1) Oh! non! tout n'est pas mauvais. Et *vidit Deus omnia quæ fecit et erant valde bona*. La joie possède les âmes en paix avec Dieu, et celles-là, quelles que soient les tribulations de la vie, ont l'espérance de voir Dieu et de le posséder pendant l'éternité.

CHAPITRE IV

LA CRÉATION. LES ANGES ET L'HOMME. CONCLUSION

I

La création du monde est un point capital, le symbole de notre foi. Sans entrer dans le détail des systèmes matérialiste et panthéiste, nous dirons que les théories des anciens sont contraires à l'éternité de la matière. Presque tous admettent la création dans le temps. Les Pères de l'Eglise, en présence de cette question, n'ont pas hésité à admettre la non-éternité de la matière s'appuyant sur le fait de sa contingence et de sa mutabilité. En effet, tout être contingent ne saurait avoir en lui-même la raison de son être. Tertullien disait avec raison que si Dieu n'est pas le seul éternel, il cesse d'être Dieu. Et Justin ne parle pas autrement dans son dialogue contre Triphon : « La raison ne saurait admettre deux principes éternels constitués en antagonisme. » Origène dit du monde : « Du non être il est devenu être » Jean T.XXXII n. q. (1. n. 18). *Quidam*, dit-il, *putaverunt non ab ipso Deo facta (materiam) conditore omnium, sed fortuitam quamdam ejus naturam virtutem que dixerunt* (1). Non dit Origène, ce monde ne s'est pas fait sans le secours d'un ouvrier admirable. *Scito quia Deus hæc omnia cum non essent fecit; Primo omnium crede quia unus est Deus qui omnia creavit atque composuit, et fecit ex eo quod nihil erat, ut essent universa.* (p. 186). Il se sert, il est vrai, de termes impropres, comme γεννησισ et προβολη qui sont

---

(1) Cap. I. n. 4, p. 185. Peri-archon.

contraires à la tradition; mais c'est une façon de parler, car il n'admet pas que le monde soit une émanation de Dieu. Le passage le plus obscur de ce Père est celui qui commence le chap. IX du II⁰ livre. Cherchant à se rendre compte de l'idée de Dieu dans la création, Origène se demande comment il faut entendre le *in principio creavit*. Y eût-il un commencement en Dieu ? « Dieu, dit-il, a créé un nombre de substances intelligentes en rapport avec sa volonté. » Dirons-nous que sa puissance est limitée et qu'il est circonscrit ? d'un autre côté, si sa puissance est infinie, il ne pourra pas se comprendre, car la nature ne peut comprendre l'infini. Il a fait autant de mondes qu'il pouvait en gouverner par sa providence.

Or, la pensée du docteur a-t-elle été bien saisie par ceux qui lui ont attribué l'éternité de la création? Evidemment non! dans ce passage, il est manifeste que le docteur veut réagir contre le Panthéisme. Il ne veut pas faire de Dieu tout et de tout Dieu. Il veut que l'intervention de Dieu dans l'acte créateur apparaisse; il ne veut pas abandonner à des causes secondes la vertu créatrice.

La preuve que cette interprétation rend bien la pensée du Maître, c'est qu'il nous dit quelques lignes plus loin : *facta sunt cum ante non erant, hoc ipso quia non erant, et esse cœperunt, necessario convertibiles et mutabiles* (1). *Quod ergo sunt, non est proprium, nec sempiternum, sed a Deo datum.* Or, comment voudrait-on, après des expressions aussi formelles, voir des traces dans sa doctrine, de l'éternité de la création.

En face des Marcionites, des Carpocratiens, des Valentiniens qui prétendaient que le monde corrompu ne pouvait pas venir de Dieu, mais de la matière qui s'était organisée, Origène établit la toute-puissance du Créateur, et tombant dans un excès opposé, il a l'air de dire que la souveraineté de Dieu exigeait l'existence du monde: *Et quomodo non videbitur absurdum ut cum non haberet aliquid ex his Deus quæ cum habere dignum erat, post modum per profectum quemdam in hoc venerit ut haberet? quod si nunquam est quando non omnipotens fuerit, necessario subsistere opor-*

_____

(1) P. 226. L. II. Chap. IX. Peri-archon.

tet etiam ea perquœ omnipotens dicitur, et semper habuerit in quibus exercuerit potentatum, et quœ fuerint ab ipso vel rege vel principe moderata... (1). Maîs, si je ne me trompe, Origène ne voulant pas mettre de limites en Dieu ou lui ajouter quelque chose, parle comme parlera Augustin : « Dieu a toujours été souverain, donc le monde a toujours existé » (2). Saint Thomas ne dit-il pas que la création *ab æterno* ne répugne pas. Donc dans la pensée de Dieu la création existait ! Origène ne se pose pas certaines questions oiseuses dans le genre de celles-ci : Que faisait Dieu avant la création ?

Pourquoi a-t-il créé à tel moment ? c'est pour n'avoir pas à y répondre qu'il admet avec les scholastiques la possibilité d'une création éternelle et la pluralité des mondes. Il n'y a rien dans l'Ecriture qui condamne le docteur d'Alexandrie. Il y a eu un instant où le monde, œuvre de la volonté libre de Dieu, a commencé ! « Car dit-il, un homme et une pierre, objets finis, resteront toujours ce qu'ils sont, donc ne pouvant passer de leur état à une condition plus parfaite, ils n'ont pas toutes les énergies et n'ayant pas toutes les énergies ils n'ont pu se créer. Ils l'ont été par Dieu. A quel moment précis, cela importe peu ! »

Origène, avec tous les Pères, considère le verbe comme la puissance par laquelle s'est opérée la création ; mais dans sa pensée, le Fils n'est pas la cause instrumentale, il est le miroir dans lequel le Père a vu la création.

Quoniam in ipso et per ipsum creata sunt omnia, sive quœ in cœlo sunt, sive quœ in terra, visibilia et invisibilia (3). Le but de la création ne lui échappe pas non plus : *Hic cum in principio crearet ea quœ creare voluit, id est rationabiles creaturas, nullamhabuit aliam creandi causam nisi propter seipsum* (4).

« Les créatures irrationnelles, dit-il, (5) ne semblent pas entrer dans le plan de la création ». Ici encore, il faut bien comprendre le sens attaché par l'auteur à ces expressions. Pour Origène Dieu s'est proposé de refléter

(1) P. 140-58.
(2) *Civitate Dei*, XII, 15.
(3) P. 228. Lib. 11. Péri-arch.
(4) P. 230.
(5) Au livre III. c. VI.

sa gloire et son image dans la création : or, il lui répugne d'étendre l'image du créateur jusqu'aux êtres dénués de raison, car il a peur de dire que Dieu soit dans les animaux : *ne etiam in animalibus, aut pecoribus, vel bestiis Deus inesse designetur* (1).

Mais il faut voir une autre pensée dans ce passage. Origène s'élève contre le paganisme qui avait divinisé toutes choses et adoré l'image de Dieu dans les créatures irrationnelles ; aussi veut-il dire que ces êtres inférieurs n'ont pas été faits pour le Créateur, mais pour l'usage de l'homme. En cela, il était d'accord avec la première écriture donnant à l'homme le pouvoir de commander et de disposer à son gré des êtres dénués de raison.

II

La doctrine d'Origène sur les anges est non moins remar- quable que ses données sur la création. Il est d'accord avec tous les Pères pour faire dériver ce nom de αγγελοσ ou messager, de la fonction et non pas de la nature. *Fatemur angelos esse administratorios spiritus in ministerium missos propter eos qui hæreditatem capiunt salutis. Et si vero angeli (quos a suo officio sic appellatos didicimus, dii etiam aliquando in sacris scripturis nominantur, propter ea quod divini sunt.* (Celse V. 4 p. 1186).

Le monde des esprits a été admis par tous les anciens ; et il a commencé par voie de création. Origène combattant les erreurs de Cerinthe, d'Ébion et des Gnostiques a dû se demander quelle était leur nature. La tendance des héré- tiques étant d'en faire des Eons, c'est-à-dire des émanations de la divinité, le docteur a dû prendre le contrepied ; aussi aurait-il eu, dit-on, une tendance à en faire des êtres cor- porels ; mais en y regardant de près, il est facile de le laver de cette accusation. *Auctoritatem quidem divinæ scripturæ usquam nullam invenimus, vel qui sunt divini spiritus ministri Dei, vel animas habere, vel animæ dican- tur ; animantia tamen esse a quamplurimis sentiuntur.* (p. 219).

_____

(1) Péri-arch. L. II. p. 335.

En rapprochant ce passage du contexte, il n'est pas possible d'attribuer à Origène l'idée de la corporéité des anges. Il se demande si ils ont une âme à la façon de l'homme, âme créée pour être unie à un corps : quand il rapporte la parole de Dieu : *producat terra animam viventem*, il entend dire, que le Créateur a donné aux créatures la possibilité de se reproduire. Or, pour les Anges, il n'en est pas ainsi. En eux, il n'y a pas de sexe. Dieu les a créés âmes pures, c'est-à-dire, Esprits vivant indépendamment d'un corps.

C'est du reste ce qu'il affirme à la première page du Péri-archon : *Angeli pares carnis exspertes in summa felicitate degunt ac gloria.* (p. 95).

Ce sont des intelligences, des esprits doués de simplicité, c'est-à-dire des êtres incorporels, créés par Dieu avant le commencement des siècles. Il s'éloigne de la tradition, aussi a-t-il soin de dire que la Sainte Écriture ne dit rien sur ce sujet : *in sancta prædicatione esse angelos Dei quosdam et virtutes bonas qui ei ministrant ad salutem hominum consummandum ; sed quando isti creati sunt, vel quales, aut quomodo sint, non satis in manifesto désignatur* (p. 121). Il admet toutefois avec tous les Pères que leur création doit être antérieure aux substances corporelles. Il y a tout lieu de croire que le docteur a vu juste, néanmoins l'Église n'a rien défini à ce sujet.

A la suite de Clément d'Alexandrie et de l'Ecole platonicienne, il semble leur donner une sorte d'enveloppe subtile (Lib. 1er 8. p. 120). Le docteur n'a pu admettre l'existence des anges sans une forme : *ille quicumque est habitus, vel circumscriptio dæmonici corporis, non est similis hinc nostro crassiori et visibili corpori. Corpus illud est naturaliter subtile et velut aura tenue et propter hoc dicitur incorporeum* (1). Mais saint Cyrille, saint Irénée, saint Augustin, ont admis cela. *Sine carne sunt*, dit Irénée. Saint Bernard (considération ad. Eug. v. 5.) pense la même chose. L'Eglise n'ayant rien défini nous ne pouvons traiter d'hérétique cette opinion du docteur. L'idée de corps chez nous éveille aussitôt la notion de chair, de sang et d'os ; mais savons-nous,

---

(1) P. 120, *Prologue.* 8, Péri-archon.

si c'est une idée bien juste. Que de corps dans l'espace qui existent indépendamment de la chair. La Sainte Ecriture dit : *spiritus carnem et ossa non habet ;* mais Jésus, avec son corps glorifié, paraissait, en effet, être un esprit. Donc, il peut y avoir plusieurs sortes de corps et nous n'avons certainement pas le dernier mot de la création.

Origène est encore d'accord avec la généralité des Pères et la tradition universelle dans son idée de la supériorité de la nature angélique sur celle de l'homme : *nec nescii sumus angelos ita esse supra homines, ut perfecti homines pares angelis fiant.* A chaque instant je vous propose de devenir semblables à eux. La Sainte Ecriture dit de l'homme : *Minuisti eum paulo minùs ab angelis.* Origène n'est pas de l'avis de plusieurs de ses contemporains qui mettaient les saints et les vrais disciples de Jésus-Christ au-dessus des milices angéliques (Matth. T. X. II. n° 13). Les Anges, pour lui se rapprochent davantage de Dieu, et plus un être en quelque chose que ce soit se rapproche de sa cause, plus il est semblable.

Pour la science, il distingue en eux deux façons de connaître : l'une, qui est plus parfaite, par laquelle ils verraient les choses en Dieu, c'est la connaissance *matutina*, sans ténèbres, où les choses leur apparaissent claires ; l'autre consisterait à voir les choses en elles-mêmes, c'est la connaissance *vespertina* où ils verraient d'une façon moins précise.

Origène leur refuse la connaissance des pensées des hommes ; à plus forte raison leur refuse-t-il la connaissance de l'avenir (*In Genes. Hom.* VIII, n° 8), car, dit-il, tout cela est le propre de la nature divine.

Il établit une hiérarchie ou gradation dans cette milice ; néanmoins tous ont eu, dit-il, la même nature radicale. Les Thrônes, les Dominations, les Puissances, les Chérubins, les Séraphins, sont des noms qui désignent leurs fonctions ; mais ont-ils exercé ce pouvoir dès l'origine ? le docteur n'ose l'affirmer : *Consideremus si statim ut creati a Deo sunt (qui sancti principatus appelantur) principatum exercere cœperunt in aliquos qui eis essent subjecti* (1)?

_____

(1) P. 259, c. v. L. Ier Peri-arch.

Parmi les anges, les uns sont restés bons, d'autres sont devenus mauvais. Ils avaient donc le libre arbitre ! quelle a été la cause de cette distinction ? Origène nous parle d'un combat à la suite duquel les uns auraient été classés bons : *sunt quidam sancti angeli Dei. Nec non et quidam diaboli nominantur : sed et princeps mundi hujus* (p. 58).

Il se demande si Dieu les a créés ainsi : *Requirendum est utrum conditor et creator omnium Deus, quosdam quidem ex his ità fecerit, sanctos ac beatos, ut nihil possint recipere omnino contrarium ; et quosdam ità fecerit ut possint tam virtutis quam malitiæ effici capaces ; aut si putandum est quod alios ita fecerit, ut omnino incapaces sint ad virtutem, et alios malitiam quidem nequaqum posse recipere.* Voyons si nous trouvons quelque chose dans l'Ecriture ? (p. 160).

Il admet la chute de l'ange : *coronam enim honoris et pulchritudinis ipse fuisse, et in paradiso Dei ambulasse immaculatis describitur* (p. 161). Il a donc été créé par Dieu comme les autres dans un état de justice et de sainteté. Il était pur jusqu'au jour où l'iniquité a été trouvée en lui. *Et peccasti, et vulneratus es a monte Dei* (p. 162) *Quomodo cecidisti Lucifer*, dit le docteur avec Isaïe, (p. 165). Tu étais fait pour éclairer. Il admet l'orgueil comme principe de la chute : *ascendam in cœlum, super stellas cœli ponam meum Thronum sedebo in monte excelso.. ascendam super nubes, ero similis altissimo.* Ce dernier membre de phrase semblerait nous autoriser à dire que ce Père a partagé la croyance de plusieurs auteurs qui ont vu dans la révolte du démon un refus d'adorer le Verbe de Dieu fait chair. La description de la chute est effrayante. Il nous le montre descendant dans l'enfer, devenu sa demeure ; sa parure si belle est souillée : *sicut vestimentum sanguine concretum et infectum non erit mundum.* Désormais son sort est fixé ; jamais il ne recouvrera sa beauté première : *ita nec quidem eris mundus* (p. 163) !

Satan est le père du mensonge, aussi Origène a-t-il pensé qu'il lui resterait toujours la possibilité de pécher. Saint Cyrille, saint Jérôme, saint Grégoire de Nazianze, qui s'appuient sur plusieurs passages de l'Apocalypse, partagent l'opinion de l'Alexandrin. Peut-être y a-t-il là dedans un peu d'exagération. Le diable peut agir sur nous et nous porter au mal ; mais commet-il le mal ? c'est douteux !

Chacun de nous, dit-il est sollicité par le démon ; mais à côté de l'ange déchu il place un contrepoids dans l'ange gardien chargé par Dieu de veiller sur nous : *qui et divinos suos angelos eorum custodiæ præficit quos custodiâ dignos videt, ut nihil eis dæmones noceant !(Contre Celse.* VIII. 27). Les Anges connaissent ceux qui sont dignes de l'amitié de Dieu. *Cognoscunt et ipsi quinam Dei benevolentia digni sunt : nec solum ipsi dignis benevoli sunt, sed etiam adjuvant eos qui summum Deum colere volunt, illum eis conciliant, suas illorum precibus adjungunt preces, simul cum eis postulant* (p. 1612. Lib. VIII. 64).

D'après Origène le monde des esprits est loin d'être séparé de la création. Il entre dans ce vaste temple que Dieu nous a construit pour sa gloire ; c'est une partie intégrante, qui procure à l'Eglise de Dieu des appuis solides, des protecteurs pour triompher de ses ennemis; aussi chaque cité et chaque royaume ont-ils leur ange spécialement chargé de les représenter auprès de Dieu. Il va même jusqu'à se demander si les animaux n'ont pas des anges ? *Opus tamen ipsi mundo etiam angelis, qui sunt super bestias, et angelis qui præsint exercitibus terrenis. Opus est angelis, qui prærint animalium nativitati visgultorum plantationum que et cæteris pluralibus incrementis. (In Num. Hom.* XIV).

Certes, il y a une part d'exagération dans cette doctrine et je ne sache pas qu'entretenir dans l'air, dans l'eau et dans les animaux les principes fécondants soit bien digne de la nature angélique. Le philosophe, on le voit, poursuit toujours la même pensée. Il lit dans l'Ecriture : *omnia subjecisti sub pedibus ejus.* L'homme est le roi de la création. Tout lui appartient ; or, il a des ennemis qui tendent à détruire son domaine. Il place donc des anges chargés de protéger cette terre contre l'esprit infernal. Origène veut aussi amoindrir la puissance des dieux; voilà pourquoi il attribue aux Anges les fonctions qui étaient dévolues aux idoles. A vouloir éviter un excès, il tombait dans l'exagération opposée.

Le pouvoir du démon sur nous, à prendre à la rigueur les termes dont se sert le docteur, semblerait effrayant. Il lui donne l'empire du monde entier qu'il *infeste* ; il nous tend à chaque pas des embûches. Toutefois il a besoin de la permission de Dieu, dit-il, pour entrer dans un corps, et nous avons le pouvoir de le chasser. Lib. VII, 4. *Quo quidem eaquæ doctrinæ nostræ in est gratia Christi, manifesté prodit contemnendam dæmonum infirmitatem, cùm, ut videantur, cedant et ex anima corporeque hominis fugentur, non opus sit sapiente et in probandis fidei rebus versato* (p. 1426).

Il est temps de terminer cette question de la création. Le meilleur moyen, je crois, de disculper Origène est de faire remarquer l'idée qu'il a émise de la pluralité des mondes. S'il avait cru, comme l'ont voulu quelques auteurs, affirmer l'éternité de la création, il n'aurait pas pu soutenir l'existence d'autres mondes avant le monde actuel. Il a conçu la puissance de Dieu agissant toujours ; il lui répugnait d'admettre que l'être puissant ait été en puissance par rapport au monde (1).

III

Interprète de la création, Origène, après avoir considéré le monde matériel et les Anges, arrive enfin à l'homme. Il a, comme tous les anciens, une haute idée de ce roi de la création. Peut être l'exalte-t-il un peu trop au point d'en faire une âme servie par des organes. Ecoutez-le dire à l'homme : *quid Dominus requirit a te, nisi ut facias judicium et diligas misericordiam, et paratus sis ire cum Domino Deo tuo* (2). Il en fait l'interprète de la création. (3).

Il ne parle pas d'une manière particulière, il est vrai, de la création de l'homme ; mais il la comprend dans son énoncé général de l'origine de toutes choses.

Nos homines, dit-il, *animal sumus compositum ex corporis animæ que concursu.* Cette âme unie à un corps a été créée par Dieu : *Quod autem a Deo omnia creata sint, nec sit ulla creatura quæ non ab eo hoc ipsum ut esset, accepe-*

---

(1) Du reste tout le chap. V. Lib. III. Peri-archon traite de cela : quod mundus ex tempore cœperit p. 326.

(2) Lib. III. Péri-archon, p. 255.

(3) In Sourc. T. X, n. 29.

*rit, ex multis scripturæ assertionibus comprobatur, repudia-
tis atque depulsis his quæ a quibusdam falso perhibentur,
vel de materiâ Deo cœterna, vel de ingenitis animabus, quibus non tam subsistendi causam, quam œqualitatem atque
ordinem a Deo insitum volunt.* (p. 147. L. I).

Il n'admet donc pas que l'âme n'ait pas été créée. Il cite
les paroles : *inspiravit Deus in faciem ejus spiramentum
vitæ et factus est homo in animam viventem,* (p. 219). Il ne
dit pas s'il entend désigner par là la création de l'âme ;
mais en partant de la définition scholastique : *anima est
principium vitæ,* il est facile de deviner la pensée du docteur. Et cela avec d'autant plus de raison qu'il fait allusion
tout le temps à la vie dans ce passage du chap. VIII du
Peri-archon (1).

L'âme, dit-il, ψυχη pour les Grecs, est une substance spirituelle douée d'activité, capable de produire des œuvres
bonnes ou de se laisser influencer par le mal. La pensée
du docteur, quoi qu'aient pensé quelques auteurs, n'est pas
d'en faire un principe indécis, indifférent, qui se matérialise ou se spiritualise selon les circonstances en s'unissant
au corps. L'endroit où il semble faire allusion à la maté-
rialité et à la spiritualité est le chap. IV du livre III du
Péri-archon. Or, il traite des tentations et de ces deux lois
qui sont en nous : *video autem aliam legem in membris
meis repugnamtem legi mentis meæ...* Quand l'âme suit la
loi de la chair, il dit quelle se matérialise, et c'est vrai en
quelque sorte ; mais il n'entend pas dire que l'âme soit
matérielle. *Si non habet (caro) animam propriam, sine dubio
nee voluntatem habebit* (p. 322).

L'âme est le principe de la pensée et de la vie. Elle a
donc trois facultés. Certains en ont conclu qu'Origène
admettait, en effet, trois principes dans l'âme. Comment pouvait-il admettre ce qu'il combattait dans les Gnostiques et
Montanistes? Ces hérétiques admettaient, en effet, une division en trois principes, afin d'établir leur théorie des
degrés divers de perfection de l'humanité. Origène admettait une seule âme, spirituelle, siège de l'intelligence, principe du mouvement dans l'homme.

_____

(1) Nature. Celse IV 30, p. 319, C. IV, L. III, 1-5.

Cette âme créée à l'image de Dieu a (1) été unie à un corps. Elle a élevé l'homme ; néanmoins, après le péché, l'image de Dieu a été défigurée. Le corps, devenu son ennemi, lui livra la guerre ; mais le salut n'est pas impossible. L'âme doit commander au corps. Elle est la maîtresse (2); cette âme est libre, donc elle peut faire le bien ou le mal... il lui appartient de se dégager de ses faiblesses et d'acquérir des mérites. Est-elle simple ? attribuant à Dieu seul la simplicité, le docteur admet dans l'âme une quasi immatérialité (3).

Elle est immortelle. Il le prouve tout au long dans son chapitre sur les peines. La grâce de Dieu lui est nécessaire pour faire le bien et arriver au salut. Origène est bien éloigné d'accepter que l'âme soit immortelle par sa propre vertu. Elle est quelque chose par Dieu ; elle doit donc tout lui rapporter.

Origène semble avoir admis la préexistence des âmes, doctrine condamnée au second concile de Constantinople. Saint Justin, saint Methodius, ont soutenu avec lui que les âmes exilées du ciel ont été emprisonnées dans des corps pour des fautes commises antérieurement.

L'Eglise hésitait encore à livrer au public sa doctrine sur l'âme. Le docteur est opposé à la génération de l'âme par les parents. Il veut combattre tellement cette opinion qu'il tombe dans un excès opposé, puisqu'il admet que Dieu ne crée pas l'âme au moment de la formation du corps.

Cette question de l'origine de l'âme est bien mystérieuse, avouons-le. Saint Pamphile la regarde comme insoluble. Au moyen âge, l'idée de la création de l'âme par Dieu a prévalu ; mais l'accord entre les docteurs n'a pas été complet ! Les uns admettent en Dieu la possibilité de créer chaque jour des âmes nouvelles, les autres admettent que toutes les âmes ont été créées au jour de la création.

Pouvons-nous nous fier aux textes des écrits d'Origène ?

Nous livrent-ils la véritable pensée de l'auteur ? Je les crois falsifiés et il semble se rapprocher de cette école, qui paraît

---

(1) L'Ecole d'Alexandrie enseignait que ce n'était pas dans le corps, mais dans l'esprit, qui constitue la nature supérieure de l'homme, qu'il faut rechercher les traces de l'image divine.

(2) Princ. Prol. n° 5, 11, 9, n° 6.

(3) Princ. *Pro am.* n. 9. L. I, 202.

être dans le vrai, en admettant que toutes les âmes ont été créées à l'heure où Dieu prononçait son *Fiat!*

Pour lui, même en dehors du péché ; l'espèce humaine se fût propagée, et il entend dans un sens tout spirituel ce qui est dit de l'homme chassé de l'Eden : « Toutes les âmes coupables en furent expulsées » !

La chute est la grande catastrophe qui a défloré l'œuvre de Dieu. Néanmoins, tout cela reste mystérieux.

Les hésitations du philosophe sont celles d'un homme prudent qui s'aventure en tremblant dans un domaine fermé.

Malgré ces quelques imperfections que nous avons dû signaler avec impartialité, l'œuvre du Maître reste à l'abri de tout soupçon d'hérésie et nous pouvons dire avec saint Jérôme qu'il est le plus grand docteur de l'Eglise après les apôtres (1).

Saint Basile, saint Grégoire ont eu en si haute estime ses écrits qu'ils en firent la base de leurs éudes sur l'Écriture Sainte.

Plus tard, sous le nom de Philocalie, ils nous transmirent un grand nombre d'extraits de ce Père.

Il nous reste à étudier les emprunts que lui firent les hérétiques. Cette troisième partie, qui relève du domaine de l'histoire, va nous montrer les agitations de l'Eglise au IVe siècle.

Nous pourrons juger par ce récit combien fut grande l'animosité contre ce docteur. Ainsi, nous arriverons à percer le secret des imputations malveillantes dont il fut la victime.

_____

(1) Post Apostolos Ecclesiarum magistrum, nemo nisi imperitus negavit. præf. in libr. de nominib Script-Sacræ.

IIIe PARTIE

L'Origénisme

CHAPITRE I

LES PARTIS. — L'ARIANISME

I

Tels sont les écrits de l'Alexandrin. Certains points, nous l'avons vu, sont d'une interprétation difficile, et par suite, laissent planer un doute sur son orthodoxie. C'est sans doute la cause des grands débats qui se sont livrés autour de cette mémoire vers la fin du quatrième siècle.

Deux partis se sont formés avec le temps, défendant ou attaquant tour à tour ce nom, selon les circonstances. Cette lutte de près de deux siècles a t-elle éclairé le débat et dissipé le nuage, qui s'était élevé ? pas le moins du monde. Si la personne d'Origène est sortie intacte, nous ne saurions en dire autant de son œuvre ! Elle nous est parvenue mutilée, assez semblable à ces statues ravagées par le temps, qui ne laissent plus entrevoir à l'œil inquisiteur de l'archéologue que la beauté d'une ligne. Néanmoins devons-nous renoncer, je ne dis pas, à admirer le génie de cet homme, c'est chose faite, mais à soulever un coin de ce voile qui nous cache la vérité ? Aujourd'hui, les haines se sont apaisées ; il nous est donc permis de considérer froidement les choses sans esprit de parti. Or, la première impression que nous laisse l'étude de cette question c'est que cette mémoire est restée intacte jusqu'à l'apparition de l'arianisme. Jusque là personne n'avait contesté la parfaite orthodoxie de ce docteur.

À proprement parler, cette question né fut pas même soulevée en 325, au concile de Nicée. Mais elle se pose alors, par suite de la lutte du catholicisme contre l'erreur de l'archidiacre d'Alexandrie.

Déterminons d'abord la position réciproque des adversaires avant d'aller plus avant.

Saint Athanase, saint Basile, saint Jean de Jérusalem, saint Grégoire de Nazianze, saint Jean Chrysostome, saint Hilaire de Poitiers, saint Eusèbe de Verceil et enfin saint Ambroise s'inscrivent parmi ses défenseurs. Ces Pères font à chaque instant des emprunts nombreux à ses écrits ; ils lui devaient trop pour ne pas croire à la sincérité de sa foi. Rufin fut du nombre de ses partisans ; mais je le laisse à dessein hors de cause. Tairai-je les noms de Théophile d'Antioche, son défenseur irréductible d'abord, devenu plus tard son adversaire le plus redoutable ? Saint Jérôme fut aussi un admirateur de l'Alexandrin dans les premiers temps de sa vie, il devint son ennemi dans la suite, quand ses démêlés avec le prêtre d'Aquilée eurent aigri son caractère.

Parmi les Ariens, Eusèbe fut un défenseur acharné de cette cause ; mais comme on peut lui reprocher d'avoir plus ou moins erré touchant la question de la consubstantialité du Verbe, son témoignage perd beaucoup de sa valeur. Nous ne nous arrêtons pas aux éloges des Ariens, ils étaient trop intéressés pour ne pas cacher une monstruosité. Au fond, ils furent les pires ennemis de cette célébrité, puisqu'il faut leur imputer tout le bruit qui s'est fait autour de ces écrits. Leur haine eut tourné à l'avantage du docteur, leur admiration a desservi sa cause !

Parmi les adversaires déclarés, nous devons citer Marcel d'Ancyre, saint Epiphane, les moines ignorants de l'Égypte, l'évêque Théophile et enfin toute l'école d'Antioche.

Un seul coup d'œil jeté sur cette liste permet de juger de suite un fait d'une force incontestable au point de vue de la conclusion : les docteurs les plus savants, les esprits infiniment supérieurs, prennent le parti d'Origène et vont puiser dans ses écrits les preuves des croyances véritables attaquées par l'erreur. Ils se portent donc garants de son orthodoxie.

Comment expliquer cet engouement des uns pour le docteur et la haine implacable des autres ? pour bien saisir à quel point la question était embrouillée, il est important d'insister un peu sur l'arianisme et d'avoir une idée exacte des luttes auxquelles cette erreur a donné lieu.

Origène, nous l'avons dit, fait du verbe la pensée de Dieu réalisée avant tous les siècles, coexistante à son éternelle activité, la vérité éternelle est consusbstantielle au Père. Le terme de ομοουσιοσ n'est pas dans ses écrits ; mais il attribue au Fils la même nature qu'au Père.

Arius, au contraire, fait du Christ un être distinct de Dieu de substance analogue, Fils de Dieu par adoption ou participation ; mais il ne reconnaît pas en lui la filiation divine. Dieu aurait donc engendré une créature type des autres, de là le terme de ομοιουσιοσ dont il se servait pour exprimer sa pensée. Le seul inconvénient de ce système était d'admettre l'antériorité du Père sur le Fils, de détruire le dogme de la Trinité et de renverser toute l'économie de l'Incarnation. Au fond, l'hérésiarque faisait revivre, en la rajeunissant, la théorie de Platon (1).

Arius exposait ainsi sa pensée : « Il est inadmissible que le Fils ait été engendré de la substance du Père, parce qu'il faudrait admettre une émanation de l'essence divine et dès lors sa divisibilité et son instabilité. Quelle relation peut-on établir entre le corporel et l'incorporel ? Dieu est si grand que la créature n'en peut supporter l'action immédiate ; du reste, il n'est pas de sa dignité de se trouver en contact avec le fini. En conséquence, il créa le verbe, être intermédiaire, Fils de Dieu par le moyen duquel il créa et racheta le monde. Le Fils est une sorte de démiurge, qui a pris les idées du Père, avec lesquelles il a effectué la création. Ce n'est pas la substance divine, il n'est pas Dieu, mais une créature tirée du néant pour former d'autres créatures. Il n'est pas éternel, mais préexistant au monde ! » (2)

La source de cette erreur est donc la séparation du monde avec Dieu. Dans sa pensée, l'archidiacre veut expliquer la création et il tombe inconsciemment peut-être dans la notion du démiurge gnostique. Jésus reste pour lui une créature

_____

(1) Hergenrœther. — t. II. p. 22-24.
(2) Migne. — T. XXV. XXVIII Patrol. grecque t. LXXXV. Hefelé I. p. 225-227 et suivantes. (2) Socrate I. 6.

éminente qui tient le milieu entre les êtres corporels ;
mais les attributs divins ne lui étant pas dévolus, il n'aurait pas souffert comme homme Dieu. Dès lors la réparation
serait incomplète, et les chrétiens qui adorent Jésus seraient
des idolâtres.

Arius, condamné d'abord par un synode tenu à Alexandrie, fut ensuite déféré au concile de Nicée. On crut sur
le moment qu'il s'agissait d'une querelle de mots ; mais les
luttes des partis allaient envenimer le débat en mêlant la
politique et le nom d'Origène à une question religieuse.

Saint Alexandre exposait en ces termes la doctrine Arienne
dans une lettre adressée à ses suffragants : (A) « Ils disent
contre l'autorité des Écritures qu'il fut un temps où Dieu
n'était pas Père (1) ! Le Verbe de Dieu n'a pas toujours été ;
il a été fait de rien (2) ! Ce fils est une créature faite par
les mains de Dieu et sa substance n'est pas semblable à
celle du Père (3) ! Il n'est ni verbe véritable, ni vraie
sagesse (4). On le nomme improprement ainsi, car il a été
fait lui-même par le Verbe de Dieu et par la sagesse qui
est en Lui, sagesse par laquelle Dieu a fait toutes choses (4);
c'est pourquoi il est changeant et altérable de sa nature,
comme toutes les créatures raisonnables (5) ! Il est étranger, différent et séparé de la substance de Dieu. Le Père
est ineffable pour le Fils, car il ne le connaît pas parfaitement ; il ne connaît même pas sa propre substance telle
qu'elle est (6).

(A) Le meilleur moyen de disculper Origène est de rapprocher sa doctrine de cet
exposé arien, on verra combien il était éloigné de partager ces sentiments.

(1) Quomodo extra hujus sapientiæ generationem fuisse aliquando Deum Patrem vel adjunctum alicujus momenti quis potest sentire vel credere. I. Cap. II.
54. p. 131 Peri-archon.

(2) Est namque ità aeterna ac sempiterna generatio sicut splendor generatur ex luce.
non enim per adoptionem Filius fit extrinsecùs, sed naturâ. I. Cap II p. 133. Peri-
arch.

(3) Quia Jesus-Christus ipse qui venit, ante omnem creaturam natus ex Patre
est. I. Cap. I. Peri-archon. p. 117.

(4) Christus Dei virtus et Dei sapientia.. Sapientiâ ejus substantialiter subsistens
I. Cap. II. Periarchon. p. 130. Peripsum omnia facta sunt, homo factus incarnatus est cùm Deus esset, et homo factus mansit quod erat Deus. I. C. I. Peri-archon
p. 117.

(5) Si verò omnia quæ Patris sunt, Christi sunt, inter onnia verò quæ sunt, Pater est
etian omnipotens... Sine dubio etiam unigenitus Dei Filius debet esse omnipotens.
ut omnia quæ habet Pater, etiam Filius habeat. I. 58. p. 141. Peri-archon.

(6) Solus enim Pater novit Filium, et solus Filius novit Patrem et solus Spiritus
Sanctus perscrutatur etiam alta Dei. IV. 193 page 409 Peri-arch.

Il a été fait pour nous afin d'être comme l'instrument par lequel Dieu nous a créés, et il n'aurait point existé, si Dieu n'avait pas voulu nous appeler à l'existence (1). On leur a demandé si le Verbe de Dieu peut changer, comme a fait le diable, et ils ont eu l'audace de soutenir l'affirmative en donnant pour raison qu'il était engendré et créé (2).

Après cet exposé de l'erreur, l'évêque donnait l'exposé succinct de la doctrine catholique. Ici encore un rapprochement s'impose, si nous voulons nous convaincre de la mauvaise foi de nos adversaires.

Doctrine d'Alexandre

Qui peut entendre dire à saint Jean : au commencement était le Verbe, sans condamner ceux qui disent : le Fils unique par qui tout a été fait, sans détester ceux qui en font une créature ? Comment peut-il être fils unique s'il est mis au nombre de tous les autres ? Comment serait-il sorti du néant, puisque le Père dit : « Mon cœur a produit une bonne parole : et je vous ai engendré dans mon sein avant l'aurore ? » Comment serait il dissemblable celui qui est l'image parfaite du Père : celui qui me voit, voit aussi mon Père. S'il est la raison et la sagesse du Père, il doit avoir existé de toute éternité à moins d'admettre que le Père a été sans sagesse et sans raison. S'il est sujet au changement, comment peut-il dire, je suis dans le Père et le Père est en moi ou le Père et moi ne faisons qu'un.

Saint Paul ne se sert-il pas de ces mots en parlant du Christ : il

Doctrine d'Origène

Joannes excelsius et præclarius in initio evangelii sui dicit :.. et Deus erat verbum, et hoc erat in initio apud Deum. (p. 132 L. I. c. II. Peri-archon) Igitur unigenitus Dei perquem omnia facta esse visiblia et invisibilia.

Dominus creavit me initium viarum suarum, et in opera sua antequam aliquid faceret ante sæcula fundavit me. In initio priusquam terram faceret, priusquam produceret fontes aquarum, antequam firmarentur montes.. generat me. Dicitur autem et primogenitus omnis creaturæ. Peri-archon. L. I. c. II. p. 130.

Filius hominis insertus humani corporis formæ ex operum virtutisque similitudine Patrisin se immensam ac invisibilem magnitudinem designabat per hoc quod dicebat ad discipulos suos, quia « qui me videt, videt et Patrem ; et, « Ego et Pater unum sumus. » Quibus etiam illud simile intelli-

(1) Origène ne dit rien de semblable. Il dit du Verbe : perquem omnia facta sunt.
(2) Comment concilier le changement avec ce qui est dit dans Origène de la puissance du Fils, de son immutabilité. Il faudrait citer en entier les numéros 58, 59, 60, 61 du Livre 1er du Peri-archon.

est le même aujourd'hui qu'hier, et dans tous les siècles. Quelle raison ont-ils de soutenir qu'il a été fait pour nous, lorsque saint Paul nous dit : tout ce qui a été fait l'a été par Lui. Quant à leur blasphème qui consiste à dire que le Fils ne connait pas le Père, il va contre cette parole du Sauveur : comme mon Père me connait, je connais le Père.

gendum est quod ait, quia « Pater in me est, et ego in Patre. L. I. » 8 ad fusern. C. II. Peri-archon.

Est namque ita æterna ac sempiterna generatio sicut splendor generatur ex luce. L. I. c. II. Peri-archon. p. 133.

Imago invisibilis Dei, et Primogenitus omnis creaturæ dicatur, et quod in ipso creata sunt omnia visibilia et invisibilia, sive Throni omnia per ipsum et in ipso creata sunt.

Et ipse est ante omnes et omnia illi constant, qui est caput omnium, solus habens caput Deum Patrem; scriptum est enim : caput autem Christi Deus; pervidentes etiam... nemo novit Patrem nisi Filius, neque quis novit Filium nisi Pater.. Lib. II. Peri-archon. c. VI. p. 209.

L'exposé de la doctrine catholique fait au concile de Nicée par saint Athanase se trouve tout au long dans le docteur d'Alexandrie (1). Comme lui, il applique au Verbe les paroles du livre de la *Sagesse* : *ego sapientia habito in consilio et eruditis intersum cogitationibus*. Avec l'orateur du concile, Origène attribue au Verbe la nature divine : *habuit christus quiddam divinum sub humanà specie, quod erat propriè Dei filius, Deus, verbum, virtus sapientiaque Dei*. Le terme ομουσιοσ consacré par l'Eglise ne se trouve pas dans les écrits du docteur; mais il n'est pas dans l'écriture; le concile de Nicée l'a donné opportunément afin de ne pas permettre à ses ennemis de se dérober.

II

L'Orient étant boulversé par les querelles de l'Aria-

---

(1) Hefelé I. 264-209. — Mansi II. 692-697.

nisme (1), Jules Ier convoqua un concile à Milan. Les Orientaux représentés par Eudoxius de Germanicie, Macedonius de Mopsueste, Martyrius et Demophiles, formulèrent leur foi d'une façon tellement équivoque, qu'Eusèbe de Verceil proposa à l'assemblée de vouloir bien affirmer de nouveau la foi de Nicée. Protais, évêque de Milan s'étant avancé un des premiers pour signer, Valens de Murcie lui arracha la plume des mains.

Un grand tumulte s'en suivit et le peuple, prenant la défense de son évêque se jeta sur les Ariens qui furent expulsés. Ceux-ci y trouvèrent un prétexte de se retirer (346). Le concile ne pouvant continuer dans de telles conditions, on prit la résolution de le transférer à Sardique. Cette ville, située aux confins des deux empires, facilitait l'accès des évêques de toutes les parties du monde.

Osius de Cordoue eût la présidence de ce concile. La présence d'Athanase déconcerta les Ariens, qui, pour pallier leur défaite, se retirèrent pour aller rendre grâces à Dieu, disaient-ils, de la victoire remportée par Constantin sur les Perses. Les Pères n'en continuèrent pas moins de siéger. La cause d'Athanase fut examinée et on décréta qu'il n'y avait pas lieu de le déposer. Les attaques des Ariens ne tenaient pas debout. Il en fut de même des causes de Marcel d'Ancyre et d'Asclepas de Gaza. Les hérétiques étaient de mauvaise foi ; ils avaient recours à la calomnie, quand ils n'avaient pas d'autres moyens d'arriver à leurs fins. Les catholiques convainquirent Théognis d'avoir fabriqué de fausses lettres. Valens fut accusé d'avoir quitté son siège de Murcie pour se fixer à Aquilée, vacant par la mort de son évêque Viator ; ce vieil évêque était mort des suites des blessures reçues dans une émeute dont Valens était l'instigateur. En conséquence, Ursace, Valens, Théodore d'Héraclée, Etienne d'Antioche, Georges de Laodicée, Acace de Césarée, Grégoire d'Alexandrie, etc., furent condamnés comme fauteurs d'hérésie.

Les troubles continuèrent de plus belle et, en 355, Libère

_____

(1) Les Eusébiens avaient tenu des conciles à Tyr et à Jérusalem dans lesquels ils avaient formulé toutes sortes d'attaques contre saint Athanase. Ces attaques avaient amené un premier exil du Saint Pontife et le retour de tous les Ariens primitivement exilés par Constantin. Je ne dis rien de toute cette partie d'histoire qui n'est pas nécessaire pour éclairer le débat.

se vit dans la nécessité de convoquer un nouveau concile à
Milan. Près de trois cents évêques y assistèrent. La présidence de ce concile fut confiée à Lucifer de Cagliari, au prêtre Pancratius et au diacre Hilarius.

Toute liberté fut enlevée aux docteurs de l'Eglise, car
Constantin prétendit s'emparer de la direction des affaires
religieuses, afin de faire condamner Athanase. Eusèbe de
Verciel et Lucifer de Cagliari tinrent tête à l'empereur.
« Vous ne pouvez vous porter accusateur d'un absent, lui
dirent-ils : et le fussiez-vous, son absence seule devrait être
un empêchement à son jugement. Il ne s'agit pas ici d'une
affaire civile où comme souverain vous pouvez être juge ;
la cause est ecclésiastique, puisque la personne d'un évêque
est incriminée. A l'Eglise seule il appartient de décider, car
la partie doit être égale entre l'accusateur et l'accusé...
L'empereur voulut faire prévaloir sa volonté, qui, disait-il,
valait un canon.

Il n'y avait pas de discussion possible. Les évêques refu-
sant de siéger, l'Eunuque Eusèble vint les arrêter. Ils furent
tous enfermés dans les thermes de Maximien Hercule, en
attendant de partir pour l'exil.

Libère mandé en toute hâte à Milan ne consentit pas à
donner son adhésion à l'acte inique du César, aussi parta-
gea-t-il le châtiment infligé à ses frères. Il fut exilé à Bérée,
en Thrace 355 (1).

Pour comble de malheur, les Ariens réunis à Philipopolis
embrouillaient encore plus la question, déposaient les évêques
légitimes et commençaient la scission avec Rome.

Tout favorisait l'arianisme ! Il avait pour lui l'empereur,
le nombre, et il disposait de moyens favorisant la réussite.
La délation ne lui était pas inconnue ; au besoin il falsifiait
les Ecritures afin d'y trouver des traces de son dogme.

III

Constantin toutefois n'était pas satisfait. Il voyait fort
bien que cette faction était un ramassis d'esprits superfi-
ciels et pervers. Un instant il avait escompté la faiblesse de

---

(1) Socrate II 36.

Libère, pontife un peu mondain, apparenté aux grandes familles de l'empire. Déçu dans ces espérances, il chercha ailleurs une célébrité qu'il put gagner à la cause arienne. L'Espagne possédait un évêque éminent, une vraie colonne, qui maintenait ce pays dans la fidélité à la foi apostolique, c'était Osius de Cordoue. Mandé à la cour, le vieillard s'empressa d'accourir. Il se croyait appelé à jouer le rôle de pacificateur ; mais on exigeait autre chose de lui. La conscience de l'évêque se révolta d'abord ; mais à la fin, privé de nourriture, affaibli par la maladie, le malheureux consentit à entrer en communication avec les Ariens (358).

Pendant que la paix de l'Eglise était ainsi troublée, les hérétiques poussaient au comble la démence. Réunis en conciliabules, ils formulaient sans cesse leur dogme et ne parvenaient pas à s'entendre. De 351 à 359, ils nous ont donné trois formulaires de foi, dits de Sirmium.

Le premier disait : Nous n'égalons par le Fils au Père et nous le concevons comme lui étant subordonné.

Filius similis Patri secundum scripturas !

A la rigueur ces expressions sont susceptibles d'une interprétation orthodoxe. C'est la suprême habileté des fourbes de cacher la fausseté sous les apparences du vrai. Le mot consubstantiel n'y est pas, car ils veulent éviter à tout prix l'admission du terme ομουσιοσ (1).

La deuxième formule composée en 358 par Ursace et Valens dit : Le Père est plus grand que le Fils en dignité, en gloire et en majesté ; par conséquent, il est d'une autre nature que le Père. *Filius non est creatura sicut aliæ creaturæ.* En se reportant à l'énoncé de la doctrine d'Origène, on verra que ce Père ne dit rien de semblable.

La troisième formule date de 359. Elle fut donnée sur l'ordre de Constantin : Le Fils, disait-elle, est semblable en toutes choses selon ce qui est contenu dans les écritures. Marc d'Aréthuse, George d'Alexandrie, Ursace et Valens en formulant ainsi leur foi avaient eu soin de glisser·le mot : ομοιουσιοσ (semblable en substance) (2).

---

(1) Athanase. — De synodo cap. XXVII. Héfélé I, p. 618-623.
(2) Sulp. Ser. II. XL, p. 93. Interea ariani non occultè, ut antéa, sed palan ae publice hœresis piacula prœdicabant ; quia etiam synodum nicœnam pro se interpretantes, quam unius litterœ adjunctione corrupuerant, caliginem quamdam injecerant veritati. Héfelé II. p. 644 et suiv.

Voilà donc deux termes inventés pour rendre la paix à l'Eglise. Hélas ! le terme ομοιουσιο avait divisé la catholicité en deux camps, celui de ομοουσιο devait scinder en deux le parti arien. Il y eut des semi-ariens et des anoméens. Tour à tour les deux confessions s'excommunieront. Ces démêlés demandèrent la tenue d'un concile. On convient de se réunir dans deux villes. Rimini fut désignée aux Occidentaux et Séleucie aux Orientaux. Libère protesta aussitôt, car ces assises avaient été convoquées sur l'ordre de Constantin. Tout était donc illégal dans cette procédure. Néanmoins les évêques affluèrent de l'Illyrie, de l'Afrique, de l'Espagne, de la Gaule et de l'Italie. Les Pères de Rimini écoutèrent les Ariens, entre autres Ursace et Valens, exposant la profession de foi adoptée à Sirmium ; mais ils convinrent que l'on devait garder la foi des grands évêques assemblés à Nicée. « Que veut dire, ajoutaient-ils, cette formule née « d'hier ? Les chrétiens n'existaient-ils donc pas avant cette « date ? Ne savaient-ils pas ce qu'il importait de croire tous « ces saints, qui se sont endormis dans le Seigneur ? »

Le concile députa à Constantius des délégués porteurs d'un décret condamnant l'arianisme. Quand ces envoyés arrivèrent auprès de l'empereur, ils le trouvèrent circonvenu par les hérétiques. Ils furent eux-mêmes gagnés par les promesses ou les menaces et souscrivirent cette formule : « Le Fils est semblable au Père selon les Ecritures (22 mai 359) ». Le monde se réveillait arien ? (1).

Grâce à la pression de Taurus, lieutenant de Constantius, auprès des Pères de Rimini presque tous les prélats, à l'exception de vingt, imitèrent l'exemple donné par les signataires de la formule de Sirmium.

Les deux historiens, qui nous ont servi dans ces recherches sur une question fort obscure, saint Jérôme et saint Athanase, ne nous disent rien au sujet d'Origène. Ils déplorent tous les deux le malheur de l'Eglise devenue le jouet des ambitieux. Un synode fut convoqué à Alexandrie, et pour ne pas compliquer la triste situation du catholicisme, on convint de ne pas regarder comme coupables les Pères, qui s'étaient laissés surprendre à Rimini. Exception néanmoins

(1) Mansi. Conc. 111, 293-335. Hefelé I, 674-688.

était faite pour ceux qui antérieurement avaient suivi les Ariens : *Post reditum confessorum in Alexandrinà synodo constitutum est, ut exceptis hæreseos fautoribus, quos error excusare non poterat, pænitentes Ecclesiæ sociarentur : non quod episcopi esse possent qui fuerant hæretici, sed ut constaret eos qui reciperentur non fuisse hæreticos* (saint Jérôme).

Tandis que les Occidentaux étaient réunis à Rimini, les Orientaux siégeaient à Séleucie, au nombre de cent soixante. Il y avait là trois factions : semi-ariens, représentés par Georges de Laodicée, Eleusius de Çyzique et Basile d'Ancyre ; catholiques ayant à leur tête Silvanus de Tarse, Hilarius de Poitiers : venaient ensuite les Anoméens, groupe important avec Acace de Césarée, George d'Alexandrie, Eudoxius d'Antioche. L'empereur s'était fait représenter par Léonas, questeur, et Lauricius, gouverneur de l'Isaurie.

Deux courants opposés se heurtèrent dans ce synode par la faute de Léonas, un anoméen déclaré. Les catholiques ne voulurent pas prendre part d'abord à des débats dirigés par un laïque. Anoméens et semi-ariens se séparèrent bientôt après. Les premiers voulant rejeter le symbole de Nicée qu'acceptaient les seconds. Les Anoméens allaient jusqu'à déclarer l'impossibilité de la génération en Dieu s'ils faisaient de Jésus-Christ une créature, ni fils de Dieu, ni semblable à Lui.

En entendant ces blasphèmes, Silvanus de Tarse s'éleva contre ces absurdités. Il penchait pourtant pour les semi-ariens « A quoi bon, s'écria-t-il une nouvelle formule de foi, nous avons celle d'Antioche ». Les Anoméens furieux se retirèrent. Catholiques et semi-ariens allaient-ils rester ? Léonas intervint et chassa les deux partis de l'opposition. Les débats reprirent le lendemain pour aboutir à cette formule. « Nous confessons la ressemblance du Père et du Fils, selon le mot de l'apôtre : *Christus est imago Patris* ».

On chercha en vain à déterminer ce qu'il fallait entendre par ressemblance. Anoméens et semi-ariens étant aux prises, Léonas trouva bon de couper court aux débats en mettant tout le monde dehors.

La question n'avait pas fait un pas. Au fond dans une querelle de mots, on a fait intervenir indûment un homme,

qui n'avait rien à voir dans ce débat. Chose étrange, dans
les deux camps on a tiraillé en tous sens le malheureux
Origène. Les catholiques seuls étaient dans le vrai en sou-
tenant que leur doctrine était en entier dans les écrits du
docteur. Je crois plus facilement au témoignage des deux
pontifes Alexandre et Athanase, qu'à l'assertion intéressée
d'Ursace et de Valens.

Jusque là, il n'y a pas de preuve positive s'élevant contre
l'orthodoxie de l'Alexandrin.

Les Ariens, il est vrai, s'appuyaient sur lui pour affirmer
que le Fils de Dieu était une créature (L. IV de *Principiis* :
Justinianus ad Menam : « *Hic est Filius de voluntate Patris
generatus, qui est imago Dei invisibilis, et splendor gloriæ
ejus, et figura expressa substantiæ ejus, primogenitus omnis
creaturæ, conditio, sapientia.* Origène cite, en effet, le texte
de la *Sagesse* : *Dominus condidit me initium viarum suarum
ad opera sua.* Or, Origène dit au livre I de *Principiis* C. 2.
n. 2. *Dominus condidit* ne s'applique pas à la *Sagesse* elle-
même : *non de ipsâ sapientia, sed de his quæ in illa et
per illam condita sunt,* car il nous dit : *omnis virtus ac
deformatio futuræ inerat creaturæ, vel eorum quæ principa-
liter existunt, vel eorum quæ accidunt consequenter virtute
præscientiæ præformatâ atque disposita : pro his ipsis,
quæ in ipsâ sapientiâ velut descriptæ ac præfiguratæ fuerant
creaturis, seipsam per Salomonem dicit creatam esse sapientia
initium viarum Dei, continens scilicet in semetipsâ uni-
versæ creaturæ vel initia, vel formas vel species.* Or, Origène avoue lui-même à quel point ce passage est obscur;
mais il est certain qu'il n'applique pas à la *Sagesse*, incréée
selon lui, comme le voulaient les Ariens, tout ce qui impli-
que création, succession, subordination. Il en fait une personne divine et éternelle, c'est du reste ce qu'Athanase
montre aux hérétiques en s'appuyant constamment sur ce
docteur.

CHAPITRE II

LA QUESTION D'ORIGÈNE DANS LES MONASTÈRES D'ÉGYPTE.
RUFIN ET SAINT JÉRÔME.

I

Le doute subsiste toujours ! Il va se préciser néanmoins davantage avec les deux partis qui vont se former en Egypte. C'est au fond de ces solitudes où les Antoine et les Paul, les Pacôme et les Hilarion étaient venus chercher un refuge contre les dangers du monde, que va naître la querelle qui nous place sur notre véritable terrain d'observation.

Gens illettrés pour le plus grand nombre, ces moines passaient leur temps, en partie, à des travaux manuels ; leurs heures de loisirs étaient consacrées à le prière et à l'étude des Saintes Ecritures. Ceux qui avaient mission de les éclairer, n'ayant pas d'études suffisantes pour interpréter sûrement la parole de Dieu, avaient introduit dans ces monastères les ouvrages d'Origène, qui était le premier interprète, sans contredit, des livres sacrés. Deux courants s'établirent bientôt dans ce milieu composé de gens plus ou moins grossiers. La portion intelligente du troupeau, de beaucoup la moins nombreuse saisit facilement le sens des Ecritures et sut distinguer quand il convenait d'appliquer à tel passage le sens littéral ou spirituel.

Mais la partie ignorante ne sut pas établir cette distinction. En admiration devant le savant, elle prit tout à la lettre. Or, comme Origène accepte facilement le sens allégorique, qui est presque la note dominante de ses écrits, il y avait grand inconvénient parfois à ne pas comprendre le docteur, aussi eût-elle une conception absurde des choses

de Dieu. Témoins des luttes qui se livraient autour de ce
nom, ces gens à peine dégrossis entendant dire que l'allégorisme avait son mauvais côté, se prirent à tout accepter
au sens littéral.

« Dès lors, dirent-ils, la Sainte Ecriture parlant des yeux,
de la voix, de la bouche de Dieu, nous devons admettre
qu'il est corporel comme nous. » De là l'erreur des anthropomorphites. L'Alexandrin étant manifestement contre eux,
ce fut un motif suffisant pour ces moines ignares de le
rejeter.

Les partisans de l'allégorisme triomphaient donc en présence de l'aberration de leurs frères. En vain leur démon-
traient-ils les conséquences absurdes que l'on déduisait des
principes anthopomorphites. Rien n'y fit. Alors le désert
de la Thébaïde, solitude jusque là paisible, fut agité par
des disputes interminables qui dégénérèrent bientôt en véritables combats. Saint Pacôme lui-même prévenu contre
Origène, crut devoir mettre ses disciples en garde contre
le venin de l'erreur contenu dans ces écrits. « La parole
d'un mourant est toujours sacrée. » Le gros du bataillon
ne sut pas faire la part des choses. Avec un peu de bon
sens, il aurait pu se dire : Pacôme est un ignorant comme
nous, référons-nous en aux plus savants ; mais non ! fiers
de l'autorité de leur supérieur, les anthropomorphites
allaient répéter partout ce témoignage que Pacôme avait
donné à la légitimité de leur interprétation. (1)

Témoin de ces luttes regrettables auxquelles restait
étranger, Origène, ce grand incompris, Epiphane, évêque
de Salamine, homme recommandable par sa science et sa
piété, voulut éclairer la question et amener une réconciliation entre gens appelés à la même vie. Très lié avec les
moines illettrés, il écrivit un traité de la doctrine d'Origène
(373) ; mais le titre seul de l'ouvrage nous est connu ; on
doit en conclure qu'il se répandit peu ou qu'il eût peu de
valeur.

Du reste, les efforts du personnage pour discréditer le
docteur d'Alexandrie n'aboutirent pas, car les grand personnages de l'époque comme Jean de Jérusalem, saint Ambroise,

---

(1) Hefelé, Conc. II 65-81. — Vincenzi, vol. II, Rome 1865. — Hieronym. Esprit.
LXXV.

saint Jérôme, restèrent fidèles au docteur et continuèrent
à lire ses ouvrages. Somme toute la question n'a pas fait un
pas.

Elle va prendre une réelle importance avec Rufin et
Jérôme. Vers 374, Rufin prêtre d'Aquilée s'était rendu en
Egypte, où il fut le témoin des querelles auxquelles donnaient
lieu les écrits de l'Alexandrin. Il s'était fait suivre d'une
veuve romaine, la célèbre Mélanie, surnommée l'aïeule.
Cette femme du grand monde avait choisi ce prêtre intelligent comme directeur de sa conscience, et, elle l'associait
à toutes les bonnes œuvres que lui permettait sa grande
fortune. C'est au cours de ce voyage, que Mélanie dota ou
fonda une foule de monastères de femmes dont elle gardait
la haute direction. La Palestine l'attirait ; elle y créa un
monastère où elle résida vingt-sept ans, tandis que Rufin
se fixait à la tête d'une communauté d'hommes sur le mont
des Oliviers.

Sur ces entrefaites, arrivèrent en Palestine saint Jérôme et
sainte Paule (385), qui se fixèrent à Bethléem. Sainte Paule, de
concert avec sa fille Eustochie, fonda des monastères de femmes
et se mit sous la complète direction de Jérôme. La pieuse
fondatrice mourut vers 404. Rufin et Jérôme s'étaient connus au monastère d'Aquilée. Ce fut un motif pour les deux
hommes de renouer connaissance. Ils gémissaient tous les
deux sur le sort de cette malheureuse chrétienté d'Orient
livrée à je ne sais quelle fureur de dogmatiser et de diviser
l'indivisible tunique du Christ. Dans deux lettres écrites au
pape Damase, saint Jérôme déplore cette situation (1). De
concert avec son ami, Rufin se mit à traduire les œuvres
d'Origène. Cette union dura neuf ans.

Mais un jour un moine jaloux les accuse d'origénisme.
Saint Jérôme se disculpe en condamnant Origène ; Rufin
crut devoir garder le silence. Avec son tempérament poussé
aux extrêmes, le Dalmate ne comprit pas la conduite du
prêtre d'Aquilée. Un refroidissement s'en suivit. Les choses
n'étaient pas encore à l'état aigre, quand l'arrivée d'Épiphane,
ami de saint Jérôme, envenima la querelle. Jean de Jérusalem protégeait Rufin. C'en était assez pour l'évêque de

(1) Voir Darras, t. X, p. 319 et suivantes. Saint Jérôme, Epist. XXXIII, ad Pau-
lam. Fleury, t. V, p. 117 et 118.

Salamine. On discuta. Les têtes s'échauffèrent. Bref, une rupture entre Jean et Épiphane fut la conséquence de ces débats et les deux adversaires entraînèrent avec eux ceux pour lesquels ils avaient lutté (394).

Théophile d'Alexandrie, témoin de ces faits regrettables, essaya par le prêtre Isidore de mettre fin à ce schisme, qui troublait l'Église. Par condescendance pour Théophile, Rufin et Jérôme consentirent à se donner la main dans l'église de la Résurrection ; mais ce calme devait être de courte durée (396).

Rufin revint à Rome où il publia vers 397, une apologie d'Origène attribuée à saint Pamphyle. Cette apologie, en latin, était suivie d'une lettre explicative dans laquelle le savant démontrait, au moyen de rapprochements de textes, les traces des falsifications introduites dans l'original par les Ariens.

Ces différents travaux étaient dédiés au préfet du prétoire Macarius. Quelque temps plus tard Rufin fit paraître sa traduction du *Livre des Principes*, avec cette dédicace à Macaire : « Je sais que plusieurs de nos frères ont désiré voir traduites en latin les œuvres de ce docteur ; à la demande du pape Damase, Jérôme traduisit deux homélies sur le *Cantique des Cantiques* et il fit précéder ces écrits d'une préface si magnifique qu'il a donné à tous l'envie de parcourir Origène ». Il a promis du reste de traduire les autres ouvrages de ce Père. Quoique bien inférieur à Jérôme au point de vue des connaissances, je suivrai son exemple et j'aspire à faire connaître cet homme qu'il a appelé justement le second docteur de l'Eglise après les apôtres. Sa méthode me servira de ligne de conduite. Comme lui, j'éclaircirai les endroits obscurs et supprimerai les parties qui ne concordent pas avec ce qu'il a pu dire au sujet de la foi catholique.... » (1).

Saint Jérôme se froissa ! Il écrivit une lettre pour se disculper d'être origéniste. En traduisant les œuvres du docteur, j'ai voulu louer son génie ; mais je n'ai pas prétendu approuver ses erreurs.

Rufin se préoccupait peu du bruit qui se faisait autour de

---

(1) Fleury, T. V. p. 115.

son nom. Il vivait retiré à Aquilée, après avoir obtenu du pape Sirice des lettres de communion. Vers 398 ce pape mourut et on lui donna Anastase pour successeur. Le nouveau pontife était un ami de saint Jérôme et de sainte Marcelle. Rufin lui fut donc dénoncé comme coupable d'avoir introduit à Rome les erreurs de l'origénisme. Quelques prêtres, des moines et des séculiers s'étaient, en effet, laissés entraîner à ces erreurs. Ayant à Rome de nombreux amis tels que Paulinien, son frère, Eusèbe, Vincent Pammachius et Océanus, il était facile à Jérôme de charger son ancien ami. Il ne s'en fit pas faute. Le prêtre d'Aquilée fut donc appelé à se présenter devant le pape pour arriver à se disculper. Ne se sentant pas coupable, Rufin ne crut pas devoir obéir. Après tout, l'accusation reposait sur un fait supposé. La traduction des œuvres d'Origène n'étant pas signée, on ne pouvait pas l'attribuer au prêtre d'Aquilée. Le livre, qui avait été remis entre les mains d'Anastase portait, il est vrai, des annotations faites de la main de l'inculpé ; mais en quoi sa responsabilité était-elle engagée ? Ces notes n'étaient pas transcrites dans tous les manuscrits parus, c'était donc une œuvre essentiellement privée. En mettant ces remarques, Rufin, avait pour but de retrouver plus tard ses impressions du moment. On ne pouvait rien conclure contre lui, d'autant plus que le travail remis au pontife était celui de saint Jérôme avec les corrections de Rufin. Ainsi s'expliquerait la fureur du solitaire de la Palestine. Il était joué par celui-là même qu'il avait voulu perdre.

II

Averti de ce qui se passait par ses amis Pammachius et Océanus, Jérôme s'émut, car ils disaient : « Nous trouvons dans cet écrit plusieurs propositions manifestement hérétiques. Nous venons donc vous supplier de nous donner une traduction de ce livre d'Origène dans laquelle vous réfuteriez ses erreurs. Le traducteur ne vous a pas nommé, mais il a laissé entendre qu'il avait agi d'après vos conseils et vous partageriez dès lors ses sentiments. En toute hâte défendez-vous ; opposez un démenti formel, votre silence passerait ici pour aveu ». (1) Jérôme répondit par une lettre outrageante. Lui qui avait dit d'Origène : (L. 65). *Quis ardentem in scripturis animum non miretur ? quod signis Judas Zelotes opposuerit errores ejus, audiat libere :*

> Interdum magnus dormitat Homerus
> Verum opere in longo fas est obrepere summum.
> (Horat. In arte pœtica).

Il désavoue son ancien maître et ose écrire cette phrase : *Credite experto, quasi Christianus Christianis loquor : Venenata sunt illius dogmata, aliena et scripturis sanctis, vim scriptoris facientia* (2). Je l'ai loué, semble-t-il dire, mais ces louanges n'étaient pas une approbation de la doctrine. On peut louer Cyprien et Tertullien et désapprouver leurs erreurs ? Triste expédient à invoquer dans une défense. Jérôme croit se disculper ; et le mauvais rôle est de son côté. Sa lettre d'injure à l'adresse de Rufin, lettre dans laquelle le malheureux prêtre est traité de suppôt audacieux de l'enfer, ne répond à rien. S'il suffit, pour avoir raison, d'invectiver ses adversaires, Jérôme alors est passé maître en dialectique. A Rufin, qui suppose les écrits du docteur retouchés par les Ariens, le Dalmate répond : *verum si conceditur, ut quidquid in libris omnium reperitur contrarium, ab aliis corruptum sit, nihil eorum erit quorum fertur nominibus sed his deputabitur, a quibus dicitur esse violatum : quanquam et illorum non erit quorum incerta sunt nomina. Atque ità fiet, ut dum omnium omnia sunt, nihil alicujus sit.* La raison de Jérôme n'infirme pas un témoignage reposant sur des faits. Rufin n'avait pas agi à la légère. Il avait rapproché les textes, puis les étudiant au point de vue littéraire et doctrinal, il avait péremptoirement démontré qu'ils n'étaient pas d'Origène. La véritable critique est du côté de Rufin, et bien que cet aveu nous coûte, nous constatons que Jérôme use d'arguties (3).

Non seulement la dispute des deux savants n'était pas fondée, mais elle faisait du tort à la foi. Saint Augustin ne put s'empêcher de faire entendre une sorte de prostestation :

---

(1) Epistola LXIV.
(2) Peri-archon, préface, p. 14. t. XI.
(3) Peri-archon, p. 16. t. XI.

« J'ai lu avec douleur votre écrit : pourquoi deux personnes autrefois si unies sont-elles à ce point divisées aujourd'hui ? si j'avais chance de vous rencontrer tous les deux en un endroit désigné, je me jetterais à vos pieds et dans le transport de ma douleur les arroserais de mes larmes en vous suppliant au nom de la tendresse, de la charité que j'ai pour vous, de ne pas vous répandre l'un contre l'autre en des écrits, qui resteront et qui seront un éternel obstacle à votre réconciliation. Je vous représenterais ce que vous devez aux âmes faibles pour lesquelles Jésus-Christ a donné sa vie et auxquelles vous donnez le spectacle attristant de votre désunion, spectacle lamentable à tous les points de vue (1).

Si Rufin avait eu le courage d'aller trouver Anastase, tout sans doute fût rentré dans l'ordre. Mais grand admirateur d'Origène, il avait pris parti pour Jean de Jérusalem, engagé alors dans une lutte interminable avec Théophile d'Alexandrie, qui, d'admirateur de l'Alexandrin était passé dans le camp opposé. Rufin était bien éloigné de professer les erreurs qui s'étaient glissées dans ces écrits. Par amitié pour Jean, et surtout par délicatesse, il n'avait pas voulu séparer sa cause de celle de ce patriarche anathématisé par Théophile.

Admettait-il avec lui le symbolisme absolu de l'Ancien Testament et l'interprétait-il au sens purement allégorique ? c'est fort douteux ? Somme toute, Rufin laissait dire et ne se disculpait pas ! Il se contentait d'accuser Jérôme d'antropomorphisme, car le solitaire de la Palestine avait eu le grand tort, de son côté, d'exagérer l'emploi du sens littéral.

Jean averti de ce qui se tramait contre Rufin écrivit à Anastase. En réponse à cette lettre, Anastase accuse le prêtre d'Aquilée d'avoir obscurci et corrompu la foi que les apôtres ont établi à Rome. « J'approuverais, disait-il, la version si celui qui la donne parlait contre la doctrine pernicieuse de l'auteur et portait à détester, avec connaissance de cause, ce qu'on ne savait être mauvais que sur le rapport d'autrui. Mais si l'interprète de tant de mauvais

_____

(1) Epistola XVᵉ.

sentiments donne son consentement aux erreurs et livre
pour être divulgués en public des dogmes impies, que
fait-il par son œuvre, sinon renverser, si on n'y prenait
garde, ce que les apôtres ont établi. L'Eglise romaine ne
souffrira pas cette coupable entreprise. Et jamais, grâce à
Dieu, nous n'admettrons raisonnablement, ce que nous condamnons à bon droit. »

« Aussi la providence du Christ notre Dieu qui veille sur
nous fera-t-elle paraître que le pontife romain est incapable
d'admettre ce qui tache l'Eglise, renverse les bonnes
mœurs, blesse les oreilles chastes, cause des querelles, des
emportements et le schisme.

« Ma lettre à l'évêque de Milan, lettre que je vous fais
tenir, vous montrera que ma crainte est fondée. Jamais je
ne faillirai à mon devoir qui est de garder la foi de l'Evangile au sein de mon peuple et d'avertir par mes lettres les
peuples répandus au loin sur toute la terre, afin que tous
conservent la pureté des croyances et qu'il ne se glisse
aucune interprétation capable d'obscurcir la religion des
esprits pieux. J'ai appris avec joie que les empereurs ont
défendu, par leurs édits, la lecture d'Origène.

« Nous avons prononcé le même jugement contre ceux
assez nombreux, qui ont encouru le soupçon d'hérésie,
portés qu'ils étaient par Rufin vers ces études. Dieu ne
voit pas comme les hommes qui ne regardent que le
dehors; il pénètre dans l'intérieur. Sachez donc que Rufin
a traduit Origène en latin avec l'intention de répandre ses
erreurs. Rufin étant excommunié, nous voulons ignorer où
il est et ce qu'il fait. Enfin, il n'a qu'à voir s'il trouvera
quelqu'un qui veuille lui donner une absolution » (1).

Était-ce l'intention de Rufin? cette affirmation est purement gratuite.

Rufin connut dès lors l'abandon et Jean de Jérusalem,
dont il avait suivi le parti, fut un des premiers à le laisser
de côté.

Vers 401, le prêtre d'Aquilée, trahi par tout le monde,
crut devoir faire entendre une sorte de protestation. Lui,
jusque là si digne, se répand en invectives contre Jérôme.

_____

(1) Epistol. Anast. ad. Joan. Hierosol.

Il se défend dans ses deux livres d'être un hérétique. Saint Jérôme ne fut pas plus sage puisqu'il répondit en 402, par ses trois livres d'apologétique, qui sont une longue diatribe par laquelle il voudrait faire oublier qu'il fut un fervent d'Origène. La lutte dura ainsi jusque vers 408. A cette date, Rufin se retira dans le couvent de Pinetum, puis dans la haute Italie. Les illustres personnages de l'Eglise, fort nombreux à cette époque, comme Augustin, saint Chromace d'Aquilée, s'interposèrent et obtinrent le silence entre les deux adversaires. Rufin consacra les loisirs de ces dernières années à la traduction de l'histoire ecclésiastique d'Eusèbe, à laquelle il ajouta quelques chapitres. Il mourut vers 410, au moment où Alaric se jetait sur l'Italie.

Rufin fut-il coupable? j'en doute; je le crois plutôt un incompris comme son maître. Savant et ami de saint Paulin, le prêtre d'Aquilée aurait voulu faire part à l'Occident des richesses littéraires de l'Orient. Il était trop en avant sur son époque. Notre monde n'était pas préparé à recevoir le bienfait de cette culture intellectuelle. Encore plongé dans la barbarie, il ne comprenait rien aux belles conceptions du génie.

A la différence de son adversaire, Rufin resta toujours courtois dans la discussion; si saint Jérome avait eu la même modération, cette lutte n'aurait pas dépassé les bornes d'une joute théologique et tout eut été calme. La fougue du Dalmate envenima tout. Nous ne nous poserons pas en terminant cette question que Jean de Jérusalem eut voulu résoudre, à savoir : ce qu'il advint de l'âme de ce prêtre au sortir de la vie?

Dieu fut miséricordieux pour lui! une chose nous préoccupe davantage, c'est l'état de la question de l'origénisme.

Pour nous résumer nous disons : Jérôme est partisan d'Origène tant qu'il y trouve profit auprès de la cour romaine. Sous Sirice, il reste favorable au docteur parce que ce pape était un admirateur de ces écrits. Il change avec Anastase.

La lettre de ce pape est-elle une condamnation de l'Alexandrin? je ne le crois pas. Ce n'est pas une sentence portée. Du reste la lettre à Simplicien de Milan est très suspecte. Saint Léon le Grand dit que le docteur a été condamné à cause de sa doctrine sur la préexistence des âmes (1). Or, saint Augustin pourrait être accusé au même titre. Le décret de Gélase dit du docteur : *Origenis nonnulla opuscula, quœ vir Beatissimus Hieronymus non repudiat legenda suscipimus ; reliqua autem omnia cum auctore suo dicimus renuenda* (2).

La seule autorité de saint Jérôme suffit-elle donc à faire rejeter cet auteur? ce serait donner beaucoup trop de valeur au témoignage d'un homme souvent sujet à caution, à cause de ses colères.

Donc en 410, c'est un point essentiel, aucun jugement rendu par l'Eglise n'a frappé Origène de la note d'hérétique.

---

(1) Vincenzi. C. XXIV. p. 286. Saint Léon, cap. III. Ad. Jul. Lettre XXXV.
(2) Gratien. Cap III. § 22.

CHAPITRE III

THÉOPHILE ET LES MOINES ORIGÉNISTES. HAINE DE THÉOPHILE
CONTRE ISIDORE ET LES GRANDS FRÈRES. LETTRES PASCALES DE
THÉOPHILE. SAINT JÉRÔME SE MÊLE A LA LUTTE. SAINT JEAN
CHRYSOSTÔME. SAINT EPIPHANE. CONCILIABULE DU CHÊNE.
APPEL A ROME. DÉPOSITION DE SAINT JEAN CHRYSOSTÔME.
EXAMEN DE SA DOCTRINE. SA JUSTIFICATION.

I

Ainsi avait pris fin, aux débuts du v⁰ siècle, cette lutte sur
l'orthodoxie d'Origène. Rien n'était clair ; toutefois la sentence d'Anastase était encore la meilleure solution. Quel
besoin avait-on, en effet, de soulever tous ces débats ? Plut
à Dieu que le conseil du pontife eut été suivi. L'intervention d'Augustin avait amené un moment de calme ; mais
c'était le présage de la tempête. La lutte reprit par la
faute de Théophile d'Alexandrie. Cet évêque fort attaché
dans les premiers temps à Origène, lui était resté fidèle
jusqu'en 394 : mais sollicité à cette date par saint Jérôme
et saint Epiphane, il s'était laissé gagner et avait maudit
son compatriote, auquel il imputait toutes les erreurs, voire
même celle de Macédonius sur le Saint-Esprit. Il fut surtout
amené à virer de bord à la suite de sa lutte avec les moines
anthropomorphites de Scété. Nous avons dit au chapitre II,
à quelle erreur grossière ils s'étaient laissé entraîner, et
avec eux, le saint homme Sérapion, âme candide, peu douée
intellectuellement, mais d'une grande piété. Voir Dieu, l'approcher de plus près, tel était le but de ce saint homme
qui ne voyait pas à quel abîme aboutissait sa doctrine.
Paphnuce ne partageait pas ses idées et comme il était

recommandable par sa science et sa vie austère, il voulut tenter de convaincre d'erreur Sérapion. En vain avait-il essayé de ramener cet égaré.

Un prêtre savant du nom de Photin étant venu visiter un jour le monastère, Paphnuce lui demanda l'interprétation de ce passage : « Faisons l'homme à notre image et à notre ressemblance. » Le prêtre prouva l'immensité et l'invisibilité de Dieu. Ces paroles doivent s'entendre de l'âme et non du corps de l'homme. C'était évident! Sérapion ne voulut pas se rendre. Aussi le témoignage de ce solitaire n'a t-il aucune valeur ; quand il dira à ses fils : « Abstenez-vous de lire Origène, je réprouve ses écrits. » nous prenons cette parole pour ce qu'elle vaut. Sortant de la bouche d'un ignorant, d'un prévenu et d'une âme peu éclairée, elle n'a aucune valeur. Mais ce mot de Sérapion ne tombait pas dans les oreilles de sourds. Les moines illettrés en profitè-rent pour ne plus lire Origène et pour interpréter tout passage des Ecritures au sens littéraire, par opposition au savant qui acceptait trop facilement l'allégorie.

Théophile eut à se mêler plus ou moins à ces querelles de moines. Indisposés contre leur évêque auquel ils repro-chaient de se mêler de leurs affaires, ces solitaires quittè-rent un beau jour leur désert et accoururent par bandes à Alexandrie. Quel était le motif de cet exode ? Il avait pour but de demander la tête du coupable! Un peu surpris de tant de férocité, l'évêque, au lieu de mépriser ces attaques, les prit au sérieux, et toujours lâche et hésitant en face du danger, il aurait consenti à condamner Origène et à entrer dans les vues de ces ignorants afin de leur échapper. Il les aurait gagné, dit-on, en prononçant ces paroles à double sens : « Je vois en vous la face de Dieu »! Trop heureux de compter parmi leurs adhérents un évêque aussi distingué, les anthopomorphites se retirèrent satis-faits. Celui qui dut l'être moins devant sa conscience ce fut assurément Théophile. La contrainte venait de modifier ses sentiments. Les influences extérieures eurent raison de ses dernières hésitations et achevèrent sa conversion. Voilà donc un homme partisan naguère d'Origène, qui devient un des plus fougueux adversaires du docteur. Adversaire très convaincu sans doute. Oh! combien! puisqu'il se laisse surprendre un jour dans la lecture des diatribes de qui ? de saint Jérôme ? Non ! il lisait le doux et pieux Origène ! Et comme le coupable cherchait à se disculper, il crut devoir dire de cet auteur : « Ses écrits sont semblables à une prairie émaillée de fleurs. Si vous y trouvez quelques plantes vénéneuses, vous les laisserez de côté » (1). Quel plus bel éloge pouvait-il faire du docteur.

Eh quoi, dirons-nous ? dans cette prairie verdoyante, Origène aurait semé à dessein le poison capable de tuer le troupeau ; mais ce serait admettre qu'un homme construit et démolit tout à la fois.

Nous verrons tout à l'heure à quel mobile obéissait cet évêque. Constatons un fait. Théophile reste très lié à partir de ce moment avec les solitaires de la Thébaïde, notamment avec Dioscore, Ammonius, Eusèbe et Euthymius, surnommés les grands frères. Grâce à son influence, Dioscore devenait évêque d'Hermopolis, Ammonius et Eusèbe étaient nommés économes de l'Eglise d'Alexandrie. Ces deux moines vivant journellement dans l'intimité de l'évêque furent bien vite édifiés sur sa vie. Le prélat cupide et violent les indisposa et, ces religieux l'abandonnant, regagnèrent leur chère solitude.

L'évêque leur garda du ressentiment. Il les poursuivit partout de sa haine ; il engloba même dans cette cause un prêtre origéniste du nom d'Isidore, autrefois son confident.

Ce vénérable vieillard de 88 ans ne demandait probablement qu'à mourir en paix. Mais il ne trépassait pas assez vite au gré de l'évêque, qui le sachant dépositaire d'une grosse somme donnée par une riche veuve en vue d'œuvres de bienfaisance, aurait voulu avoir cet argent pour en disposer à son gré. Le prêtre s'y était opposé. Poursuivi par Théophile le vieillard était allé demander un asile aux moines de Scété. Ceux-ci le prirent sous leur protection, d'où nouveau grief du prélat.

Le patriarche laisse percer sa haine dans trois lettres pascales adressées aux églises suffragantes. La première lettre n'est pas autre chose que l'exposé des erreurs d'Origène (2). Dans la seconde, plus violente encore, il combat

---

(1) Peri-archon préface, p. 14, t. XI.
(2) V. Huet Origène II, 9, 2, no 28 et 9, 3, n° 8.

les erreurs d'Apollinaire. La troisième est insignifiante ; mais le nom du docteur s'y trouvait mêlé.

Ces lettres traduites en latin et en grec par les soins de saint Jérôme furent envoyées à ses amis de Rome. Naturellement elles étaient accompagnées d'autres missives à Pammachius et à Marcella. Toutes louent le zèle de Théophile. C'est sans doute dans cet excès de zèle que le pontife réunit un concile à Alexandrie 399 ou 412, concile dans lequel fut condamnée la doctrine d'Origène. Ces années correspondent avec la reprise des hostilités entre saint Jérôme et Rufin (1).

Quand il eut ainsi prévenu les esprits en sa faveur, Théophile s'apprêta à persécuter les fils de Sérapion et entre eux les grands frères, quatre abbés de Nitrie, qu'il chassa de leurs monastères. La sentence rendue contre les moines origénistes fut sanctionnée sous Epiphane dans le concile de Chypre. La lecture des écrits d'Origène, était interdite, mais aucune censure ne pouvait être portée contre un homme, qui s'en référait au jugement de l'Eglise. L'opiniâtreté dans l'erreur faisant seule l'hérétique, on ne pouvait traiter ainsi le docteur.

La sentence de ce concile fut envoyée à Anastase et confirmée par lui, ce dont nous n'avons aucune trace. Les lettres de saint Jérôme sont le seul témoignage probant. Anastase, nous l'avons vu, ne dit rien de semblable dans sa lettre à Jean de Jérusalem.

II

En attendant, les abbés de Nitrie, se trouvant sans asile, s'enfuyaient à Constantinople. Ils demandaient à saint Jean Chrysostôme d'être leur juge ; mais celui-ci par déférence pour l'évêque d'Alexandrie, envoya les grands frères adresser leur supplique à l'empereur. Il écrivait en même temps à Théophile pour le mettre au courant de ce qui se passait et lui demander de se réconcilier avec les grands frères.

Mais le prélat ne voulut rien entendre. On le vit arriver, suivi de saint Epiphane, avec lequel il s'était réconcilié, et

_____

(1) Saint Jérôme lettres 71 et 78.

d'une trentaine de prélats égyptiens, hommes achetés par l'argent d'Eudoxie, qui jalousait à mort Jean Chrysostôme. A peine arrivés, les partisans de Théophile, évitent de communiquer avec le patriarche. Ils lui font demander uniquement d'envoyer par écrit une condamnation d'Origène. Celui-ci se refuse à entrer dans cette voie. Du reste, il n'avait pas à répondre à des hommes dont saint Nil portera ce jugement : « On ne vit jamais pareille réunion de pasteurs dépravés, d'artisans de mensonge, d'hommes de pestilence, mus par une jalousie infernale, foulant aux pieds la crainte de Dieu, le respect des saints canons et le droit sacré de l'innocence ! »

Tels sont les évêques qui réunirent le conciliabule du Chêne et déposèrent saint Jean Chrysostôme comme origéniste. Le saint envoyé en exil par Arcadius partit de suite, ne voulant pas désoler par son opposition une église déjà assez malheureuse (1). Mais du fond de l'exil il envoya au pape cette lettre de protestation :

« A mon maître vénérable et très saint, l'évêque Innocent, Jean, salut dans le Seigneur !

« Je ne doute pas que votre piété n'ait déjà appris par la rumeur publique les attentats, qui viennent d'ensanglanter cette Eglise. L'audace des méchants a été telle que l'univers entier en a retenti. Le bruit de ces tragiques événements porté partout a excité partout la même douleur et la même épouvante. Mais il ne suffit pas de gémir sur de si grands désastres, il importe d'y trouver un remède. Dans cette horrible tempête, nous avons cru devoir prier nos très vénérables frères et saints évêques Demétrius, Pansophius, Papius et Eugénius de se rendre auprès de votre paternité pour l'instruire exactement de cette série d'abominations, afin que vous puissiez y mettre un terme, grâce à votre autorité apostolique. Le désordre ne s'arrête plus à la métropole, il a gagné tout l'Orient. De la tête aux extrémités, la contagion de l'impiété et de la révolte s'est répandue dans toutes les Eglises d'Asie. Partout les clercs s'insurgent contre leurs évêques et les évêques sont divisés entre eux.

« Le peuple se ressent de cet état, car tout est bouleversé et on pressent d'effroyables calamités. A vous donc, vénéré,

---

(1) Socrate VI 15-17. Neander. Chrys, II, p. 149.

Père, de concert avec les évêques d'Occident, de déployer
l'énergie et l'autorité nécessaires pour mettre un terme au
triomphe des impies. Réprimez, je vous en conjure, cette
déplorable anarchie. Proclamez les règles de l'Eglise en
cette matière et que ceux qui les ont violées en subissent
la peine.

« Pour moi, je n'ai été ni entendu, niconvaincu, et je ne
saurais admettre en aucune façon la valeur de la sentence
de dépositions irrégulièrement portées contre ma personne.
Devant le Dieu qui sera mon juge et devant vous, Très
Saint Père, je déclare que ma conscience ne me reproche
rien. Désignez un tribunal intègre et je comparaîtrai
devant lui ; mais jusqu'ici on a violé toutes les lois ; tous
les règlements hiérarchiques ont été foulés aux pieds. Les
très vénérables évêques, nos frères, complèteront ma lettre
de vive voix et mettront votre Paternité au courant des
iniquités dont nous avons été les témoins. Quand vous
aurez recueilli de leur bouche tous ces détails inouïs, et
pourtant véridiques, vous voudrez bien nous venir en
aide ! »(1) A peine cette lettre parvenait-elle à son adresse
que Jean revenait à Constantinople à la suite d'un tremblement de terre. Le peuple le recevait en triomphe, et par
un juste retour des choses d'ici-bas, Théophile menacé,
prenait la fuite.

Tout rentra momentanément dans le calme ; mais la faction qui semblait abattue releva bientôt la tête. Les nobles
paroles prononcées par Chrysostôme en revoyant son
église désolée avaient ému les foules ; ses ennemis avaient
donc compris qu'il importait de triompher à tout prix du
prélat, s'ils ne voulaient pas succomber. Les envoyés de
Jean n'étaient pas encore de retour, le pape n'avait donc
pas tranché la question. Il importait de faire naître un
incident. Un discours prononcé par le prélat fut représenté
à Eudoxie comme un requisitoire contre la cour. C'en fut
assez pour irriter l'ombrageuse impératrice. En même
temps les ennemis du pontife, soudoyés en secret par Théophile, faisaient circuler que Jean déposé et reprenant ses
fonctions sans s'être disculpé devant un concile, tombait

(1) Palladius vita Chrysostomi c. IX.

par le fait même sous le coup de la déposition comme le voulait le IVᵉ canon du concile tenu à Antioche (341) (1). Ce canon, manifestement arien, n'avait rien à voir dans son cas. Mais les ennemis de l'archevêque s'en firent une arme contre lui. En vain quelques évêques firent-ils entendre quelques protestations ou en appelèrent-ils à Arcadius, qui avait rappelé le prélat. L'un des évêques protestataires, Elpidius demanda aux partisans de Théophile de signer une déclaration par laquelle ils reconnaissaient la foi de ceux qui avaient fait ce canon.

Cet argument les mit fort en peine ; ils laissèrent s'écouler neuf mois, puis à l'approche des fêtes pascales, ils demandèrent à l'empereur d'expulser Jean. Un commissaire de la cour fût député auprès de l'archevêque pour l'inviter à aller en exil, mais il reçut cette fière réponse : « Jésus-Christ m'a confié cette église, je dois la gouverner. Je ne l'abannerai pas. Allez dire à votre maître d'employer la force contre moi ; je sortirai, mais seulement *manu militari.* » Le samedi-saint, Jean s'étant refusé de sortir de son Eglise, Arcardius très perplexe manda en son palais les deux acolytes de Théophyle, Acacius de Bérée et Antiochus de Ptolémaïs. Que faire, leur dit l'empereur ? Nous répondons sur notre tête de la légitimité des mesures que vous allez prendre. Pendant la nuit, quatre cents scutarii envahirent le baptistère de la basilique où les catéchumènes allaient recevoir le baptême. On profana les vases sacrés, les vierges furent insultées, l'évêque saisi et emmené à Arabisse, puis à Comanes dans le Pont (404) (2).

Innocent, au premier bruit de ces actes révoltants, avait protesté contre la déposition et demandé l'envoi de la procédure tenue au conciliabule du Chêne. En somme, on n'avait pu rien relever contre la doctrine du patriache. Peut-être, dans sa théodicée, a-t-il tort de donner un sens divin aux expressions humaines sur Dieu et sur ses attributs ; mais il est parfaitement orthodoxe dans l'exposition de la foi sur la Trinité, sur la Rédemption, sur l'Eglise (3).

---

(1) Voir Mansi. 11 col, 1306.
(2) Migne t. 1, II p. 529 et suiv. nocl. Alex. Sœc. IV din. XXVIII. Palladius c. XI
(3) Mansi III 1052 et suiv. Cyrille Ep. L VII ad attie.

Innocent écrit donc à Théophile : « Nous ne voulons point encore rompre avec vous le lien de la communion ecclésiastique ; mais nous ne saurions vous cacher que les actes de votre concile ressemblent à un jeu sacrilège. Nous ne pouvons y souscrire ; à moins qu'un jugement sérieux n'intervienne, nous ne ratifierons pas la sentence de déposition prononcée contre Jean. Si vous avez confiance en la légitimité de votre cause, présentez-vous devant un concile régulièrement convoqué. Vous y exposerez vos griefs selon les règles canoniques du concile de Nicée, vous vous défendrez et vous obtiendrez une sentense irréformable. »

Dans sa lettre à Jean le pape laissait entrevoir la nécessité de convoquer un concile général ; mais l'évêque ne devait pas voir la fin de ces débats. Exténué par les privations, il mourait en 407. En apprenant cet événement, le pape, comme pour donner une satisfaction posthume à l'illustre proscrit, convoqua un concile en Italie et il annula la déposition portée par le conciliabule du Chêne. En même temps il séparait Arcadius de la communion de l'Eglise. Cette rupture dura près de dix ans, c'est-à-dire jusqu'au moment où le nom du saint évêque fut rétabli dans les Diptyques à Constantinople.

———

CHAPITRE IV

I. — LES RIVALITÉS DES ÉCOLES D'ALEXANDRIE ET D'ANTIOCHE NE
SONT PAS ÉTRANGÈRES A CETTE QUESTION DE L'ORIGÉNISME.
II. — LE PÉLAGIANISME.

I

La question de l'origénisme nous apparaît comme une
querelle de moines. Tant qu'elle était restée confinée au
fond des solitudes, retraites profondes, où l'œil des gardiens
de la foi avait peine à pénétrer, elle n'offrait pas grand in-
térêt. Vivement combattue par Jérôme, elle se réfugia au fond
des monastères. Paul, patriache d'Alexandrie, se laissa séduire; puis elle gagna du terrain au v° siècle, par suite de la
rivalité entre les deux Ecoles d'Alexandrie et d'Antioche.

Nées toutes les deux d'une même cause et fondées contre
le paganisme, ces deux universités partagèrent longtemps
la gloire d'être, en Orient, deux centres intellectuels, où la
jeunesse puisait les données les plus pures de la philosophie.
Avec des méthodes diamétralement opposées, elles arrivaient
toutes les deux au même résultat. Quoique rivales, elles
vivaient en bonne harmonie et cette situation eut, sans doute,
duré longtemps, sans la question de l'origénisme. Il importe
de bien noter les points de vue qui divisaient déjà ces Ecoles.

Alexandrie se livre surtout à l'étude de la philosophie
spéculative, intuitive et mystique. Au contraire Antioche est
avec Aristote. Elle n'admet de faits que découlant de la
raison. La logique pure, la sobriété d'idées, les assertions,
conséquence d'un témoignage véridique, tels sont les
moyens. L'enseignement à Antioche restera dans les limites
du syllogisme. Il sera froid, rationnel, expérimental.

L'une nous apparaît avec la forme platonicienne : l'autre

est aristotelienne, stoïque et ecclectique. Les uns penchent
pour l'allégorie dans l'interprétation des livres saints, les
autres n'ont d'autres guides que la raison et le sens littéral.
Les premiers sont avec Origène et, peut-être, sont-ils dans
le vrai, en ne prenant pas à la lettre toutes les expressions
de la sainte écriture? Ils ont raison de dire Dieu ineffable?
Nul ne s'est élevé jusqu'à la vision intuitive : nul n'a percé
le mystère de sa présence, de son essence, de sa vie. Il
existe ; la raison nous le dit, mais qu'est-il? là est le mystère. Les disciples d'Alexandrie répondaient avec saint
Paul : l'œil de l'homme n'a pas vu ! et ils avaient raison !

Les seconds, au contraire, prétendaient tout expliquer
même les *invisibilia Dei*. En cela, ils se trompaient. Certaines conceptions dépassent les bornes de l'intelligence
créée ; la raison humaine ne peut que nous conduire à
l'entrée du mystère, elle ne saurait l'éclaircir (1).

Certes, nous l'admettons avec l'Ecole d'Antioche, l'Ecriture est un fait historique, et comme tel, il doit reposer
sur un fondement ; mais vouloir l'analyser à l'égal de tout
fait, c'est s'exposer à errer ; car l'Ecriture est la parole
de Dieu manifestée aux hommes par l'intermédiaire d'un
homme inspiré. Il est bien difficile à la raison de déterminer à quel point précis doit s'arrêter l'inspiration. Elle ne
peut pourtant pas refuser au créateur le droit de communiquer avec sa créature. Dieu peut lui parler de façons
bien différentes. Tantôt il prend la voie de l'inspiration ;
d'autrefois, il révèle sa présence. Les écoles se divisent sur
cette question compliquée. Elles admettent néanmoins la
possibilité du fait, sans s'entendre sur la manière de le
contrôler. Je n'ai pas à prendre parti pour ou contre, car
cela nous entraînerait dans des questions d'exégèse, qui
n'entrent pas dans le cadre de ce travail.

Toutefois, sans aller aussi loin que M. Renan, (car je ne
saurais nier la réalité de la révélation), je maintiens que
le sens littéral n'est pas acceptable dans bien des cas.
Donc, quand on dit : « Dieu a parlé ; il faut l'entendre presque toujours au sens allégorique, et je suis dès lors avec
l'école d'Alexandrie contre celle d'Antioche ; en prenant, en

_____

(1) Hergenriettser t. 1. p. 130-133.

effet, tout à la lettre, on s'expose à des erreurs monstrueuses.

Il peut se faire que les origénistes aient poussé trop loin
l'usage de l'allégorie, mais des deux côtés, il y a eu des
abus. Origène, après tout, puisqu'une certaine école a pris à
tâche de le censurer, n'est pas un allégoriste outré ; je n'in-
voquerai d'autre preuve que sa conduite. Si l'on veut bien
se reporter à ce que nous avons dit de sa doctrine, on verra
qu'il s'applique, avant tout, à faire ressortir le côté divin et
mystérieux de l'œuvre du Christ. N'est-il pas avec saint Paul
nous disant : *invisibilia Dei per ea quœ facta sunt.* Or, les
choses créées sont loin de nous donner une notion exacte
de l'essence divine. Inutilement nous voudrions appliquer
notre raison à s'élever jusqu'à cette conception. Pour nous
se réaliserait ce mot de l'Ecriture : *qui scrutator est majestatis opprimetur a gloria.* Le Christianisme ne nous dit
pas autre chose. De quel côté est donc la vérité ? du côté
d'Alexandrie.

L'Ecole d'Antioche posait sans le vouloir les bases du
rationalisme qui fait tant de victimes de nos jours. Il n'entrait
pas dans sa pensée, il est vrai, de nier tout surnaturel,
comme le font nos modernes philosophes, car ils étaient
chrétiens et acceptaient les mystères de la religion ; mais
ce besoin de rendre sensibles à notre intellect les choses
surnaturelles avait le grand tort de rendre obscur ce qui
devient clair avec la révélation et la foi. Saint Jean ne
nous dit-il pas à la fin de son évangile : *sunt autem et alia
multa quœ fecit Jesus ; quœ si scribantur per singula,
nec ipsum arbitror mundun capere posse eos qui scribendi
sunt libros.* (425 c. XXI). Tout n'est donc pas contenu
dans l'Evangile. De quel droit les pontifes, représentants
du Christ, n'interprèteraient-ils pas la loi comme l'ont fait
les Paul, les apôtres et les Pères ? L'âme de Jésus a-t-elle
été assez développée ? nous a-t-elle donné le dernier terme
de cette beauté divine à laquelle elle nous conviait ? Sommes-nous arrivés au sommet des connaissances qu'est en
droit d'atteindre l'humanité ? non ! De grâce, ne fermons
pas les portes de l'Eglise sur ceux qui veulent franchir le
seuil du temple : ouvrons les bien grandes, afin que tous
les hommes de bonne volonté marchent comme nous à

la suite de ce Jésus, qui nous à tous appelés à l'héritage du ciel.

II

C'est pour n'avoir pas compris cela que les Eglises d'Orient ont été en proie aux déplorables agitations qui ont divisé le manteau du Christ. Les deux Ecoles, qui vont lutter pour avoir l'influence, avaient chacune une part du vrai, elles rêvaient du beau ; mais hélas ! elles devaient aboutir à une misérable division. Les plus belles figures, dans ce débat, sont du côté d'Alexandrie. En dehors dès noms d'Origène, d'Alexandre et d'Athanase, nous devons citer ceux de Macaire et de Didyme. L'influence de cette école fut grande à Néo-Césarée, où elle compta, parmi ses disciples, saint Basile et Grégoire de Cappadoce. Elle rayonna même jusqu'en Occident, où les Ambroise, les Hilaire furent ses partisans. Saint Augustin lui-même se rattache à Alexandrie.

A l'école d'Antioche se rattachent Lucien, Arius, Eustathe d'Antioche, Diodore de Tarse, Silvain et Flavien. Elle compte dans ses rangs saint Jean Chrysostôme ; mais cet archevêque appartient plutôt par ses goûts à Alexandrie. Théodore de Mopsueste, Pélage sont enfants d'Antioche.

A première vue, nous pouvons voir d'où sortiront les adversaires de l'arianisme, du nestorianisme et du pélagianisme. Comment a-t-on pu voir dans Origène le Père de toutes ces erreurs, alors que les défenseurs de la foi comme les Athanase, les Basile, les Grégoire de Nazianze, les Ambroise, les Augustin, les Jean Chrysostôme et les Hilaire se recommandent tous de l'Ecole d'Alexandrie. Avaient-ils renié le Maître ? Non ! Ils s'inspirent au contraire de sa doctrine, en évitant avec soin toutefois de tomber dans le travers exagéré de l'allégorie.

Au fond, tous les génies, dont j'ai cité les noms, ne prennent parti, ni pour, ni contre l'Alexandrin ; mais leurs préférences vont à lui. Ils resteront, si l'on veut, libres de toutes attaches, ils sont en dehors de tout parti ; mais quand ils veulent identifier la science : je ne dis pas assez, quand ils veulent l'adapter à leurs croyances, ils vont chercher leurs témoignages chez Origène, ils suivent sa méthode et s'appliquent comme lui à faire de la philosophie, non la maîtresse de la foi, mais sa servante.

Les Antiochiens pensaient le contraire, puisque pour eux la foi devait être subordonnée à la raison. La vérité est je crois du côté des Alexandrins.

Les deux camps restaient dans l'expectative, quand Diodore, évêque de Tarse, engagea la lutte vers 390 en commentant la Bible. Il continua l'attaque dans un ouvrage peu connu du reste où il s'appliquait à noter la différence entre le sens littéral et l'allégorie. Il eut pour disciple Jean Chrysostôme ; mais celui-ci, tout en restant indépendant, partageait les idées d'Origène en matière d'interprétation. Ce qui fait justement le charme des commentaires de ce Père grec, c'est l'habileté avec laquelle il sait choisir à propos les deux sens selon le sujet qu'il traite. Il ne tombe pas dans le mysticisme exagéré de l'Ecole d'Alexandrie, mais il évite également de se laisser entraîner dans les subtilités dialectiques d'Aétius et d'Eunomius, ces disciples d'Antioche.

La tentative de Diodore n'eut pas un grand succès et la position des deux partis reste à peu près stationnaire jusqu'à la fin du vi^e siècle. Il n'était guère question d'Origène, on le voit, quand un évêque, Théodore de Mopsueste se chargea d'envenimer la haine des partis (1).

Cet ami et condisciple de saint Jean Chrysostôme avait fait ses débuts, comme prêtre et prédicateur, à Antioche. Intelligence vaste, très érudit, il s'était signalé par son zèle à défendre la vérité catholique contre l'Arianisme. Vers 393, sa piété le recommandant aux fidèles de Mopsueste, ceux-ci le choisirent pour évêque. Sa réputation était quasi universelle, tant il était connu par ses écrits nombreux contre les hérétiques. Si sa lutte lui avait acquis des droits à la reconnaissance des catholiques, elle lui avait attiré pas mal de haines, cachées il est vrai, mais qui n'attendaient qu'une occasion pour se signaler. Les ouvrages de Théodore ayant disparu, force nous est d'accepter le témoignage de la tradition à son sujet. On en fait généralement un penseur

_____

(1) Fleury t. VII p. 416 et suiv. Migne t. LXVI. Socrate VI. 13.

profond, doué d'une éloquence un peu verbeuse. Il est regrettable que nous n'ayons rien conservé de ses écrits, car ils nous livreraient peut être le secret de sa chute. Très probablement, il dut à son orgueil de se laisser entraîner dans l'erreur. On conçoit assez facilement que cet homme qui dominait tout son entourage, soit par l'élévation de son esprit, soit par la diversité de ses connaissances, ait pu se laisser entraîner au désir de voir tout à son point de vue personnel, et, comme il avait une nature très ardente, on saisira bien vite avec quelle âpreté il dut s'attacher à défendre ce qu'il croyait légitime.

Déjà dans les disputes publiques on avait relevé contre lui des assertions erronées ; mais dans le feu de la discussion on peut laisser échapper quelques erreurs que l'on désapprouve ensuite en secret. Rien de repréhensible ne s'était manifesté dans cet évêque d'une complexion délicate et d'une nature timide. Il passait pour rêveur et, à part quelques intimes, qui avait peut être pénétré les vrais sentiments de son cœur, nul n'eût osé se prononcer contre lui, tant était grande sa réserve. Si parfois il avait trop accentué la note dans ses écrits, il s'empressait aussitôt de les désavouer dans ses discours.

Très lié avec les grands évêques de cette époque, il jouissait de l'estime de tous. Ce respect dura jusqu'à l'apparition de Pélage, car ce fut alors seulement qu'on put deviner la fourberie de cette âme renfermée.

Prétendant s'appuyer sur les principes d'Origène, il exaltait outre mesure les forces de la raison et les facultés humaines ; en même temps, il abaissait les mystères du Christianisme et tâchait de les mettre au niveau de l'intelligence humaine.

Il niait le péché originel et atténuait beaucoup le libre arbitre dans l'homme ; il l'atténuait au point de diminuer le volontaire et d'effacer pour ainsi dire toute responsabilité. Avec lui, la grâce de Dieu devient un objet de luxe dont l'homme peut à la rigueur se passer.

Il concevait dans la personne du Christ un développement successif et graduel, comme cela a lieu chez les hommes, avec les mêmes épreuves et les mêmes combats, mais avec cette différence qu'en vertu de l'union de la nature divine avec la nature humaine les forces de l'intelligence se développent plus rapidement en Jésus. Il y aurait donc eu deux états dans le Christ. L'état initial dans lequel, la nature humaine, abandonnée à elle-même, aurait progressé, et l'état complet, où, parvenue à son progrès définitif, elle aurait été remplie de la vie divine et affranchie de toute variation. Il y aurait u la phase où l'homme se serait développé, et celle, où l'image de Dieu aurait été réalisée définitivement par Jésus-Christ, en donnant à l'homme tout pouvoir sur la nature créée.

Or, cette doctrine est bien différente de celle d'Origène. D'abord pour ce qui est de la grâce, le docteur en admet la nécessité, car comment aurait-il pu dire « que les saints de tous les temps appartiennent à Jésus-Christ et qu'aucun n'a été sauvé en dehors de lui, mais bien par la foi qu'il a eue en lui ».

Dans son IIe livre des Commentaires sur l'épître aux Romains, chapitre second, il dit, à propos de ce passage : « *Gloria et honor et pax omni operanti bonum, Judæo primùm et Græco* : « *quod ut ego capere possum, Judæis et Gentilibus dicit, utrisque nondum credentibus* ». Personne, ajoute-t-il, ne peut obtenir la vie éternelle s'il ne croit à Jésus. Les paroles du maître sont formelles à cet égard : *hæc est autem vita æterna, ut cognostant te solum Deum verum et quem misisti Jesum Christum.* Quiconque n'a pas connu le Père, seul vrai Dieu, et son Fils Jésus-Christ n'a pu avoir part à la vie. « *Potest fieri ut vel iis qui in lege sunt, si quis persuasione quidem communitus Christo non credit, operetur tamen quod bonum est, justitiam teneat, misericordiam diligat, castitatem et continentiam servet, modestiam lenitatem que custodiat, atque omne bonum operetur. Hic etiamsi vitam non habeat æternam, quia credens soli vero Deo, non credidit et Filio Jesu Christo quem misit, tamen gloria operum ejus, et pax et honor poterit non perire, sed et græcus, id est, gentilis qui cùm legem non habeat ipsi sibi est lex, ostendens opus legis scriptum in corde. suo, et naturali ratione immotus, sicut videmus nonnullos in gentibus, vel justitiam teneat, vel castitatem servet, vel prudentiam, temperantiam modestiam que custodiat, iste licet alienus a vitâ videatur æternâ, quia non*

credit Christo, et intrare non possit in regnum cœlorum,
quia renatus est ex aquâ et spiritu, videtur quod per hœc
quæ dicuntur ab apostolo, bonorum operum gloriam et hono-
rem perdere penitùs non possit ».

L'Eglise ne parle pas autrement encore aujourd'hui.
Elle dit que la loi naturelle sera la base du jugement de
ceux, qui n'ont pas connu le Christ. Il peut y avoir des
sauvés parmi ceux qui n'ont pas les lumières de la foi.
Origène ne dit pas d'eux : « Ils méritent la vie éternelle ;
mais ils ne perdent pas complètement, selon lui, la gloire
de leurs bonnes œuvres. Il leur sera plus difficile de se
sauver ; mais leur honnêteté privée et leur bonne foi, ne
sauraient être rejetées par Dieu ». Loin d'infirmer la nécessité de la grâce, ce passage nous la montre absolument
nécessaire, même pour un commencement de bien. Telle
n'est pas là doctrine que le Syrien Rufin (1) portait à
Rome vers 400 sous le pape Anastase. Ce disciple de Théodore de Mopsueste égalait son maître en duplicité. Aussi
habile que lui à cacher ses vrais sentiments, il sut s'avan-
cer assez pour faire des victimes, pas assez pour se com-
promettre. Mais sa doctrine ne faisant pas des progrès
suffisamment rapides au gré de ses désirs, il chercha
quelqu'un d'opiniâtre pour être le défenseur de sa théorie. Le ciel le servit à souhait en lui donnant Pélage.

III

Si quelqu'un avait peu étudié Origène, c'est bien le moine
breton, et il se recommande toutefois d'Origène. Il était à
Rome, en compagnie de Rufin, quand vers l'an 405, il se
mit à nier la nécessité de la grâce et à prétendre que l'homme
pouvait parvenir au salut par ses propres forces et par le bon
usage de sa biberté. Il niait donc le péché originel, car Adam,
disait-il, avait été créé par Dieu dans l'état de déchéance
où nous nous trouvons. La maladie, les misères de la
vie et finalement la mort sont les compagnes que Dieu nous
a données. Ceux qui meurent sans avoir reçu le baptême ne

_____

(1) Il ne faut pas le confondre avec le prêtre d'Aquilée, antagoniste de saint Jérôme.

laissent pas d'avoir part à la récompense éternelle. Comme conséquence, le péché n'avait pas affaibli notre volonté et par les seules forces naturelles, sans la grâce, nous pouvions triompher de toutes les tentations, éviter le péché et observer les commandements de Dieu (1).

Telle est en résumé cette erreur monstrueuse, qui renversait l'économie de l'Incarnation et de la Rédemption. Car, l'homme pouvant se sauver par ses seules forces, on ne voit pas bien la nécessité de la venue du Messie ; dans tous les cas, les effets de l'Incarnation sont bien limités.

La doctrine de l'Eglise est en contradiction formelle avec celle de Pélage, car nous admettons la nécessité absolue de la grâce et de l'Incarnation ; même après l'acte rédempteur, la grâce nous est nécessaire pour triompher de nos ennemis. Issus d'Adam, et pécheurs comme notre premier père, nous tomberions, si Dieu n'était là veillant sur nous, nous fortifiant et nous prémunissant contre le mal.

Telle est l'affirmation de la foi opposée à la négation de Pélage, de Célestius, de Julien d'Eclane et de Théodore de Mopsueste. Célestius condamné à Carthage, l'an 412, par Aurèle, primat d'Afrique, en appelle au pape Innocent Ier. Chassé d'Afrique, il se rend à Ephèse, où il se fait ordonner prêtre ; de là, il va à Constantinople, d'où il se fait chasser par Atticus.

Pendant que Célestins travaillait sur les confins de l'Asie, Pélage agissait en Palestine. Accusé par Paul Orose au concile de Jérusalem, il échappe à une condamnation, grâce à une profession de foi orthodoxe. A Diospolis, il désavoue les assertions de son disciple, pallie la fausseté de sa doctrine, et comme ses accusateurs Paul Orose, Héros d'Arles et Lazare d'Aix n'étaient pas là, il réussit encore une fois à passer pour orthodoxe.

Saint Augustin et saint Jérôme ne se méprenaient pas sur la comédie jouée par le serpent breton ; aussi l'évêque d'Hippone, ayant reçu l'invite de travailler à extirper une hérésie, qui, pour se ménager la faculté de se propager par l'enseignement, simule le repentir et le désaveu, demanda-

---

(1) Huguet, de peccato orig. c. XIV. XIII. Gelase Epist. VI cap. VI. p. 330. Mansi VIII 591 et suiv.

t-il la convocation d'un concile à Carthage. Soixante sept évêques réunis écrivirent une lettre synodale au souverain pontife (1) :

« A notre bienheureux Seigneur et très honoré frère Innocent Aurèle et les autres évêques assemblés en Concile à Carthage.

« Pendant que nous étions réunis dans l'Eglise de Carthage afin de traiter de différentes causes, le prêtre Orose nous a remis de la part d'Héros et de Lazare, nos frères et collègues dans le sacerdoce, des lettres que nous croyons devoir joindre aux nôtres. Nous avons appris l'erreur que répandait Pélage et Célestius et nous l'avons anathématisée. Sur ce, nous avons demandé communication des décisions prises cinq ans auparavant contre Célestius. Ces actes, comme pourra en juger votre sainteté par les pièces ci-jointes, sont clairs et précis. Un jugement épiscopal a condamné cette erreur préjudiciable à l'Eglise. Nous avons décrété que les auteurs de cette hérésie, bien que Célestius ait été ordonné prêtre depuis, seront personnellement excommuniés s'ils ne renoncent à leur erreur... Ces novateurs, sous prétexte de défendre le libre arbitre, l'exaltent au point de ne laisser aucune place à la grâce divine... ils affirment que la grâce consiste dans la puissance qu'a l'homme, par sa nature, d'observer la loi divine par ses seules forces... Quant à la grâce, par laquelle nous sommes chrétiens, et, que prêche l'apôtre dans son épître aux Romains VII. 22, ils ne veulent pas la reconnaître ; ils la combattent même ouvertement; car, disent-ils, pour accomplir la justice et observer les commandements de Dieu, notre seule nature suffit. Aveugles qui ne savent pas lire les textes formels de l'apôtre : *Spiritus adjuvat infirmitatem nostram ; nam quid oremus, sicut oportet, nescimus ; sed ipse spiritus postulat pro nobis gemitibus inenarrabilibus.* (2) *Igitur non volentis neque currentis, sed miserentis est Dei* (3). Et ces autres : *habentes autem donationes secundùm gratiam quæ data est nobis, differentes* (4). *Gratiâ Dei sum id quod sum.* (5)

(1) Apud saint Augustin epistola 175ᵉ. Lettre de saint Jérôme à Augustin.
(2) Ad Rom. c. VIII. 426.
(3) Ad Rom. IX. 4 16.
(4) Ad Rom XII. 4 6.
(5) Ad Cor. V. 10 et XV. 57.

« Si nous voulions recueillir tous les témoignages en faveur de la nécessité de la grâce, nous n'en finirions pas et nous aurions peur de nous montrer irrespectueux envers vous, qui êtes chargé d'enseigner du haut de la chaire apostolique. Nous le faisons, parce dans les contrées où nous sommes chargés de prêcher la parole de Dieu, notre silence nous a attiré, de la part des sectaires, de fréquentes et insolentes attaques.

« Si donc d'après les actes d'une assemblée tenue, dit-on, en Orient, votre Révérence trouve que Pélage aurait été justement absous, nous ne dirions rien de son cas; mais pour l'erreur impie qui suscite tant de difficultés et trompe tant d'âmes, elle doit être frappée par le siège apostolique. Car que peut-il y avoir de plus préjudiciable à la foi que cette conséquence de l'erreur; nous ne devons pas demander, ni de ne pas succomber à la tentation, ni de ne point défaillir dans la foi. Or Jésus-Christ dit le contraire dans son oraison et dans la prière qu'il fait pour saint Pierre... Les novateurs nient l'efficacité des prières que nous faisons pour le peuple afin qu'il mène une vie sainte et agréable à Dieu. Nous nions, disent-ils, le libre arbitre, quand nous demandons ce qui est en notre pouvoir. Ils nient la nécessité du baptème des enfants, doctrine homicide qui les précipite dans la mort éternelle, sur la fausse promesse qu'ils obtiendront sans lui la vie éternelle... Ils nient donc le péché originel. En eux, il n'y a rien de vicié, rien qui les tienne captifs sous l'empire du démon. Le Christ n'est pas mort pour eux, puisqu'ils n'ont pas péché. Célestius lui-même a confessé par écrit que la rédemption s'applique aux enfants. Mais ses disciples le nient; aussi à supposer que Célestius et Pélage reviennent de leur égarement, faudrait-il anathématiser cette doctrine, afin de couper court à l'erreur de ceux qui soutiennent que la nature humaine peut se suffire à elle-même pour éviter le mal et pratiquer les commandements de Dieu... »

Tels sont en partie les actes par lesquels le concile de Carthage demandait à Innocent de porter un jugement. La sentence de ce concile fut sanctionnée par le pape et renouvelée en 416 dans le concile de Milève auquel assistèrent soixante et un évêques de la province de Numidie.

Voici la réponse d'Innocent 1er : « Lorsque suivant

les usages de l'antique tradition et les règles canoniques,
vous nous avez consulté sur les questions qui inquiètent
votre sollitude pastorale, nous avons vu d'après les actes
du concile tenu à Carthage, que votre religion est éclairée;
tout est fondé et néanmoins, malgré vos justes griefs, vous
avez tenu à vous en référer au siège apostolique, à celui qui
tient la place de l'apôtre, à celui d'où dérive l'épiscopat et
toute autorité.

« A l'exemple de Pierre nous saurons condamner ce qui sera
repréhensible et approuver ce qui sera louable». Après avoir
affirmé la doctrine qui établit le pape juge de la foi, le pontife loue les évêques de leur zèle pour la défense des intérêts
de la religion et, passant à l'étude de l'erreur, il y voit une
inconséquence et une ingratitude ; car attribuer à Dieu
notre existence physique, et à nous notre bonté morale,
c'est ne pas vouloir reconnaître les bienfaits de Dieu ; c'est
nier en outre la lettre et l'esprit des écritures. Le pape
porte donc cette sentence en forme de conclusion : « *Quis-
quis ergo huic assentiens videtur esse sententiæ, quâ dicat
adjutorio nobis non opus esse divino, inimicum se catholicæ
fidei, et Dei beneficiis profitetur ingratum.* » En conséquence,
il frappe Pélage, Célestius et leurs adhérents, ces perturbateurs qui travertissent le Saint Evangile.

IV

L'affaire était jugée. Pélage n'avait qu'à se soumettre. Son
premier soin, en apprenant la sentence qui le condamnait,
fut de députer Célestius à Rome. Innocent venait de mourir et Zozime lui avait succédé.

L'habile faussaire lui remit une profession de foi très
explicite sur les dogmes qui n'étaient point mentionnés
dans la lettre du pape aux évêques d'Afrique, mais très
vague sur les articles de la grâce et de la Rédemption.
Il regardait ces questions comme des arguments spécieux
de philosophes plutôt que comme des questions de foi. En
parlant de la grâce, disait-il, je n'ai pas envisagé le dogme
et je me soumets au jugement du pape. Pressé par Rome
de condamner l'erreur, il ajoutait : « Je condamne tout
selon le décret de votre prédécesseur Innocent ».

De son côté Pélage était recommandé à Zozime par
Praïlus, patriarche de Jérusalem, qui lui faisait tenir de la
part de l'hérésiarque une profession de foi si ingénieuse-
ment faite qu'on ne pouvait l'accuser d'erreur (1). Il la ter-
minait ainsi : « Telle est la foi, bienheureux pape, que nous
avons apprise de l'Eglise catholique et que nous gardons
jusqu'à ce jour. S'il s'y est glissé quelque chose de faux ou
de peu précis, redressez-nous, nous vous le demandons,
car vous êtes le maître de la foi et le successeur de Pierre.»

Le pape favorablement impressionné écrivit donc aux
évêques d'Afrique : « L'importance de l'affaire qui nous est
soumise demande de nous une enquête approfondie, car nous
devons veiller à maintenir la balance égale. Le prêtre Célestius s'est présenté à notre tribunal ; il est venu s'y justifier
des accusations précédemment portées contre lui. Malgré
les occupations multiples, qui absorbent notre sollicitude
pastorale, nous n'avons pas voulu différer un seul jour de
l'entendre. Le lieu de la réunion fut choisi dans la basilique de Saint-Clément. Introduit en notre présence, il fit lire
devant nous la profession de foi orthodoxe qu'il avait signée
d'avance et que nous vous transmettons. Nous lui avons
demandé à plusieurs reprises si cette déclaration catholique
répondait à sa véritable pensée, s'il croyait réellement de
cœur les formules qu'il avait sur les lèvres, et devant ses
réponses affirmatives, nous l'avons absous. Dieu seul peut
lire au fond des consciences, lui seul peut savoir au juste
ce qu'il y a de vrai dans ses protestations ! une circonstance
éveille en nous des soupçons en sens divers. Célestius
avoue n'avoir jamais parlé d'erreurs dogmatiques et se dit
victime de Héros et de Lazare. Depuis, Héros aurait exprimé
son regret de s'être laissé surprendre par des propos malveillants. Il y aurait donc lieu d'examiner la situation de ces
deux évêques afin de savoir si leurs accusations contre des
absents pouvaient être admises. Héros et Lazare ont été
intronisés à la suite de brigues et malgré la résistance du
clergé et du peuple. Depuis, ils se sont démis et le Saint Siège
leur a retiré tous pouvoirs ; ces deux évêques accusent
d'hérésie un prêtre, qui vient se disculper devant nous en

_____

(1) Voir saint Augustin. t. X ad append. part. II.

faisant une profession de foi explicite de catholique et demander d'être mis en présence de ses accusateurs. Je ne veux rien précipiter ; je ne veux me prononcer qu'après contrôle des assertions de Célestius. Ceux donc, qui persistent à croire que cette rétractation n'est pas sincère, devront se présenter devant nous avec les preuves à l'appui dans l'intervalle canonique de deux mois » (1).

Cette lettre fut bientôt suivie d'une missive. Le Pontife annonçait qu'il venait de recevoir de Praïlus, successeur de Jean sur le siège de Jérusalem, des lettres dans lesquelles le prélat se portait garant de la bonne foi de Pélage. Il annonçait également l'adresse par ce moine d'une rétractation orthodoxe. « J'ai fait lire ces documents dans une réunion publique des prêtres de Rome. Que n'avez-vous pu, vénérables frères, assister à cette séance ! Quelle joie ! Quelles actions de grâces vous auriez rendues avec nous pour cette rétractation si inespérée ! On gémissait de la calomnie qui avait atteint ces enfants soumis de l'Eglise. Pélage, je le crains, aura été gratuitement diffamé auprès de vous par Héros et Lazare.

« Ce dernier dont la calomnie paraît être le métier de prédilection, était encore simple prêtre quand il poursuivait déjà avec acharnement devant les synodes d'Italie et des Gaules, Brixtio évêque de Tours. A Turin, à la requête de Proculus de Marseille, il a été solennellement flétri comme calomniateur. Plus tard, Proculus fut forcé par Constantin de conférer l'épiscopat à ce prêtre indigne nommé à l'archevéché d'Aix malgré l'opposition des fidèles. Lazare fut ainsi porté sur un trône souillé du sang de son légitime titulaire. Après la mort du tyran, cet évêque prit le parti d'abdiquer ; il a donc condamné ainsi sa propre intrusion.

« L'élévation de Héros au siège d'Arles est semblable en tous points ; ce sont les mêmes violences de la part du tyran ; nous y trouvons des émeutes populaires, massacre de fidèles, exil de prêtres, intrusion soutenue par la terreur et enfin, c'est le même dénouement. Serait-il étonnant que de tels hommes eussent essayé contre Pélage du système de la calomnie dès lors qu'ils ont voulu employer

(1) Patrol. lat. t. XX. col. 649-654.

ce moyen contre le saint évêque Brixtio ? En tout cas, le moine breton et Célestius, l'un en personne, l'autre par écrit, ont fait des instances auprès de nous, demandant à prouver leur innocence. Pourquoi Héros et Lazare ne comparaissent-ils pas ? Où se cachent-ils ? Qu'ils viennent soutenir le bien fondé de leurs accusations ! Si les accusateurs se désistent, la procédure tourne à l'avantage des accusés !.. » (1)

V

Cette lettre du pontife était très sage. Au fond, la procédure n'avait pas été observée comme le veulent les canons. Les accusateurs ne s'étaient pas présentés et les accusés n'avaient pas été entendus. A Diospolis, Pélage est condamné après lecture d'un livre qui lui était attribué par Timase et Jacques ; mais les accusateurs, non plus, ne s'étaient présentés. Le pape avait le droit de se montrer sévère et de n'accepter qu'avec réserve les accusations contre le moine breton. Il ne condamne pas la conduite de son prédécesseur, car l'anathème lancé par Innocent était fondé sur le bruit qui se faisait autour de cette doctrine ; mais dans les circonstances présentes, y avait-il lieu d'attribuer ces erreurs à Pélage et à ses disciples, c'est ce que se demande le pontife. L'hérésiarque se rétractait, il niait même toute participation à l'erreur. Il importait donc de suspendre la sentence et d'attendre de nouveaux éclaircissements.

Les évêques africains ne furent pas très contents, cela va s'en dire, car la lettre du pape paraissait les accuser de précipitation. Les évêques de cette contrée, au nombre de cent quatorze, se réunirent à Carthage et ils envoyèrent au pontife une lettre synodale dans laquelle ils formulaient le canon suivant : « La sentence portée par Innocent contre Pélage, nous le déclarons, subsistera dans toute sa rigueur jusqu'à ce qu'il confesse ouvertement que la grâce de Jésus-Christ nous aide, non seulement à connaître, mais à pratiquer la justice en chacune de nos actions ».

---

(1) Migne. Patrol. lat. t. XX, col. 653 et 654.

Ces évêques pensaient que Zozime s'était laissé séduire, aussi demandaient-ils, non pas seulement l'adhésion de Célestius au décret d'Innocent, mais une rétractation détaillée des propositions émises par lui en Orient. Ils mettaient le pape au courant des subterfuges invoqués par ces fourbes, afin d'échapper à un jugement. Un peu étonné de cette opposition qui lui était faite par l'épiscopat africain, le pape répondit qu'il appartenait au Saint Siège de trancher en vertu de son autorité apostolique toutes les difficultés ! « Nul, ajoutait-il, n'a le droit de réformer le jugement de Pierre. » Ensuite, comme il importait de bien fixer les intentions de l'Eglise, Zozime concluait : « Vous avez interprété, nous le voyons notre précédent rescrit dans le sens d'une approbation donnée à Célestius, comme si nous avions ajouté foi à chacune de ses paroles. Il n'en est rien ! Nous n'avons rien changé à la décision doctrinale de notre prédécesseur dans le jugement qui doit être porté sur la question de fait en ce qui se rapporte à Pélage ! »

Plus tard, et c'est saint Augustin qui se porte garant du fait, le pontife condamna Pélage : *Post rescripta quippe Africani concilii, in quam provinciam quidem doctrina illa pestifera serpendo pervaserat, sed eam non tam latè occupaverat alteque perverat, alia quoque ipsius in urbe Romà ubi diutissimé vixerat, atque in his fuerat prius sermonibus contentionibusque versatus, cura fidelium fratrum prolata patuerunt, quæ littéris suis quas conscripsit per orbem catholicum perferendas,. Papa Zozimus execranda, sicut legere potestis, attexuit* (1).

D'après saint Augustin ces lettres du pontife seraient venues à la date de 418, c'est-à-dire, vers le mois de mai, à l'époque où se tenait un concile de deux cent vingt-quatre évêques des provinces d'Afrique. Sur ces entrefaites, le pape instruit des intrigues de la secte pélagienne, s'apprêtait à frapper les coupables, qui se dérobèrent une fois de plus en prenant la fuite. Le pape fit donc paraître son encyclique doctrinale et demanda aux évêques de vouloir bien la signer (2).

---

(1) De peccato originali cap. XXI.
(2) Le Beau t. VI. p. 499.

Dix-huit évêques de la Haute-Italie, entre autres Julien d'Eclane, s'y refusèrent. Ils en appelaient à un concile œcuménique. Zozime les déposa ; malgré leur appel, il fut approuvé par saint Augustin. « Qu'est-il besoin, disait-il, d'assembler un concile pour juger une doctrine manifestement perverse ? L'hérésie n'a-t-elle jamais été proscrite que par un concile général ? une condamnation a rarement nécessité la convocation de l'Eglise entière ; que d'erreurs, en nombre incomparablement plus grands, ont été jugées et condamnées au lieu même de leur naissance, et, de là, signalées pour être rejetées de toute la terre ! » (1)

Les appelants composèrent un corps de doctrine où ils palliaient adroitement leurs erreurs. Cet écrit, qui calomniait les Catholiques et les accusait de manichéisme, fut répandu un peu partout à la faveur des troubles suscités par l'élection de Bonifacius (2). Le nouveau pontife fut mis en garde contre ces novateurs. L'audace de l'hérésie ne lui servit qu'à se faire proscrire de Rome et de l'Italie. Néanmoins cette erreur se répandit jusqu'en Angleterre, car le pape Célestin dut envoyer saint Germain d'Auxerre, et saint Loup de Troyes afin de faire revenir les Bretons de cette erreur. Le concile d'Ephèse 431 lui porta en la condamnant un coup dont elle ne devait pas se relever.

---

(1) Aug. contra Pelage, l. IV. n. 31.
(2) Voir t. VII, p. 598. Les lettres à Boniface.

CHAPITRE V

PROGRÈS DU PÉLAGIANISME EN FRANCE. NESTORIANISME.

I

L'erreur grossière de Pélage heurtait trop de front les sentiments chrétiens pour avoir chance de vivre longtemps, elle disparut bien vite pour faire place à une doctrine plus tempérée, qui exaltait l'indépendance de l'homme à l'égard de la grâce. Elle tenait le milieu entre la doctrine parfois exagérée de saint Augustin et l'erreur du moine breton. Les semi-pélagiens admettaient le péché originel, la nécessité de la grâce ; le seul point qui les divisait des catholiques, c'est que la grâce n'était pas un don purement gratuit, puisque d'après eux, Dieu l'accordait après une bonne action. Les commencements de la foi n'étaient pas un fruit de la grâce. En outre, ceux qui avaient été régénérés ou qui étaient élus n'avaient pas besoin de la grâce pour persévérer.

L'église, en tranchant les questions pendantes, ne s'était pas préoccupée des détails ; certaines données plus ou moins obscures avaient été laissées en suspens. Saint Augustin voulut déterminer dans une lettre adressée à Sixte toute la doctrine professée par les Pères. Les moines origénistes du couvent d'Adrum s'élevèrent contre cette prétention. *In dubiis libertas* ! Or, le docteur s'était servi de quelques expressions outrées, qui étaient la négation de la liberté humaine. Saint Augustin amené à s'expliquer, le fit dans une lettre adressée à Valentin. Les moines satisfaits de cette réponse firent le silence.

Mais il n'en fut pas de même en Gaule où des moines pieux et savants, qui vivaient dans les îles de Lérins, s'élevèrent contre la doctrine du docteur africain.

Le supérieur de cette communauté d'ermites, sollicité par saint Léon d'écrire un ouvrage contre Nestorius, fit paraître vers 430 son traité de l'Incarnation. Se préoccupant fort peu des idées spéculatives et voulant livrer à ses enfants une œuvre de spiritualité, Cassien avait cherché à concilier la grâce avec le libre arbitre. La volonté ou le désir de la perfection étant nécessaire au salut, il crut pouvoir imputer au libre arbitre, au moins dans certains cas, le commencement du salut et la persévérance finale.

Ne demandons pas à un chercheur une précision mathématique dans les termes. Rien n'était encore bien fixé : que de points du dogme restaient à explorer ! Comme un pionnier, Origène a creusé son sillon, il a donné quelques conclusions qui reposaient non sur des principes, mais sur de simples conjectures ; c'était son droit, et sa qualité de fouilleur aurait dû désarmer ses ennemis.

Ne cherchons donc pas dans ce Père ce que nous ne saurions y trouver. Comme un astre il a brillé un instant au firmament de l'Eglise ; il lui fut donné à une heure de crise. Il dut se hâter de produire. Comme un soldat toujours armé, il frappa de droite et de gauche, afin de défendre contre le philosophisme, sa foi attaquée. Il a jeté un grand éclat sur cette terre d'Afrique si florissante dans les âges chrétiens. Il a touché à tout sans avoir la prétention de nous donner le dernier mot sur toute vérité. La voie qu'il ouvrait, d'autres l'ont suivie avec plus de profit, c'est-à-dire, en tirant des conclusions plus stables ; ils ne l'ont pas suivie avec plus de gloire et de sincérité !

Venait ensuite l'économie du salut. Cassien entendait par ce mot la croyance de l'homme à la divinité de Jésus-Christ. En fait, c'est sur Lui que repose notre espérance de salut. Mais la seule complaisance dans cet espoir suffit-elle à nous sauver, c'est une question assez délicate ? Le savant, à vrai dire, croyait au changement de cette complaisance en désir, aspiration. L'homme ayant le sentiment de sa faiblesse se tournait vers Dieu, l'implorait et lui demandait sa grâce.

Inutile de nous attarder à faire ressortir les inconséquences de cette doctrine, ce n'est pas notre but. Durant la vie de Cassien, nul n'attaqua son ouvrage : mais on n'ob-

serva pas la même réserve après sa mort. Peut être ce
moine avait-il eu le grand tort de trop louer tous les
Alexandrins. En effet, dans ses livres 6e et 7e, il fait l'éloge
d'Hilaire de Poitiers : « C'est le maître des Églises, dit-il,
un prélat orné de toutes sortes de vertus et de grandes
qualités, et aussi célèbre par son éloquence que par la
sainteté de sa vie : c'est un rocher toujours immobile au
milieu des tempêtes des persécutions ! »

Il ne ménage pas en passant l'éloge à saint Jérôme ; sa
réserve est plus que froide en parlant de saint Augustin.
Mais il est pathétique quand il parle à l'Eglise de Constantinople et que les noms de saint Jean Chrysostôme, de
saint Grégoire se trouvent sur ses lèvres : « O vous tous
mes concitoyens par la patrie et mes frères par la foi, habitants de Constantinople, séparez-vous de Nestorius... Souvenez-vous de vos anciens maîtres, ces grands évêques !
de Grégoire de Nazianze, dont le nom est célèbre par
tout l'univers, de Nectaire si renommé par sa sainteté ; de
Jean Chrysostôme, admirable par la pureté de sa foi, qui,
semblable à Jean l'évangéliste, apôtre et disciple du Maître,
s'est reposé sur le sein de Jésus. Souvenez-vous de ce
Père si tendre, suivez ses exemples ; rappelez-vous sa foi,
sa saine doctrine, sa sainteté... »

Cassien était mort le 28 août 430, ses disciples, tous
adversaires de saint Augustin, propagèrent ses écrits en
les amplifiant. Sans s'apercevoir qu'ils allaient ternir l'éclat
de cette mémoire, ils y ajoutèrent quinze propositions plus
ou moins erronées touchant la prédestination. Ils disaient :
« Entre la foi et les bonnes œuvres, la différence consiste en
« ceci : comme la foi s'acquiert par les forces naturelles,
« Dieu la connaît simplement d'avance ; les bonnes œuvres,
« au contraire, étant opérées avec le secours d'en haut,
« Dieu ne les connaît pas seulement d'avance, il les déter-
« mine. La foi, selon eux, ne tombe point sous la prédes-
« tination, mais sous la prescience divine. Les Marseillais,
« aussi bien que saint Augustin et les catholiques, admet-
« taient une prédestination à la grâce et à la béatitude ;
« mais tandis que les catholiques considéraient la foi elle-
« même comme une grâce et comme faisant partie de la
« prédestination à la grâce, les Marseillais soutenaient le

«contraire, précisément parce qu'elle n'était pas une grâce »(1).

Nous n'insisterons pas sur cette question de la prédestination ayant eu l'occasion d'en parler en exposant la doctrine d'Origène (2).

Saint Augustin ne se doutait pas du bruit qui se faisait en Gaule autour de son nom. Les deux disciples Prosper et Hilaire, deux origénistes, par leurs tendances, parèrent les premiers coups de leurs adversaires. Le maître fut bientôt averti et en 429, il répondit par deux écrits où il essayait de gagner les partisans de Cassien. Le docteur les considérait comme des frères dont il avait du reste partagé l'erreur. Il fait voir comment la foi est un don de Dieu ; comme le dit l'Ecriture, elle nous est donnée sans aucun mérite de notre part. Loin de punir les hommes et de les damner aussi facilement, Dieu les avertit souvent !

Cette magnifique réponse devait rester sans résultat. Du reste, saint Augustin mourait sur ces entrefaites. Prosper ne pouvait laisser bafouer son maître, aussi n'omit-il rien pour confondre ses calomniateurs. Sa réponse est digne de son maître. Après avoir repoussé le fatalisme, contraire, disait-il, à la doctrine païenne, il émet la véritable doctrine touchant le salut : « Celui qui s'éloigne de Jésus-Christ et qui meurt

---

(1) Hergenræther t. II, p. 187.

(2) Voici les articles attribués à Augustin et répandus en Gaule :

I. — En vertu de la prédestination, les hommes pèchent fatalement et sont condamnés à la mort. II. — Le baptême n'efface pas le péché originel dans ceux qui ne sont pas prédestinés à la vie. III. — La vie sainte et juste ne sert de rien à ceux qui ne sont pas prédestinés à la vie. Ils sont réservés jusqu'à ce qu'ils tombent et périssent, et ils ne sont pas enlevés de ce monde sans qu'ils soient tombés.

IV. — Tous les hommes ne sont pas appelés à la grâce. V. — Tous ceux qui sont appelés ne le sont pas également ; les uns sont appelés à croire, et les autres à ne pas croire. VI. — Le libre arbitre ne fait rien dans les hommes. C'est la prédestination divine qui agit en eux, soit pour le bien soit pour le mal.

VII. — Dieu refuse la persévérance à quelques-uns de ses enfants régénérés dans le Christ et qui ont la foi, l'espérance et la charité ; il la leur refuse parce qu'ils n'ont pas été séparés de la masse de perdition par sa prescience.

VIII. — Dieu ne veut pas le salut de tous ; mais seulement d'un certain nombre.

IX. — Le Seigneur n'est pas mort pour tous les hommes.

X. — Certains hommes de par la volonté de Dieu ne reçoivent pas le bienfait de l'évangile, car ils pourraient se sauver par cette prédication.

XI. — Dieu par sa puissance contraint les hommes au péché.

XII. — Dieu ôte sa grâce á des justes qu'il avait appelés et qui cessent de lui obéir.

XIII. — Certains hommes n'ont pas été créés pour la vie éternelle, mais pour servir d'ornement ici-bas et être utiles aux autres.

XIV. — Ceux qui ne croient pas à l'évangile sont incrédules par la prédestination de Dieu, car il a fait un décret pour les empêcher de croire.

XV. — La prescience et la prédestination sont la même chose.

sans être en état de grâce, s'en va à la perdition ; mais les péchés remis, ne revivent pas et il ne saurait être condamné pour le péché originel. Il sera condamné d'après les péchés commis. Dieu n'ignorait pas cela; mais il ne l'a ni choisi, ni prédestiné ».

« Le pécheur n'a pas été abandonné, c'est lui qui a abandonné Dieu, et quand il a eu abandonné son Maître, celui-ci l'a délaissé.

« La grâce de Dieu peut être augmentée en nous par le libre arbitre, mais avec l'aide du ciel ; nous ne sommes donc pas portés par la nécessité vers le bien ou le mal.

« Dieu prend soin de tous ; il n'est personne qui ne soit averti ou par la prédication de l'Evangile, ou par le témoignage de la loi, ou par la conscience. (1) »

II

Ces efforts de Prosper ne devaient pas aboutir. De plus en plus les erreurs de Pélage faisaient des ravages en Gaule, saint Hilaire ne trouva de solution que dans l'intervention du pape. Il partit pour Rome afin d'avertir Célestin ; aussitôt le pontife écrivit aux évêques de la Narbonnaise :

« Nos chers fils Prosper et Hilaire sont auprès de nous. Vous connaissez leur zèle à défendre la cause de Dieu. Or, ils nous ont averti que dans vos provinces certains prêtres brouillons, en vue de troubler la paix de l'Eglise, se permettent d'agiter certaines questions indiscrètes. Vous deviez leur interdire de discuter, pourquoi ne les empêchez-vous pas ? Le disciple n'est pas au-dessus du Maître : et l'enseignement appartient aux évêques, comment la vérité pourrait-elle subsister si les maîtres se taisent et si les ignorants parlent. Seriez-vous de connivence avec eux ? ce soupçon serait légitime. Réprimez donc ces prêtres ; ils ne doivent pas parler comme il leur plait... qu'ils cessent de troubler la paix des Eglises... ils n'ont pas le droit de s'ériger en juges de la doctrine... » Réfutant ensuite les calomnies répandues contre saint Augustin, le pontife ajoute : « Augustin, de sainte mé-

---

(1) Jager t. I, p. 407, et 409.

moire, a toujours été dans notre communion pour ses mœurs et ses mérites, et jamais ni bruit, ni soupçon désavantageux n'a terni sa gloire, ce prélat était si estimé de nos prédécesseurs qu'ils l'ont regardé comme un des meilleurs maîtres. Il a été aimé et honoré de tous » (1).

Cette lutte savante et purement intellectuelle devait durer près d'un siècle. Le savant cardinal Sadollet a réussi à poser admirablement la question : *Sunt enim in ipso, de quo loquimur, doctissimo Sanctissimo que doctore Augustino prorsùs manifesta, quæ in illam extremam et remotissimam sententiam se contulit; nec tamen, si non consentio cum Augustino, idcirco ab Ecclesiâ catholicâ dissentio : quæ, tribus tantùm Pelagii Capitibus improbatis, cœtera libera ingeniis et disputationibus reliquit.*

On pourrait donc discuter longuement sur ces questions sans jamais s'entendre ; aussi nous paraît-il ridicule d'avoir voulu mêler le nom du docteur Alexandrin à toutes ces considérations spéculatives. Le pleuple, plus sage, resta en dehors de toutes ces querelles.

Vers 475, Lucide donna une plus grande extension à l'erreur jusqu'au jour où, sur le conseil de Fauste de Riez, il se rétracta à Arles. Fauste, qui venait de triompher du prédestinatianisme, soutenait que l'âme des anges et des hommes était corporelle. Il tombait donc dans l'erreur attribuée à Origène. Un prêtre de Vienne, Claudien Mamert le combattit avec succès : mais les moines de Scythie, furieux de voir battue en brèche une de leurs croyances, répondirent à la défense de Claudien en 493 ; puis l'année suivante, ils s'adressèrent au pape Gelase pour avoir son opinion au sujet du livre de Fauste. Le pontife fit une réponse dilatoire ; « il disait que l'auteur n'étant pas un Père de l'Eglise, ses écrits n'avaient pas d'autre autorité que celle d'un vulgaire écrivain. » En 520, les moines questionnèrent encore le pape Hormisdas et en obtinrent la même réponse. Rome refusait donc de se prononcer au sujet d'Origène. Le pape ne condamna pas Fauste, qui prétend s'appuyer sur le docteur d'Alexandrie. Les moines furieux envoyèrent les écrits de Fauste aux évêques d'Afrique exilés en Sardaigne. Saint

(1) Epistola XXI ad episcop. Galliæ.

Fulgence partisan de saint Augustin défendit la doctrine
du docteur d'Hippone et attaqua celle de Fauste de Riez,
tout en ménageant les Marseillais.

Une grande agitation ayant été le résultat de ces disputes,
Césaire d'Arles et Avite de Vienne demandèrent au pape
Félix IV de se prononcer. Le Pontife leur envoya une lettre
composée de coupures faites dans saint Augustin, lettre qui
fut lue au concile d'Orange en 529.

Un autre concile, tenu à Valence à la même époque, sanctionna la doctrine du concile d'Orange, et le pape Boniface II,
successeur de Félix, joignit à tous les actes une longue encyclique, qui peut être regardée comme le résumé de cette question du semi-pélagianisme.

III

Dans notre désir de ne pas interrompre notre récit, nous
avons laissé de côté une erreur, qui tient de très près à l'origénisme, d'après les ennemis du docteur. C'est celle de Nestorius, patriarche de Constantinople.

Patroné par la cour, ce moine était arrivé, jeune encore, à
cette dignité. Deux choses le recommandaient, dit-on, à ce
choix : son éloquence, qui rappelait celle des Jean Chrysostôme, des Grégoire, et sa grande piété. Il s'était signalé dans
les premiers temps de son élévation par son zèle à pousuivre
l'erreur. Nous le voyons écrire à Celestin pour lui demander
quelle conduite il doit tenir envers Julien d'Eclane, *Florus
Orontius et Fabius* (1)

Partout il recherche les hérétiques ; un seul échappe à ses
investigations, c'est Pélage.

Un jour l'hérétique se décèle. Nestorius ose affirmer qu'entre
le Verbe et le Fils de Marie il n'y avait qu'une union morale.
D'où il suivait, qu'il y avait deux personnes : une humaine
née de Marie, et l'autre divine ; chaque personne ayant ses opérations incommunicables, il rejetait comme illogiques ces expressions : Dieu est né, Dieu a souffert, est mort et réssuscité !

Dès lors, il n'y avait plus d'incarnation et Jésus-Christ n'était
pas Dieu, mais seulement le récipient de la divinité. « On

---

(1) Patrolog. lat, t. 50, col. 438. et t. 48.

nous demande, disait-il, s'il est permis de donner à Marie le titre de mère de Dieu (Deipara, θεοτοχοσ) ou s'il faut simplement l'appeler mère de l'homme ? Dieu a t-il une mère ? Dans ce cas les païens avaient le droit d'adorer Cybèle, la mère des dieux, et le grand apôtre Paul aurait menti en disant que la divinité du Christ n'a eu ni père ni mère, ni généalogie (1).

En entendant ce blasphème Eusèbe, s'éleva en pleine assemblée des fidèles et reprocha à Nestorius de renouveler l'erreur de Paul de Samosate. Non, reprit alors l'hérésiarque, Marie n'as pas enfanté Dieu. Ce qui est né de la chair reste chair : ce qui est né de l'esprit, est esprit ! On pourra me dire : mais pourquoi adorez-vous le Christ ? à cela je repondrai : je l'adore comme étant le temple et le vêtement de Dieu, J'adore en lui le Verbe caché. Je sépare les deux natures, tout en unissant l'homme dans mon adoration.

Je dis avec Paul : Jésus était hier, il est aujourd'hui, il est aux siècles des siècles !

Saint Cyrille d'Alexandrie, antagoniste aussi actif qu'éclairé, répondit à cette doctrine par ses douze anathèmes (1).

I. — Si quis Emmanuelem Verbum Deum, et ob id sacram virginem « Theotocon esse non confitetur (genuit enim illa incarnatum Dei Verbum secundum carnem), anathema sit.

II. — Si qui sunt qui Dei Patris verbum carni secundum hypostasim unitum, et unum tantum unâ cum suâ carne Christum esse, eumdem ninirum Deum simul et hominem non confiteantur, anathema sint.

III. — Si quis post unionem, hyposthases in Christo distinguit, eaque dumtoaxat conjunctione easdem inter se nectit quœ est secundum dignitatem, vel auctoritatem, vel potestatem, et non ea potius, quœ est secundum naturalem unionem, anathema sit.

IV. — Si quis duabus personis, vel hyposthasibus eas voces attribuit quœ in evangelicis et apostolicis scripturis passim occurrunt, quœve a sanctis de Christo, aut ab ipso Christo de ipso dictœ sunt, et alias quidem homini seorsum a Dei Verbo considerato adscribit, alias verò tanquam in divinam majestatem convenientes soli verbo, quod ex Deo Patre est, accommodat, anathema sit

V. — Si quis dicere audet, Christum non esse Verum Deum, sed hominem tantum Deiferum, ut poté unum naturalemque Filium,

_____

(1) Socrate, Hist. de l'Eglise, Lib. VIII.

quatenus nimirùm Verbum carofactum, carni et sanguini perindé ac nos communicavit, anathema sit.

VI. — Si quis Dei Patris Verbum, Christi Deum, vel Dominum dixerit, neque post Verbum secundum scripturas incarnatum, unum eumdemque Deum simul et hominem esse confessus fuerit, anathema sit.

VII. — Si quis Jesum Christum, hominem tantum, divini Verbi viviactum esse dixerit, aut illustram illam Unigeniti gloriam ipsi homini, veluti alteri cuipiam ab ipso Verbo advenisse commentus fuerit, anathema sit.

VIII. — Si quis Hominem assumptum unâ cum ipso Dei Verbo adorandum, unâ cum illo glorificandum, unâ cum illo tanquam alterum in altero existentem Deum appellandum esse, dicere ausus fuerit, (hunc enim intellectum Particula, cum adjecta perpetuò ac necessariò afferre Consuevit), et non unà potius adoratione Emmanuelem honorat, unamque hactenùs illi glorificationem attribuit, quatenùs Verbum factum est Caro, anathema sit.

IX. — Si quis unum Dominum nostrum Jesum Christum a spiritu sancto tanquam a virtute ab se alienâ Glorificatum dixerit, efficaciam que, quâ contra immundos spiritus uturetur, et divina inter homines miracula operaretur, ab ipso eodem accepisse prœdicaverit, et non proprium naturalemque illius esse spiritum, per quem divina signa edidit, anathema sit.

X. — Si quis ipsam Domini carnem vivicam, ipsiusque Verbi, quod ex parte est; propriam esse negaverit, sed alterius cujuspiam ipsi Verbo secundùm dignitatem tantùm conjuncti, aut divinam tantùm inhabitationem sortiti esse dixerit : neque verè rursùm vivificam, ut modo meminimus, eoquod Verbi, quod omnia vivificat, facta sit propria, confessus fuerit, anathema sit.

XI. — Christum Jesum nostræ confessionnis pontificem et apostolum extitisse, eumdemque semetipsum pro nobis in odorem suavitatis Deo patri obtulisse, divina Scriptura commemorat. Si quis ergo dixerit pontificem et apostolum nostrum non esse ipsum Dei Verbum posteà quam caro et homo nobis similis factum est : sed hominem illum, qui ex muliere natus est quasi alterum quempiam ab ipsâ diversum, aut siquis Christum pro se 'ipso quoque, et non solum pro nobis sacrificium obtulisse, affirmaverit, (neque enim is oblatione opus habebat, qui nullum peccatum commiserat, anathema sit.

XII. — Si quis inficiatur Dei Verbum secundum carnem passum, secundum carnem crucifixum, mortemque secundum carnem crucifixum, mortemque secundum carnem gustasse, et primogenitum

tandem ex mortuis factum esse, quatenùs videlicet vita est, et vivi-
ficum, ut Deus, anathema sit.

Avant de rompre avec Nestorius, Cyrille s'efforça de le
ramener à l'orthodoxie. Il lui écrivit donc une lettre très
digne où tout en lui montrant combien était fausse la voie
dans laquelle il entrait, il lui disait quels services éminents
il pouvait rendre à la vérité par son crédit et son intelligence. A cette tentative d'un ami, l'hérésiarque répondit par
l'insolence. Il fit circuler un libelle diffamatoire où Cyrille
était violemment attaqué. Le patriarche d'Alexandrie, inquiet
de la tournure que prenait le débat, prit sur lui de consulter
Célestin. Il lui écrivit en ces termes :

« Père très saint, je ne puis cacher à votre sainteté les
agitations et les troubles qui nous bouleversent, car je
craindrais d'être accusé d'indolence et de paresse. Le silence
est une bonne chose et on ne court aucun risque de le garder quand les affaires sérieuses de la foi ne sont pas en
jeu. Ainsi on s'assure une vie tranquille et on évite le
tumulte. Mais il est des occasions où tout en restant dans
les limites de la prudence voulue par Dieu, un évêque se
doit de ne pas manquer aux traditions de l'Eglise et d'écrire
aux pontifes quels sont les efforts que tente le démon, cette
bête cruelle et indomptable, pour troubler les églises et
pervertir les peuples. Jusqu'à présent je me suis tu et n'ai
rien communiqué soit à votre paternité, soit à un de mes
frères dans l'épiscopat touchant l'évêque de Constantinople.
J'aurais craint, si je l'eusse fait, d'avoir agi avec trop de
précipitation. Mais puisque les choses s'enveniment, je ne
puis plus garder le silence... Je fais donc tenir à votre sainteté les homélies qui ont été prêchées par cet évêque. Vous
verrez quelle est la qualité de sa doctrine. Un instant, j'ai
eu le désir de l'avertir par des lettres synodales et de me
séparer de sa communion; mais croyant qu'il valait mieux
lui tendre la main pour l'aider à se relever, car il est mon
frère, je n'ai pris jusqu'à présent aucune mesure. Je l'ai
exhorté par lettres à se repentir, à sortir de cette voie; mais
il n'a pas écouté ma voix. Au contraire, il a cherché
à me nuire par tous les moyens... » Il fait ensuite le
récit de l'erreur... puis il continue : « Je dois avertir

votre sainteté que les évêques d'Orient, surtout ceux de Macédoine, n'approuvent point ces rêveries ; ils en sont même choqués et elles les écœurent ; Nestorius le sait et ne s'en inquiète pas ; dans son orgueil, il se croit supérieur à tous et seul en possession du véritable sens de la Sainte Ecriture. S'il voulait rentrer en lui-même, il reconnaîtrait son erreur, car tous, évêques et laïques, nous reconnaissons Jésus-Christ pour Dieu, et la Vierge qui l'a engendré pour mère de Dieu... La contagion se répand de plus en plus et le peuple attend avec impatience le remède que doivent apporter les docteurs catholiques. L'affaire est importante et on ne peut se taire plus longtemps. Caron s'attaque à Jésus-Christ lui-même.

Nestorius a poussé l'audace jusqu'à lancer l'anathème contre nous et nos prédécesseurs qui ont donné à la Vierge le titre de mère de Dieu... A cette lettre, Cyrille joignait ses anathèmes et quelques notes explicatives, qui témoignaient de la parfaite conformité de sa croyance avec celles des Pères.

Célestin s'empressa de convoquer un concile à Rome (430). La doctrine de Nestorius fut déclarée dangereuse. Il envoya au patriarche de Constantinople un rescrit où, en s'appuyant sur saint Ambroise, saint Hilaire et saint Damase, il montrait que Marie était véritablement mère de Dieu.

Il donnait dix jours à Nestorius pour se rétracter par écrit. S'il ne le faisait pas dans ce laps de temps, il était excommunié *ipso facto*.

Célestin écrivait en même temps à Cyrille. Il le félicitait de son ardeur à défendre la foi, il confirmait sa doctrine et ajoutait : « Si Nestorius persiste dans son opiniâtreté, il faudra prononcer contre lui un arrêt de condamnation. Nous vous communiquons donc notre autorité apostolique ; dès lors agissant à notre place, si le patriarche n'a pas anathématisé sa doctrine impie, et ne promet pas de professer la foi de l'Eglise touchant la génération de Jésus-Christ, vous lancerez contre lui l'excommunication et le déclarerez exclu de l'ordre sacerdotal ; vous pourvoirez ensuite à son remplacement sur le siège de Constantinople. » Célestin écrivait dans le même sens à Jean d'Antioche, à Rufus de Thessalonique, à Juvenal de Jérusalem et à Flavien de Philippes.

Le patriarche d'Alexandrie s'empressa de communiquer cette lettre à ses suffragants, puis il écrivit à Nestorius pour lui demander de rétracter ses erreurs. En vain Jean d'Antioche, son disciple et son ami, lui demandait-il de se soumettre, l'hérésiarque ne devait rien entendre.

IV

Au lieu de répondre par un acte de soumission à tous ces efforts, Nestorius aveuglé, s'efforça d'indisposer la cour contre les défenseurs de la foi catholique.

Jean, très attaché à son ancien maître, accusait Cyrille d'être parti en guerre avec sa fougue habituelle. A sa prière, André de Samosate et Théodoret de Cyr examinèrent ses anathèmes et y trouvèrent certaines expressions risquées, comme celles d'union naturelle ou quelques particularités gnostiques et apolinaristes. Théodoret n'admettait pas une union purement morale, comme Nestorius, mais tout en reconnaissant une seule personne en deux natures, il rejetait le terme d'Hypostase.

La doctrine de l'Eglise est celle-ci :

En Jésus-Christ, le Fils de l'homme n'est point personnellement distinct du Verbe, Fils de Dieu (1).

La Sainte Vierge est donc véritablement mère de Dieu puisqu'elle est la mère de Jésus-Christ, qui est Dieu (2).

En vertu de l'union hypostatique, il y a communication des idiomes, c'est-à-dire que les actions, les propriétés des deux natures (divine et humaine), distinctes et intègres, peuvent être attribuées indistinctement à la personne formant un seul sujet (3).

---

(1) — 391.

(2) — 456.

ORIGÈNE. — Jesu Dei esse filius et antequam homo fieret, et post quam homo factus est. (Celse, Lib. III n° 456, p. 938, t. XI).

Anima Jesu et verbum « Primogenitus que omnis creaturæ, duo non sunt. (Celse L. VI, n°ˢ 669, 670, p. 1375, t. XI).

Le terme théotocon ne se trouve pas dans les écrits du docteur; mais le fait seul de faire de Marie une vierge engendrant l'Emmanuel, c'est-à-dire le Dieu avec nous, n'est-il pas le témoignage le plus frappant de son orthodoxie. On peut se reporter à l'exposé que nous avons fait de sa doctrine dans la première partie pour y retrouver les traces des anathèmes de Cyrille.

(3) — 394-670.

Nestorius prétendait appuyer sa doctrine sur Origène ;
mais jamais ce docteur n'a dit qu'il y avait deux Christ.
Partout, il proclame la divinité du Verbe uni hypostatique-
ment à l'humanité. Il croit que Jésus-Christ est Dieu et
homme à la fois en vertu de cette union. Comment aurait-il
pu citer les paroles de saint Jean : *Et verbum caro factum
est* et ces autres : *Sanctum vocabitur quod ex te nascetur
Filius Dei*, s'il n'avait pas été intimement convaincu de la divinité de l'homme Dieu ?

Il dit encore avec saint Paul : « le fils de Dieu est né de
David selon la chair ». Une conclusion s'impose donc : la personne née de Marie est divine ; donc Marie est mère de
Dieu, autrement, il faudrait admettre deux personnes ; mais
alors elles seraient distinctes, et l'homme seul ayant souffert, il n'y aurait plus d'incarnation. Ecoutez Origène vous
dire : « Vous ne trouverez pas parmi les chrétiens même les
plus grossiers quelqu'un qui ose vous dire : la vérité est
morte, la vie a été crucifiée : *vita mortua est*. La divinité
n'est pas morte : *si spectetur Jesus ratione divinitatis quæ
in eo erat, ea quæ ut Deus fecit, sancta sunt, nec ullo modo
Dei notioni repugnant ; quatenùs autem homo erat præ cæteris ornatus summa verbi ipsius et sapientiæ ipsius participatione, passus est ut sapiens et perfectus quæcumque
oportebat pati eum...* (1).

Nous ne parlons pas autrement à l'heure actuelle.

L'erreur, se couvrant d'un manteau d'emprunt, ne désarmait pas, et le pape se vit dans la nécessité de convoquer
un concile auquel il se fit représenter par trois légats : les
évêques Arcade et Projectus, et le prêtre Philippe. Le concile se réunit à Ephèse le 22 juillet 431. Il dura jusqu'au
31 juillet et eut sept sessions.

Théodose s'y fit représenter par les comtes Candidien et
Irénée. Ils avaient l'ordre d'entraver la liberté du concile et
d'éviter à tout prix la condamnation de l'hérésiarque. On
comptait du reste sur son succès, car Cyrille était devenu
suspect aux Orientaux. Le patriarche d'Alexandrie arriva
suivi de cinquante évêques, Nestorius n'en avait que seize ;
mais il comptait sur la force armée.

---

(1) Adv. Celsum L. VII, n° 706, p. 1446, t. XI.

Les légats du pape suivant les instructions qu'ils avaient reçues se rattachèrent à Cyrille ; mais ils ne s'immiscèrent pas pour cela aux débats engagés. Ils étaient juges et modérateurs. Ils s'appliquèrent donc à faire exécuter fidèlement les lois canoniques.

Le patriarche de Constantinople s'étant refusé à comparaître, on le cita trois fois ; mais sa porte étant gardée par les soldats, on ne put lui faire parvenir les citations. Ses écrits furent examinés et condamnés. La sentence était fulminée depuis cinq jours, quand arriva Jean d'Antioche. Les Pères du concile d'Ephèse s'étaient portés a sa rencontre ; ils lui demandèrent de ne pas communiquer avec l'hérésiarque ; mais à peine arrivé à Ephèse, cet évêque réunit un conciliabule des partisans de Nestorius et de Pélage, déposa l'évêque d'Ephèse Memnon pour s'être prêté à la tenue du concile ; saint Cyrille est déposé lui-même comme hérétique et tous les évêques, y compris les légats, sont excommuniés.

Mais les Pères ne se déconcertent pas, et réunis dans l'Eglise dédiée à la Mère de Dieu, ils établissent la foi de l'Eglise en l'Incarnation, en s'appuyant sur le concile de Nicée, les Ecritures et la tradition. L'anathème est de nouveau lancé contre l'hérétique et sa faction.

La sixième session fut consacrée à l'examen d'un formulaire de foi nestorienne. Le concile condamna cette doctrine et il réitera la défense déjà portée de faire souscrire à ceux qui rentreraient dans l'Eglise, d'autre symbole que celui de Nicée. *Decrevit Sancta hæc Synodus alteram fidem nemini licere proferre aut scribere, aut componere, præter eam quæ definita fuit sanctis Patribus apud Nicænum urben in Spiritu Sancto congregatis.* Les évêques avaient hâte d'en finir, car la faction de Jean d'Antioche faisait subir au parti de Cyrille toutes sortes de vexations. Elle aurait même donné un successeur à Memnon si le peuple ne s'y fût opposé ? L'embarras de ces évêques était grand, car toutes communications étant coupées avec la cour, il était difficile de la mettre au courant de ce qui se passait au concile. A la fin les Pères usèrent d'un stratagème. Ayant trouvé un homme de bonne volonté, ils le déguisèrent en mendiant et renfermant dans son bâton

creux les actes du concile, ils le prièrent d'aller trouver le
saint abbé Dalmace, personnage vénéré de la cour. L'abbé,
au reçu des actes se rendit avec tous ses moines au palais
de l'empereur, où admis en présence de Théodose, il put faire
part de la lettre des évêques. L'empereur donna ordre de
laisser venir librement les délégués du concile.

Sur ces entrefaites arrivait le comte Irénée délégué de Jean.
Il réussit si bien à noircir Cyrille et Memnon, que Théodose
était sur le point de rejeter les décisions du concile véritable pour adhérer au conciliabule.

Théodose dans un but de conciliation demanda la fusion
des deux assemblées en un concile général sous la direction de son trésorier Jean. L'unité de foi n'était pas possible entre Catholiques et Nestoriens. L'abbé Dalmace, dont
le rôle fût important dans cette triste affaire, s'employa acti-
vement à dissuader l'empereur de se mêler à ces questions
religieuses. Sur le conseil de ce saint homme, Théodose
pria le concile de lui envoyer huit députés à Chalcédoine. Il
les entendit, et, rendant la liberté aux Pères d'Ephèse, il leur
permit de rentrer chez eux. Maximien remplaça Nestorius
sur le siège de Constantinople (25 octobre 431).

Les Nestoriens se retirèrent en Perse. Là, grâce à la protection de Barsumas, évêque de Nisibe, ils se développèrent.
Ils traduisirent en Syriaque les écrits de Théodore de Mopsueste, puis ils les répandirent dans l'Arménie, la Perse ; ils
infestèrent ces contrées où nous les trouvons encore aujour-
d'hui (1).

---

(1) Manzi, t. VII, 227-242. V. 278, 285, Hefelé t. II, p. 231-233. Hergenræther
t. II, p. 203-228.

CHAPITRE VI

I

La lutte entre Cyrille et Nestorius avait accentué davantage encore les rivalités qui existaient entre Alexandrie et Antioche.

Parmi les défenseurs les plus ardents de la foi romaine contre le patriarche de Constantinople s'était signalé un vieil archimandrite d'un des couvents de la capitale. Il avait nom Eutychès. Sa science était peu développée ; aussi son zèle n'était-il pas éclairé. Ce beau vieillard s'était fait suivre de trois cents religieux. Cette couronne de moines avait rehaussé son prestige. La déférence des Pères d'Ephèse l'avait grisé. Profitant de la présence, à la cour, de son neveu l'eunuque Chrysaphe, l'archimandrite n'avait pas été étranger à la solution de la difficulté dans laquelle se trouvaient enserrés les légats et les promoteurs de la foi orthodoxe.

Sous prétexte d'éviter les extrémités auxquelles s'était laissé entraîner Nestorius, Eutychès voulut condenser les deux natures, au point de n'en faire qu'une. Cette hérésie du monophysisme est, après l'arianisme, celle qui a le plus bouleversé l'Eglise. Elle semble se rattacher à l'origénisme par l'opinion de la préexistence des âmes. Eutychès expose ainsi sa doctrine : « Avant l'union du Verbe avec l'humanité, les deux natures étaient absolument distinctes, après l'union la nature humaine confondue avec la nature divine fut tellement absorbée que la divinité seule resta. Ce fut elle qui souffrit pour nous et nous racheta. Le corps du Christ était donc un corps humain quant à sa forme et quant à son appa-

rence extérieure, mais il ne l'était pas au point de vue de la
substance ! » Cette doctrine un peu confuse pouvait donner
lieu à des interprétations diverses.

L'Eglise tenant le juste milieu entre la doctrine de Nestorius et celle d'Eutychès, a montré par l'union hypostatique
que le dogme de deux natures dans une personne n'était
pas inconciliable. Les deux natures, quoique unies, ne se confondent pas ; elles conservent toutes les deux leurs propriétés ; mais il n'y a pas pour cela deux Christ, mais un seul
Verbe incarné. Le Fils de Dieu en prenant notre humanité
est devenu Dieu homme, sans que la divinité disparaisse
dans la chair. C'est ce que Dioscore (1) et Eutychès, par
opposition à Cyrille et à Flavien, ne pouvaient pas comprendre.

Chose étrange, ces deux erreurs opposées, celle de Nestorius, qui admettait deux personnes, et celle d'Eutychès
admettant une seule nature, vont réconcilier les deux Ecoles
d'Alexandrie et d'Antioche. Telle est souvent ici-bas la
conséquence des troubles. Tous les grands évêques sortis
de ces deux Ecoles virent sans doute dans une réconciliation le seul remède contre les troubles qui bouleversaient
depuis tant d'années cette malheureuse église d'Orient.

L'union scellée beaucoup trop tard ne devait pas arrêter
le mal. La nécessité de convoquer tant de conciles prouvait
bien à quel point le trouble avait agité les âmes. Le besoin
des empereurs grecs de jouer un rôle dans les contro-
verses théologiques n'était pas fait non plus pour calmer
les esprits.

Un homme plus intelligent qu'Eutychès eût gardé le
silence, même alors qu'il ne saisissait pas toutes les nuances
du dogme. Les nombreux amis de l'Archimandrite s'empressèrent de le détourner de la voie fausse dans laquelle
il entrait ; mais ce moine têtu, fier de l'assistance de ses
trois cents disciples et de la protection de Chrysaphe, ne
voulut rien entendre. On croit même que la politique se
mêla plus ou moins à cette question.

Flavien, archevêque de Constantinople, était détesté de la
cour. On l'accusait d'avoir favorisé l'évasion de Pulchérie à

_____

(1) Dioscore avait succédé à Cyrille en 444.

laquelle Théodose entendait faire prendre le voile. Chrysaphe, redoutant le retour de cette princesse, se serait servi de son oncle afin de soulever un débat religieux qui mettait l'archevêque dans une fâcheuse position.

Flavien ne fut pourtant pas le premier à signaler le danger de cette doctrine. Ce furent Domnus d'Antioche et Eusèbe de Dorylée, qui mirent les esprits en garde contre ce venin. Vers 447, le savant Théodoret établit avec sagacité la différence entre la personne (hypostase), et la nature (ουσια).

Flavien devant le bruit, qui se faisait autour de cette question ne pouvait plus garder la neutralité. Il dut réunir un concile (448). Eutychès fut mandé. Il chercha d'abord. A la fin, il se présenta suivi de son cortège de moines fanatiques et endoctrinés. Eusèbe, son ancien ami, chercha à le gagner. Ce fut peine perdue.

Dans la seconde session, on lut les lettres de Cyrille à Nestorius et à Jean d'Antioche. Les Pères déclarèrent que ces lettres contenaient l'expression de leur foi, on rédigea donc ce canon : « Nous professons que Jésus-Christ est Dieu parfait et homme parfait, consubstantiel à son Père selon la divinité, et à sa mère selon l'humanité ; que, des deux natures unies en une seule personne, il résulte après l'incarnation un seul Jésus-Christ, un seul Seigneur, un seul Fils. Ceux qui tiennent un sentiment contraire, nous les séparons de l'assemblée sacerdotale et du corps de l'Eglise ! ».

Dans la troisième session, on entendit Eutychès qui avait daigné comparaître à la troisième sommation. On lui lut les actes des sessions précédentes. Lorsqu'on fut arrivé à ce passage de la lettre de Cyrille à Jean d'Antioche : « Nous confessons que Notre-Seigneur Jésus-Christ, fils unique de Dieu, est Dieu parfait et homme parfait, composé d'une âme raisonnable et d'un corps, né du Père selon la divinité avant tous les siècles, et, dans ces derniers temps, né aussi pour nous et pour notre salut de la Vierge Marie selon l'humanité, consubstantiel à nous selon la chair. Car il s'est fait une union des deux natures, en vertu de laquelle nous confessons un seul Christ, un seul Seigneur ; union sans confusion, par suite de laquelle nous reconnaissons que la Sainte Vierge est véritablement mère de Dieu ! »

Eusèbe ayant interpellé Eutychès pour lui demander de

reconnaître cette doctrine, l'archimandrite s'y refusa sous
prétexte qu'il n'était pas venu pour discuter.

Flavien lui posa cette question : « Croyez-vous que Jésus-
Christ est consubstantiel à son Père selon la divinité, et consubstantiel à sa mère selon l'humanité ?

« Jusqu'ici, répondit l'hérésiarque, je n'ai rien dit de tel ;
mais je reconnais que Marie nous est consubstantielle et que
Dieu a pris sa chair.

« Si la mère nous est consubstantielle, reprit Basile, le Fils
doit l'être, car il s'appelle le fils de l'homme.

« Soit, vous le dites, s'écria Eutychès, et j'en tombe d'accord. Dieu a pris un corps humain ; mais je ne dis pas un
corps d'homme. Si vous le jugez à propos, je suis prêt à
reconnaître qu'il nous est consubstantiel.

« Etes-vous convaincu, dit Flavien ? Confessez-vous la
vérité par le cœur ou forcé par la nécessité ?

« Voulez-vous reconnaître deux natures en Jésus-Christ ?
Je confesse, avoua Eutychès, qu'il a été de deux natures
avant l'union ; mais après l'union, il n'y a pour moi qu'une
seule nature. Si vous me sommez de dire le contraire, je
répondrai qu'il n'y a rien de tel dans les Ecritures et dans
le Père. Ne me demandez pas d'anathématiser mes pères ! »

La persistance était notoire ; elle se compliquait de mauvaise foi, aussi Flavien lança-t-il contre le coupable la sentence d'excommunication. Trente-deux évêques et vingt-
trois archimandrites souscrivent cette déposition.

Eutychès contrefit aussitôt le juste persécuté. *Ad vos igitur
Religionis defensores hujus modi factiones exsecrantes con-
fugio*, écrivait-il au pape saint Léon *et obsecro, nullo mihi
prœjudicio facto ex his quœ per insidius contrà me gesta
sunt, quœ visa vobis fuerit super fidem proferre sententiam.*
Il se plaint d'avoir été injustement retranché de la communion des fidèles, c'est triste, dit-il, à l'âge que j'ai
atteint : *qui in continentià et omnia castitate septuaginta
annos vitam peregi* (1).

Le pape ne se prononça pas sur le moment. Il le pouvait
d'autant moins que Chrysaphe avait retardé l'envoi des véritables lettres synodales et leur en avait substitué de fausses.

_____

(1) Léon II. Migne. Lettre XXI, p. 743.

Le pontife dans une lettre à Théodoret demande à être renseigné. J'ai reçu, dit-il, un libelle d'Eutychès. Comme il nous promet de s'amender et de désavouer ce que nous condamnerions dans sa doctrine, j'ai cru devoir réserver la sentence (1).

II

Le rapport véridique étant enfin parvenu à Rome, Léon lança l'encyclique suivante :

« Léon évêque à notre bien aimé frère Flavien, évêque de Constantinople. La lecture de vos lettres qui ont été si tardives, à notre grand étonnement, et l'examen des actes synodiques des évêques assemblés avec vous, nous ont enfin instruit des scandales donnés dans vos contrées et des erreurs enseignées contre la pureté de la foi. Nous sommes donc parfaitement au courant des faits qui nous paraissaient obscurs sur le moment. Ils nous révèlent qu'Eutychès prêtre recommandable jusqu'à ce jour, a été assez téméraire et ignorant pour que l'on puisse lui appliquer ce mot du prophète : il n'a pas voulu comprendre afin de bien faire : il a médité l'iniquité dans son lit. Quelle plus grande iniquité, en effet, que d'avoir des sentiments impies et de ne pas vouloir suivre les plus éclairés et les plus sages. Ainsi s'exposent à tomber ceux qui arrêtés par quelque point obscur dans leurs recherches de la vérité ne veulent pas recourir aux oracles des prophètes, aux écrits des apôtres, à l'autorité de l'évangile pour s'attacher à leur propre sentiment. Aussi deviennent-ils maîtres de l'erreur n'ayant pas voulu être les disciples de la vérité. Quelle connaissance de la sainte écriture pourrait bien avoir un homme qui ne sait même pas les premiers articles du symbole. Que penser de ce vieillard qui ignore ce que savent les enfants ?

« Si, ne sachant que croire de l'Incarnation du Verbe, et ne voulant pas étudier les Saintes Ecritures pour savoir à quoi s'en tenir, il s'était donné la peine d'écouter attentivement cette formule de foi commune et générale, il aurait vu que l'universalité des fidèles fait profession de croire en Dieu le père Tout-Puissant et en Jésus-Christ son Fils unique, qui est né du Saint-Esprit et de la vierge Marie. Ces trois propositions suffisent à renverser les hérésies. En effet, en croyant à la toute puissance de Dieu et à sa paternité éternelle, on croit à l'existence

---

(1) Lettre XXIXᵉ, p. 783. Le premier juin 448, Léon avait répondu à Eutychès qu'il examinerait la question. Les lettres synodales du concile, de Constantinople ne lui étaient donc pas parvenues à cette date.

d'un fils, qui lui est coéternel, ne différant en rien du Père, Dieu comme Lui, Tout-Puissant, coéternel, sans postériorité de temps, sans infériorité de puissance, sans inégalité de gloire, sans séparation d'essence. C'est ce même Fils unique et éternel d'un Père éternel, qui, par l'opération du Saint-Esprit est né de la vierge Marie. Cette naissance temporelle n'a rien ôté ni rien ajouté à sa génération éternelle et divine ; mais il s'est consacré par elle à restaurer l'homme dégénéré, en triomphant de la mort et en détruisant par sa vertu le pouvoir du démon qui avait l'empire du monde. Nous n'aurions jamais pu vaincre l'auteur du péché et de la mort, si celui que le péché ne pouvait atteindre et que les liens de la mort ne pouvaient enchaîner n'avait pris notre nature et ne l'avait faite sienne. Il a été conçu par l'opération du Saint-Esprit dans le sein de la vierge sa mère qui l'enfanta, comme elle l'avait conçu sans aucune lésion de sa virginité. Si Eutychès ne voyait pas cette vérité dans le symbole, environné qu'il était de ténèbres interceptant en lui les rayons de la lumière, il pouvait du moins l'apprendre de l'Évangile de saint Mathieu nous donnant ainsi la généalogie de notre Seigneur : *Liber generationis Jesu-Christi, Fili David, Filii Abraham.* Il pouvait écouter l'enseignement et la prédication de saint Paul dans son épître aux Romains : « *Paulus, servus Jesu-Christi, vocatus apostolus, segregatus in evangelium Dei, quod anté promiserat per prophetas suos in scripturis Sanctis de Filio suo, qui factus est ei ex semine David secundum carnem.*

Et en consultant les prophéties, il eut trouvé la promesse faite par Jéhovah au patriarche : *In semine tuo benedicentur omnes gentes.* Il aurait appris de l'apôtre interprétant le sens de ce passage, que Dieu ne dit pas : *et seminibus, quasi in multis, sed quasi in uno, et seminibus quod est Christus !* Il eût pareillement compris le sens de ces paroles d'Isaïe : *ecce virgo in utero concipiet et pariet Filium et vocabitur nomen ejus Emmanuel quod est interpretatum nobiscum Deus !* Il aurait lu encore ces autres paroles du même prophète : *Puer natus est nobis ; et Filius datus est nobis ; potestas super humerum ejus, et vocabitur nomen ejus magni Consilii Angelus, Admirabilis, Consiliarius, Deus, Fortis, Princeps pacis, Pater futuri sæculi.* Se fixant sur ces données il n'avancerait pas ce non sens, ce vain subterfuge, que le Verbe fait chair, le Christ né de la vierge a la forme de l'homme, mais non la réalité du corps de sa Mère. Trouverait-il une raison de penser que notre Seigneur Jésus-Christ ne nous est point consubstantiel dans ces paroles de l'envoyé céleste à la bienheureuse Marie : *Spiritus sanctus superveniet in te, et virtus Altissimi obumbrabit tibi ; idèoque et quod nascetur ex te sanctum vocabitur Filius Dei :* Comme si l'acte de la conception dans la vierge, parce qu'il vient d'une opération divine, nécessiterait que l'enfant ait une nature différente de celle de la Mère. Cette génération admirable pour être singulièrement merveilleuse et unique, ne détruit pas par sa nouveauté la propriété générique. Le Saint-Esprit a donné la fécondité à la vierge, mais la réalité du corps vient du corps, et lorsque la Sagesse se construit une demeure c'est pour dire avec saint Jean : *verbum caro factum est, et habitavit in nobis*, c'est-à-dire dans la chair qu'il a prise de sa Mère et qu'une âme raisonnable a rendue vivante.

Ainsi, les deux natures conservant leur propriété et s'associant en unité de personne, la majesté a revêtu la bassesse, la force, l'infirmité, l'éternité la mortalité, et afin de satisfaire pour nous, la nature inaltérable s'est unie à une nature possible, afin que par un remède assorti à nos maux : *unus atque idem mediator Dei et hominum homo Christus Jesus*, mourut pour nous comme homme tout en restant immortel comme Dieu ! Vrai Dieu il est donc né dans la nature intégrale et parfaite d'un homme réel, avec tous ses attributs, comme avec tous les nôtres ; entendons ce qui nous ont été donnés primitivement par le Créateur et qui ont été restaurés. Pour s'être fait homme, le Sauveur n'a pas porté les stigmates imprimés dans l'homme par le séducteur. En s'appropriant nos faiblesses, il n'a pas participé à nos péchés. Il a pris la forme de l'esclave sans la souillure. Il a relevé l'humanité sans amoindrir la divinité, parce que l'anéantissement par lequel l'invisible s'est rendu visible ; le Créateur et Maître de toutes choses devenu un homme sujet à la mort, et une sorte de descente de la miséricorde vers nous et non une défaillance de la puissance. Le même qui, demeurant dans la forme de Dieu, a fait l'homme, s'est fait homme en prenant la forme de serviteur.

Les deux natures ne perdent aucune de leurs propriétés, et comme la forme de Dieu ne détruit pas la forme du serviteur, la forme de serviteur n'ôte rien à la forme de Dieu. Parce que le démon se glorifiait d'avoir privé par ses artifices l'homme de ses dons célestes, de l'avoir dépouillé de son immortalité, de trouver dans la société du prévaricateur un adoucissement à ses maux, et d'avoir engagé Dieu, pour satisfaire aux lois de sa justice, de changer de sentiments à l'égard de cette créature ornée, à sa naissance de si grandes prérogatives, il fallait que Dieu immuable dans ses conseils et dont la volonté bienveillante ne peut être entravée, exécutât par un plan plus mystérieux les desseins de sa miséricorde sur nous, et qu'il retirât de l'abîme l'homme précipité dans le péché, contre la volonté de Dieu, par l'astuce jalouse du démon.

Le Fils de Dieu est donc descendu du ciel dans ce monde déchu, et, sans quitter la gloire de son Père, il se met dans un état nouveau et prend une existence nouvelle par un mode nouveau. Je dis existence nouvelle, car invisible de sa nature, incompréhensible, éternel, seigneur de l'univers, impassible et immortel, il s'est rendu visible et compré-

hensible ; il a commencé d'être dans le temps, il a voilé son infinie
majesté sous la forme de serviteur, et il s'est abaissé jusqu'à devenir
un homme passible et sujet à la mort. Il a été engendré par un mode
nouveau, puisque la très pure vierge sa mère a fourni la matière de son
corps sans ressentir les mouvements de la concupiscence. De sa mère
il a pris la nature humaine, et non pas le péché « et bien qu'il ait été
formé dans le sein d'une vierge d'une manière admirable, il n'a pas
pris pour cela une nature différente de la nôtre. Il est vrai Dieu et vrai
homme ; il n'y a rien de faux dans cette union de l'humilité de notre
nature avec la grandeur divine. De même que la compassion ne change
pas Dieu, ainsi la dignité n'absorbe pas l'homme. Chaque nature, avec
la participation de sa compagne, fait ce qui lui est propre ; le verbe ce
qui est du verbe, la chair ce qui est de la chair. L'une brille par ses
miracles, l'autre succombe aux outrages. Et comme le Verbe demeure
aussi parfait que le Père, ainsi la chair ne perd rien de notre essence.
On ne saurait trop redire : il est dans une seule personne vraiment le
Fils de Dieu, et vraiment fils de l'homme-Dieu, car il est dit : *in
principio erat verbum et verbum erat apud Deum et Deus erat verbum.*
Homme, car saint Jean affirme que ! *verbum caro factum est et habitavit
in nobis.* Dieu qui a fait toutes choses : *Omnia per ipsum facta sunt, et
sine ipso factum est nihil ;* il est homme puisqu'il vient de la femme :
factus est ex muliere, factus est sub lege. Sa naissance corporelle décèle
en lui la nature humaine, son enfantement par une vierge est une preuve
de la puissance divine. L'enfant se reconnaît à la bassesse de son
berceau ; le Très-Haut, aux cantiques des Anges. Il est semblable à
nous par ses commencements de sa vie, celui que l'impie Hérode cherche à mettre à mort ; mais il est le Seigneur de tous, celui que les
Mages viennent humblement adorer avec joie. Lorsqu'il vient vers
Jean pour recevoir le baptême, sa divinité était cachée sous les voiles
de l'humanité ; mais la voix du Père la révèle du haut du ciel en ces
termes : *Hic est Filius meus dilectus, in quo mihi complacui.* Si en sa qualité d'homme il est tenté par le démon, en sa qualité de Dieu il est servi
par les anges. La faim, la soif, la lassitude, le sommeil décèlent évidemment l'homme ; mais nourrir cinq mille hommes avec cinq pains, donner aux Samaritains l'eau vive, qui doit assouvir à jamais la soif de ceux
qui ont bu, marcher sur les eaux de la mer sans être submergé, commander aux tempêtes et les faire cesser, c'est incontestablement le propre de Dieu.

De même que, pour choisir entre plusieurs faits, il n'est pas de la
même nature de pleurer sur la perte d'un ami et de le rendre à la vie
après 4 jours de sépulcre, ou d'être cloué à une croix et de changer le
jour en ténèbres au point de troubler tous les éléments, ou d'être percé
de clous et d'ouvrir au larron les portes du paradis, ainsi il n'est pas

d'une même nature de dire : *Ego et Pater unum sumus ;* et encore : *Pater major me est.* Bien que dans le Seigneur Jésus-Christ, la personne du Dieu et de l'homme soit unique; cependant, autre la nature d'où provient pour les deux la communauté des affronts, autre celle d'où provient la communauté de gloire. De nous lui vient l'humanité inférieure au Père ; du Père la divinité qui l'égale à Lui.

C'est à cause de cette unité de personne en deux natures distinctes qu'il est dit que le Fils est descendu du ciel ou que le Fils de Dieu a pris sa chair de la Vierge sa mère ; et encore, qu'il a été crucifié et enseveli quoiqu'il ne l'ait pas été dans sa divinité, qui le rend coéternel et consubstantiel au Père, mais dans l'infirmité de la nature humaine. Aussi le symbole dit-il du Fils de Dieu, il a été crucifié et enseveli, selon ce mot de l'apôtre : *si enim cognovissent, nunquàm Dominum majestatis crucifixissent.* Et alors que Notre-Seigneur et Sauveur voulait éclairer ses apôtres, qui l'interrogeaient, il leur dit : *quem dicunt homines esse Filium hominis ?* ceux-ci lui ayant rapporté tous les bruits qui couraient, il ajoute : *vos autem quem me esse dicitis ?* Que dites-vous que je sois, Moi le Fils de l'homme qui vous suis apparu sous la forme de serviteur et avec une chair réelle ? alors Pierre divinement inspiré proclama la foi des siècles ? *tu es Christus, Filius Dei vivi !* Ce n'est pas sans raison qu'il est déclaré bienheureux par le Seigneur et qu'étant la pierre principale et par excellence, il lui en communiqua le nom, la solidité et la vertu comme à celui qui, inspiré par le Père avait déclaré qu'il était et le Christ et le Fils de Dieu : l'un sans l'autre était inutile pour le salut. Car il était également dangereux de croire, ou que Jésus-Christ était uniquement Dieu sans être homme, ou qu'il était homme seulement sans être Dieu. Après sa résurrection, qui est bien celle d'un homme, car celui qui sortit de la tombe est le même qui avait été crucifié et qui était mort, à quoi s'occupa le Seigneur pendant quarante jours, si non à dissiper les ombres qui enveloppaient notre foi ? Il s'entretient, séjourne, mange avec ses disciples ; il se laisse toucher, palper avec curiosité par ceux qui doutent : il arrive auprès d'eux sans ouvrir les portes en passant à travers les murs ; il leur communique le Saint-Esprit en soufflant sur eux, éclaire leur intelligence, leur explique les Saintes Ecritures, met sous leurs yeux les plaies de son cœur, ses mains et ses pieds percés, en leur disant : *videte manus meas et pedes quia ego sum ; palpate et videte, quia Spiritus carnem et ossa non habet, sicut me videtis habere.* Tout cela afin qu'il devint évident que la nature divine et la nature humaine restaient distinctes, conservant leurs propriétés et qu'ainsi nous sussions que le Verbe n'était pas ce qu'est la chair et que nous confessions que le Fils unique de Dieu est Verbe et homme tout ensemble.

Or, il est bien dépourvu de ce mystère de notre foi, cet Eutychès qui

ne reconnaît pas notre nature dans le Fils unique de Dieu, ni par l'a-
baissement de sa mort, ni par la gloire de sa résurrection; qui ne
tremble pas à cette sentence du bienheureux évangéliste Jean : *Omnis*
spiritus qui confitetur Jesum-Christum in carne venisse ex Deo est : et
omnis qui solvit Jesum, ex Deo non est, sed hic est antechristus. Qu'est-
ce à dire : diviser Jésus-Christ ? si non retrancher sa nature humaine
et anéantir par la plus téméraire des erreurs le mystère de la foi qui
nous a sauvés ? Aveugle sur la nature du corps de Jésus-Christ, par
une conséquence fatale, il erre au sujet de sa passion. Car s'il ne considère pas son crucifiement comme fantastique, s'il donne comme une
réalité le supplice qu'il a subi pour le salut de tous, il doit croire à la
réalité de la chair de celui à la mort duquel il croit et lui reconnaître
un corps humain, puisqu'il est passible. En effet, nier en lui une chair
réelle, c'est nier ses souffrances corporelles. S'il accepte sur ce point
la foi chrétienne et veut bien recevoir l'enseignement de l'Evangile,
nous le prions d'examiner quelle est la nature qui a pu être percée de
clous et suspendue à la croix, et à la vue du côté du crucifié ouvert par
la lance du soldat, qu'il comprenne quelle est la source de ce sang et
de cette eau qui s'en échappent pour servir à l'Eglise de bain et de
breuvage. Qu'il écoute saint Pierre lui dire : la sanctification de l'âme
se fait par l'aspersion du sang de Jésus-Christ. Qu'il lise attentivement
ces mots du même apôtre : *scientes quod non corruptibilibus argento vel*
auro redempti estis de vaná vestrá conversatione paternae traditionis, sed
pretioso sanguine quasi Agni incontaminati et immaculati Jesu-Christi.
Qu'il entende saint Jean rendre ce témoignage : *et Sanguis Jesu Filii*
Dei emundat nos ab omni peccato... et plus loin, *hæc est victoria quæ*
vincit mundum fides nostra. Et quis est qui vincit mundum, nisi qui credit
quoniam Jesus est Filius Dei ? Hic est qui venit per aquam et sanguinem,
Jesus-Christus : non in aquá solum sed in aquá et sanguine. Et spiritus
est qui testificatur quoniam Christus est veritas ; quia tres sunt qui testi-
monium dant, spiritus, aqua et sanguis, et hi tres unum sunt. L'esprit de
sanctification, le sang de la Rédemption et l'eau du baptême, trois
choses qui en forment une seule et restent indivisibles, sans qu'on
puisse rien retrancher de leur ensemble, parcéque la vie et le progrès de l'Eglise consistent à croire que dans Jésus-Christ l'humanité
n'est pas sans la perfection de la divinité, ni la divinité sans la réalité
de l'humanité.

Quand interrogé Eutychès vous dit qu'il reconnaissait deux natures
en Jésus-Christ avant l'incarnation, et une seule après, je m'étonne que
la première partie de cette profession de foi si absurde et si erronée,
n'ai été ni relevée ni censurée par ses juges et qu'ils aient laissé passer
ce blasphème sans témoigner qu'ils en étaient choqués ? Cependant
il est aussi impie de dire que le Fils unique de Dieu était de deux natu-

res avant l'incarnation que de n'en reconnaître qu'une après. Voulant qu'Eutychès ne puisse regarder cette proposition comme orthodoxe ou du moins soutenable, étant donné votre premier silence, nous vous avertissons que s'il vient à reconnaître la vérité, il devra rétracter spécialement ce sentiment blâmable émis à la légère et par défaut de science. Vous semblez nous faire espérer son retour, car pressé par vos sollicitations, il revient sur son idée première et semble adhérer à la foi qu'il niait auparavant. Mais hélas ! votre espoir n'a pas été confirmé et il est resté opiniâtrement attaché à l'erreur. Vous l'avez donc flétri par votre condamnation ! Néanmoins s'il se repend sincèrement, ayant en vue le salut de son âme, s'il veut reconnaître le jugement des évêques et réparer le scandale en condamnant de vive voix et par sa signature opposée au bas de cette lettre les opinions hétérodoxes, nous vous conseillons de lui accorder la plus large indulgence. Le Seigneur, ce bon et charitable pasteur, qui a donné sa vie pour ses brebis, lui qui est venu sauver et non pas perdre les âmes, nous demande d'imiter sa charité, de reprimer les pécheurs avec justice et d'ouvrir les bras à la miséricorde. La foi n'est jamais plus utilement vengée, que quand l'erreur est condamnée par ses propres auteurs.

Afin de terminer régulièrement ce grand débat, nous vous envoyons nos frères Julien, évêque, saint René, prêtre du titre de Saint-Clément, avec le diacre Hilaire. Ils tiendront notre place. Nous leur associons notre secrétaire Dulcitius ; ils sont tous dévoués à l'Eglise et nous ont donné des preuves de la pureté de leur foi. Nous plaçons en Dieu notre espérance et lui demandons de toucher le cœur de cet egaré afin qu'il se rétracte et rentre dans la voie du salut. Que Dieu vous ait en sa sainte garde, Très cher frère » (1).

A cette lettre le Saint Pontife en joignait une autre aux Pères du concile, les priant de regarder ses délégués comme les représentants de sa personne. «Tenez-vous en, leur disait-il, à la déclaration de foi que nous avons faite dans notre lettre à Flavien. Faisant allusion aux excès commis par les héritiques, il recommande aux évêques, chassés de leurs sièges, de tenir la balance égale ». Il les prie de renouveler les décrets portés contre Nestorius, afin qu'il n'y ait pas de confusion possible.

---

(1) Mansi VI. p. 558-600 et suiv. voir le chap. I de la II° partie. p. 47-48. On y trouve exposée, d'après le savant, la doctrine sur l'Incarnation. Le rapprochement avec cette lettre de saint Léon s'impose ; on saisira mieux la parfaite conformité de vue du docteur avec le pape.

III

Cette lettre du pape mettait fin aux manœuvres de l'archimandrite, qui furieux de n'avoir pu tromper l'épiscopat
s'était tourné du côté de la cour et, avec l'aide de Dioscore
bouleversait les Eglises.

Le concile s'ouvrit le 8 août 449 dans l'Eglise dédiée à la
Vierge. Dioscore en prit immédiatement la présidence. Théodoret de Cyr, Eusèbe de Dorylée, ses plus redoutables
adversaires sont écartés avec soin. Eutychès se voit absous
sans s'être disculpé et Flavien est impitoyablement chassé
de son siège.

En vain les légats essayent-ils d'arrêter cet emportement
en signalant à quel point cette procédure était illégale; en
vain demandent-ils que l'on épargne un nouveau malheur à
cette Eglise d'Orient déjà tant éprouvée. Prières, menaces
n'ont aucune prise sur le révolté. Au contraire l'opposition
l'irrite, et pour y mettre fin il fait entrer dans l'Eglise une
troupe armée d'épées et de bâtons. Les évêques présents
pris de peur souscrivent tout ce qu'on leur propose ou se
cachent.

Ils restèrent enfermés dans l'Eglise jusqu'au soir sous la
surveillance des soldats et en but à toutes sortes d'avanies.
Flavien enchaîné et maltraité par les moines de Barsumas
fut jeté en prison où il mourut trois jours après. Dioscore
sacrifia encore Ibas d'Edesse, Daniel de Carrée, Théodoret
de Cyr et Dominus d'Antioche. Il poussa la démence jusqu'à excommunier Léon.

Théodose II, prince inexpérimenté, sanctionna tout ce qui
s'était fait à Ephèse. Tout était confusion. Non seulement
les suffragants de Dioscore l'avaient suivi dans sa défection,
mais les évêques de Palestine et de Thrace se révoltaient
contre Rome; ceux de Syrie, d'Asie Mineure et du Pont
n'osaient rien dire.

Sur ces entrefaites, le Pontife était averti par le diacre
Hilarius qui, trompant la surveillance des comtes, avait
réussi à s'échapper. En même temps lui parvenaient les lettres des évêques injustement déposés. Léon Ier profondément touché des maux de cette Eglise écrivit à Théodose II

pour lui demander la célébration d'un autre concile. L'empereur mal conseillé s'y refusa. Il donnait même son sentiment à l'élection anticanonique du prêtre Anatole consacré par Dioscore.(449).

Le pape voulant à tout prix remédier à cette situation pria Valentinien III de vouloir bien écrire à son oncle. La mort de Théodose II survenue à la fin de l'année 449 mit fin à ces atermoiements. Pulchérie, devenue impératrice, eut le bonheur de faire choix comme époux d'un capitaine chrétien et droit, du nom de Marcien. Sur le conseil de son mari, l'impératrice entra dans les vues du pape et un concile fut convoqué pour le 8 octobre 451. Il devait se tenir à Chalcédoine.

En attendant la tenue du IVᵉ concile œcuménique et pour faciliter le retour de l'Orient à l'orthodoxie, Léon Iᵉʳ ratifia et valida l'élection d'Anatole au siège de Constantinople. Le Pontife se promettait de présider en personne. Mais l'invasion d'Attila l'ayant retenu au dernier moment, il délégua, pour le remplacer, Pascasius évêque de Lilybie, Boniface, prêtre, Lucentius évêque d'Ascoli, Basyle prêtre et Julien de Cos.

En notifiant aux Orientaux le choix de ses légats, le pape a soin de réclamer pour eux la présidence ; car dit-il, les évêques Dioscore, Maxime d'Alexandrie et Juvénal de Jérusalem n'y sauraient prétendre étant donnée leur participation au brigandage d'Ephèse.

La volonté bien arrêtée du chef de l'Eglise est que l'on confirme la condamnation de l'erreur sans s'amuser à discuter sur la foi. « Très chers frères, écrit-il aux évêques, vous n'aurez pas l'audace de discuter de la foi divinement inspirée. Faites taire la vaine infidélité des hérétiques ; ne leur laissez pas défendre ce qui ne saurait être cru. L'autorité des évangiles, les paroles des prophètes et la doctrine des apôtres s'élèvent contre eux, comme vous avez pu le voir par ma lettre dogmatique à l'évêque Flavien. » Voulant prévenir les rivalités déplorables, le pape règle à l'avance les opérations du concile qui doit examiner :

1º Le cas des évêques déposés.

2º Le cas de ceux qui auraient été élus après la mort du titulaire.

Il fait une exception au sujet d'Anatole : *Nos vestræ fidei et interventionis habentes intuitum, cùm secundum consecrationis auctores ejus initia titubarent, benigniores circà eum quam justiores esse voluimus..., vestrae pietatis auxilio et mei favoris assensu episcopatum tantæ urbis obtinuit* (1).

IV

Toutes choses étant réglées, le concile se tint dans l'Eglise de Sainte-Euphémie.

8 octobre

Environ trois cent soixante évêques y assistèrent. I. — Dans la première session, Pascasius exigea que Dioscore allât prendre place au rang des accusés. Les Orientaux ne redoutant plus l'archevêque d'Alexandrie rejetèrent sur lui les violences d'Ephèse et le consentement donné à la réhabilitation d'Eutychès et à la condamnation de Flavien. Théodoret fut rétabli et Dioscore déposé pour n'avoir pas voulu souscrire les actes du concile de Constantinople et les lettres de saint Cyrille.

10 octobre

II. — Dans la 11ᵉ session, on lut les symboles de Nicée et de Constantinople, la lettre de Cyrille à Nestorius et la constitution doctrinale de saint Léon. Les évêques déclarèrent que telle était leur croyance, sauf ceux de Palestine et d'Illyrie, qui firent des réserves sur trois passages. A la fin, sur les explications données par l'archidiacre Aétius, ils se montrèrent satisfaits et adhérèrent à la croyance de l'Eglise.

13 octobre

III. — On étudia la cause de Dioscore dans la IIIᵉ session. Ce prélat n'ayant pas répondu aux trois sommations d'usage on passa outre et il fut jugé d'après les dépositions des Alexandrins. Convaincu d'infamies et de scélératesses, il fut déposé. Non seulement il perdait sa dignité, mais il était privé de tout ministère sacerdotal. L'empereur le relégua à Gangres où il mourut après trois années d'exil.

(1) Hefelé. II p. 376-380. Mansi, t. VI. Lettre C. IV. Léo. ep. Migne II. 243 et seq.

17 octobre

La IVe session eut à s'occuper du cas des évêques Juvénal Thalassius de Césarée, Eusèbe d'Ancyre, Basile de Séleucie et Eustathe de Béryte, accusés d'avoir pris part au brigandage d'Ephèse. Ils avaient agi, moins par eux-mêmes, que poussés par le violent Dioscore ; aussi le concile leur pardonna-t-il, après leur avoir fait souscrire une profession de foi orthodoxe.

22 octobre

La Ve session fût consacrée à formuler la foi de l'Eglise en deux natures. Dans le principe, le concile n'avait pas pour but de dresser une nouvelle formule de foi ; la lettre de Léon aux évêques réunis à Ephèse suffisait amplement ; mais les légats agirent ainsi afin de couper court aux difficultés.

Anatole, en effet, avec quelques évêques, qui lui étaient dévoués, avait rédigé une formule dans laquelle il disait que Jésus-Christ était de deux natures et non en deux natures. L'esprit versatile des Grecs aurait pu ergoter plus tard sur cette expression. Par mesure de prudence, les légats décrétèrent ce qui suit : « Nous déclarons d'une voix unanime qu'il faut confesser un seul et même Jésus-Christ notre Seigneur ; le même parfait dans la divinité et dans son humanité, Dieu et homme à la fois, composé d'une âme raisonnable et d'un corps, consubstantiel au père selon la divinité et consubstantiel à nous selon l'humanité... ayant deux natures, sans confusion, sans changement, sans division, sans séparation. L'union ne supprime pas en lui la différence des natures. Chaque nature conserve sa propriété et elle concourt en une seule en personne, en sorte qu'il n'y a pas division en deux personnes !...

La confusion n'était plus possible. Le concile n'avait plus qu'à porter quelques décrets. Il le fit dans la VIe session le 25 octobre 451. Après un discours de Marcien, on réhabilita Theodoret de Cyr, qui fut replacé à la tête de son église. Le titre de métropole fut donné à l'Eglise de Chalcédoine. On fit 28 canons.

Les uns, comme le second, le troisième, traitent de la Simonie. Le IVe règle la vie des moines. Les V. VI, VII. VIIIe

traitent de la vie des clercs, de la résidence, de l'obéissance.
Le IXᵉ établit la procédure à suivre dans les démêlés entre
un clerc et son évêque. Les X, XI, XIIᵉ sont importants au
point de vue de la juridiction. Le XIIIᵉ défend aux églises de
laisser officier des prêtres inconnus ; il exige des lettres de
recommandation. Les XV et XVIᵉ règlent la situation des
vierges et des veuves. Les XVIII et XIXᵉ, portent des peines
sévères contre les cabales et les évêques qui ne tiennent
pas de synodes. Le XXᵉ, ordonne qu'un clerc ne peut pas
appartenir à deux églises.

Le XXI règle la question des opérations portées contre
un évêque.

Les XXIII-XXVIᵉ, règlent la discipline touchant les monastères les ordinations épiscopales etc.

Le XXVIIIᵉ decret devait soulever plus tard bien des ora-
ges. Nous le citons en entier : *Sanctorum Patrum decreta
ubique sequentes, et canonem qui nuper lectus est centum et
quinquaginta Dei amantissimorum episcoporum agnoscentes,
eadem quoque et nos decernimus ac statuimus de primatu
Sanctæ Ecclesiæ Constantinopolis « novæ Romæ ». Etenim
antiquæ Romæ sedi quod urbs illa impareret, jure Patres
primatum tribuerunt. Et eâdem consideratione moti centum
quinquaginta Dei amantissimi Episcopi, sanctissimo novæ
Romæ trono æqualia privilegia tribuerunt, recté judicantes
urbem quæ et imperio et senatu honorata sit, et æqualibus
cum antiquissima regina Roma privilegiis fruatur, etiam
in rebus ecclesiasticis non secus ac illam extolli et magnifieri,
secundum post illam existentem, ut et Ponticæ et Asianæ et
Thraciæ diœcesis metropolitani soli, præterea episcopi præ-
dictarum diœcesum quæ sunt inter barbaros a prædicto
trono sanctissimæ constantinopolitanæ Ecclesiæ ordinentur...*
L'esprit le moins prévenu ne peut s'empêcher de voir dans
ce texte la séparation de l'Orient d'avec l'Occident. Cet acte
a une plus haute portée que l'ont imaginé certains historiens. Cette égalité, le soin de mettre Constantinople au rang
de Rome, n'indique pas un titre purement honorifique. Cette
ville entendait égaler sa rivale au point de vue de la juridiction. Ce décret n'aurait-il pas été ajouté après coup ? On
pourrait le supposer si l'on s'en tient aux termes de la lettre

par laquelle saint Léon manifestait sa joie de voir enfin terminer ce différend (1).

Néanmoins saint Léon fut consulté à ce sujet, car des lettres d'Anatole, de Marcien et de Pulchérie lui parvinrent. Le Pontife reproche au patriarche d'avoir fait du concile l'instrument de son ambition; il disait à l'empereur : « Autres sont les choses du monde, autres les choses de Dieu; hormis cette pierre qui a été mise comme fondement, nulle autre construction ne saurait subsister. Celui qui convoite ce qui ne lui est pas dû perdra même ce qu'il possède légitimement. » Le pape concluait : « Nous cassons donc les conventions des évêques contraires aux saints canons de Nicée, de concert avec la piété de votre foi et nous les annulons en vertu de l'autorité que nous tenons du bienheureux Pierre ».

Ce concile ne devait pas mettre fin à l'erreur.

La résistance vint de deux côtés : des moines et de l'empereur. Déjà dans l'empire grec le corps des moines était puissant; ils échappaient à la surveillance des évêques, et l'erreur, en se réfugiant dans ces centres intellectuels, trouvait en eux de puissants auxiliaires.

La cour fut un autre foyer d'hérésie, à cause de la manie des empereurs de vouloir s'ériger en maîtres de la foi, comme nous aurons l'occasion de le dire en faisant le récit des conséquences du concile de Chalcédoine.

Léon Ier ne sera pas le témoin de ces troubles de l'Orient. Il laissait à Hilaire son successeur le soin d'apaiser les esprits (461). Il est vrai que les Orientaux ne s'agitèrent pas trop sous ce pontificat. Hilaire formé par saint Léon avait trop la pratique des affaires pour se laisser tromper. Mais à sa mort, (467) les évêques de l'Orient ne gardèrent plus la même réserve et sous son successeur Simplicius, la querelle reprit de plus belle à propos du dix-huitième article du concile de Chalcédoine, article, comme nous l'avons dit, attentatoire aux droits imprescriptibles du Saint-Siège, qui garde ici-bas la primauté d'honneur et de juridiction sur toute l'Eglise.

(1) Hergenræther t. II. p. 249. Mansi VI.

CHAPITRE VII

TROUBLES EN PALESTINE, EN ÉGYPTE ET EN SYRIE. MONGE ET
ACACE. L'ENOTIQUE DE ZÉNON. QUERELLE DES TROIS CHAPITRES
ÉDIT DE JUSTINIEN. LE PAPE VIGILE. JUDICATUM DU PAPE. RUP-
TURE AVEC LA COUR. V⁰ CONCILE ŒCUMÉNIQUE. CONCLUSION.

I

A peine monté sur le trône, Marcien s'était empressé de
rendre la paix à l'Eglise ; mais la fourberie des hérétiques
devait annuler les bons effets du concile de Chalcédoine.
L'exil d'Eutychès et de Dioscore n'apaisa pas les esprits
très surexcités. En somme l'Orient suivait sa destinée. Les
monophysites s'empressèrent de représenter le concile de
Chalcédoine comme entaché de nestorianisme et ils anathé-
matisèrent tous ceux qui reconnaisaient la valeur de ses
décrets. Les moines de Palestine, forts de l'appui de l'impératrice Eudoxie, s'insurgèrent contre Juvénal de Jérusalem.
Cet évêque fut chassé de sa ville et on mit à sa place un
moine d'Alexandrie, un certain Théodose, qui, tout en rejetant Eutychès, ne voulait pas admettre les deux natures.

La révolte déclarée de ce moine intrus amena l'intervention
armée de l'empereur. Pendant un an et demi, Théodose,
résista : à la fin, sentant son parti perdu, il s'enfuit sur le
mont Sinaï (453). Juvénal et les autres évêques furent réin-
tégrés sur leurs sièges (1).

Pendant ce temps Dioscore agitait l'Afrique. Il avait re-
pandu le bruit que le concile de Chalcédoine avait condamné
Cyrille et sanctionné de son autorité la doctrine de Nestorius.

_____

(1) Mansi VII 475-498, Hefélé II 535-537. Leo Ep. CIX, CXVII, CXXXIX.

La lettre de saint Léon fut falsifiée et répandue à profusion dans tous les monastères. Les moines s'agitèrent et prirent parti pour leur patriarche déchu. En 455, à sa mort, ils lui donnèrent pour successeur Protérius, son archidiacre et l'agitation devint telle, que les troupes durent marcher contre le Serapéum où les moines s'étaient enfermés. Comme on ne pouvait les déloger, on les brûla. Après la mort de Marcien, sous Léon, (457) les troubles recommencèrent. Protérius venait de mourir et les monophysites, entendant rester maîtres du terrain conquis, voulaient lui donner un des leurs comme successeur. Ils avaient dans Thimothée Elure, moine déposé par Protérius, un défenseur zélé de leur cause; ils l'intronisèrent sur le siège d'Alexandrie. Thimothée s'empressa aussitôt d'anathématiser le concile de Chalcédoine, d'excommunier Léon et Anatole, et de chasser tous les prêtres partisans de la foi de Rome.

L'empereur ayant convoqué un synode demanda aux évêques de se prononcer sur la valeur du concile de Chalcédoine. Tous le déclarèrent canonique. En conséquence, ils prononcèrent contre Thimothée la sentence de déposition que lui avaient méritée ses crimes (1).

L'empire ainsi bouleversé par ces querelles religieuses aurait demandé, pour être conduit, une main très ferme; Léon n'était malheureusement qu'un indécis et un brouillon. Au lieu de se rapprocher de Rome, unique ressource contre les exigences des Orientaux, il se met à vouloir appliquer à Constantinople le XXVIII⁰ canon subrepticement introduit dans les actes du concile de Chalcédoine. C'était séparer l'Eglise grecque de Rome. Le premier soin de Simplicius (467) fut de résister à ces prétentions exagérées. Léon avait des sentiments religieux. Prince sans volonté, il se fut soumis, s'il n'avait eu à ses côtés deux hommes peu scrupuleux : Zénon, son gendre, et Basilisque, le frère de sa belle-mère.

Nommé gouverneur d'Orient, Zénon arrivait à Antioche suivi d'un moine, qui avait été chassé de son couvent à cause de son attachement pour Eutychès. Pierre le Foulon, (tel était son nom,) rejetait le concile de Chalcédoine. Dès son arrivée à Antioche, il forma avec les apollinaristes un parti

_____

(1) Mansi VII. 525.

contre le saint évêque Martyrius. Le pontife, pour se sous-
traire aux tracasseries de cette faction, avait pris le parti de
renoncer à sa charge. C'en fut assez pour Pierre, qui s'em-
presse de s'emparer de ce siège et de déposer Martyrius
sous prétexte de nestorianisme. Le moine instrus se mit à
agiter le peuple en répandant sa nouvelle doctrine qui consistait à attribuer la souffrance au Dieu trois fois Saint.Donc,
d'après lui, la nature divine était passible.

Le triomphe de ce corroyeur ne devait pas être long.Léon,
instruit de ce qui se passait à Antioche, prononçait contre
l'intrus la peine du bannissement (1).

Léon mourait peu de temps après laissant le trône à son
petit-fils à peine âgé de quatre ans. Zénon, qui ne devait pas
reculer devant le crime pour escalader les marches d'un trône
fit mourir son beau-frère et devint ainsi maître de l'empire
(474). Les exactions, les débauches de ce prince lui attirè-
rent de telles haines, que profitant du mécontentement, Basilisque, frère de l'impératrice Vérine, la veuve de Léon pouvait s'emparer du trône (479)

Zénon s'empressa de fuir en Isaurie. Le passage de cet
empereur fut funeste à l'Eglise. S'appuyant sur les monophysites, il laissa Timothée Elure revenir à Alexandrie tandis
que Pierre le Foulon remontait sur le siège d'Antioche.

Acace, patriarche de Constantinople, d'abord hésitant, fut
amené par la belle résistance des catholiques, soutenus par
Daniel Stylite, à s'opposer aux actes de César et à travailler
au maintien de la doctrine de Chalcédoine. (2)

Basilisque, comme le dénotent les lettres échangées avec
la cour romaine avait d'abord voulu résister à Acace, aussi
le pape Simplicius avait-il relevé énergiquement les droits
du Saint-Siège. Il s'étonnait à bon droit que l'on mit en doute
une question tranchée par ses prédécesseurs: *prædecessorum
exstante doctrina, contra quam nefas est disputare.*

Il insiste encore sur ce point dans une IV⁰ lettre: *perstat
in successoribus nostris hæc eadem apostolicæ norma doctrinæ.*
Basilisque fut-il touché de ces remontrances?C'est peu probable mais épouvanté par la marche de Zénon, qui venait

---

(1) Hefelé II. p. 547. 575. Migne Patrol. grecq. t. LXXXV Hergenræther t. II.
p. 254 257.
(2) Epistola III du pape à Acace et à Basilisque c. 5. p. 182.

de quitter l'Isaurie afin de défendre ses droits les armes à
la main, le César éprouvait le besoin de s'appuyer sur Acace
et son parti dans cette situation in extremis. Or l'usurpateur
ne devait pas triompher. Renversé en 477 à la grande satisfaction du peuple, il fut assassiné peu de temps après sur
les ordres de Zénon.

II

Instruit par le malheur, ce prince s'appliqua à réparer les
maux de l'Eglise. La foi orthodoxe triomphait. Le pape pouvait féliciter ce prince le 9 octobre 477. (1)

Hélas! les bons sentiments du monarque ne devaient pas
durer longtemps. A la mort de Timothée Elure, l'Eglise
d'Alexandrie pouvait recouvrer le calme; Salofacialos était
digne de devenir évêque; mais les Eutychiens n'eurent pas
le bon esprit de le reconnaître. Ils élurent Pierre Monge,
que Zénon chassa aussitôt, Salofacialos, il est vrai, avait eu
le grand tort de reconnaître Dioscore, c'est ce qu'écrit le pape
le 13 mars 478, mais comme il avait retracté cette erreur par
des délégués envoyés à Rome; on doit présumer qu'il avait
fait des excuses et demandé au pape l'absolution. (2) Les Eutychiens devaient connaître cette faute de l'élu, car on ne
s'expliquerait pas leur résistance.

Le choix des catholiques était bon; mais Salofacialos ne
devait pas garder longtemps ses fonctions. Il mourut dans l'année 481 et on lui donna comme successeur Jean Taïla. Ce choix
deplut à Acace. Le patriarche demanda donc à Zénon de
rétablir Pierre Monge. (3)

Le légitime pasteur en appela à Rome; mais les démarches
du pape auprès de Zénon et Acace furent inutiles. Au contraire, tous les deux s'enhardirent et ils firent paraître sous
le nom d'Hénotique, un édit d'union, sorte de factum entaché d'Eutychianisme, qui acheva de semer la division en sé-
parant les catholiques d'avec Monge et Acace. (3)

Sur ces entrefaites mourait le pape Simplicius (483). Tout le

(1) Epist. VI. p. 188 et suiv. Acace. Epist. ad Simpl. Epist. VIII. p. 195.
(2) Epist. XI Simpl. ad Acacium.
(3) Epist. XV-XVII p. 202 -207. Felix III. Epist. I. n. 10
(4) Epist. Gelasii XLIII. p. 478. Maï nov. col. VII. 1 p. 277.

poids de cette affaire retombait sur Félix III, son successeur. La supplique de Talaïa étant parvenue à ce pontife, celui-ci envoya des députés à Constantinople et il cita le patriarche à son tribunal.

Les légats Vitale et Misène se laissèrent gagner par les intrigues des Orientaux et Félix dut les déposer. Le pape assembla aussitôt un concile de 67 évêques (juillet 484) ; il y renouvela la sentence portée contre Pierre Monge et déposa Acace, qui n'avait pas répondu à sa citation. (1)

Le porteur de la lettre du pontife à Acace se laissa acheter à son tour. Dès lors n'écoutant plus que sa haine contre le Saint-Siège, Acace se révolta ouvertement. Non seulement il maintint Monge à Alexandrie ; mais il imposa ses vues à ses suffragants et réintégra Pierre le Foulon à Antioche. Le schisme prévu depuis longtemps éclatait ainsi au sein d'un pays troublé. Il devait durer trente-cinq ans. Le nom du pape fut rayé des dyptiques. Acace mourut en 489 en dehors de la communion romaine (2).

Telle était la situation de l'Orient, quand un africain, Gélase, fut appelé à recueillir la succession de Félix (492).

Mal impressionné par ces troubles, le nouveau pontife eut à échanger plusieurs lettres avec Anastase II. Cet empereur voulait à tout prix sauvegarder la mémoire d'Acace. Il prétendait : 1° qu'il n'avait pas été entendu ; donc sa disposition restait anticanonique. 2° En replaçant Pierre Monge sur le siège d'Alexandrie, il n'avait fait qu'obtempérer au désir du peuple ; après tout, cet homme s'était amendé. Jamais Acace, disait-il, n'a soutenu une opinion contraire à la foi de Nicée. Ce panégyrique plaidait plutôt contre le patriarche. Il avait le grave inconvénient de mêler une fois de plus le nom d'Origène à un débat où il n'avait rien à voir, et Gélase dut être sévère pour l'Alexandrin auquel il imputait toutes ces divisions. Il disait, en faisant allusion à Eusèbe et aux premiers troubles de l'origènisme : *quamvis in primo narrationis suæ libro tepuerit et post in laudibus atque excusatione Origenis schismatici unum conscripserit librum, propter rerum tamen singularum*

*notitiam, quæ ad instructionem pertinent, usquequaque
non dicimus renuendos* (1).

L'expression de schismatique n'a-t-elle pas dépassé la
pensée du pontife? Quand donc Origène s'est-il mis en
révolte ouverte contre l'Eglise? En vain voudrait-on nous le
représenter comme un révolté. Il est rempli de respect pour
les pontifes de Rome et rien, dans ses actes, n'a mérité une
semblable flétrissure. L'expression est dans la bouche de
ce pontife un mot caractérisant un état d'âme outrée de voir
tant d'agitation. Au fond, les deux noms d'Alexandrie et
d'Antioche, nous revèlent toujours la présence de ce vieux
levain d'effervescence né d'un esprit d'opposition. Nous ne
saurions y voir autre chose. L'opinion privée de ce pontife
n'est pourtant pas une condamnation.

III

En attendant, l'Orient se laissait enlacer dans les liens de
l'erreur. A Euphémius exilé, succède, comme patriarche,
Macédonius II, qui dut signer l'Hénotique et accepter la
séparation avec Rome. Anastase essaya d'intriguer à Rome
au moment de l'élection de Symmaque; mais il échoua (498).
Il fut plus heureux en Syrie où une de ses créatures
Xénajas réussissait à soulever toute la Syrie contre Flavien II,
successeur de Palladius.

Sévère, un autre partisan d'Anastase et monophysite
ardent, médita de renverser Macédonius II. Cet archevêque
avait refusé d'anathématiser le concile de Chalcédoine et
s'opposait, avec Flavien d'Antioche et Elie de Jérusalem,
à la tenue d'un concile demandé par l'empereur. Ces évêques ne sachant plus comment résister aux prétentions du
tyran venaient de faire appel à l'autorité de Symmaque (2).

Le pontife mit en garde le clergé d'Illyrie contre le
commerce des hérétiques; mais ses efforts restèrent inutiles (3).

---

(1) Thiel p. 461-547 et suiv.
(2) Hefelé t. II. 647. Hergenræther t. II. p. 269-272. Symmaque Epist. XIII
p. 717 et Suiv.
(3) Voir lettre VI. Symm. adv. Anast. Imp.

En 514, le général Vitalien s'étant révolté contre Anastase,
lui posa comme condition de la paix un rapprochement
avec Rome et le retour sur leur siège des bons évêques
exilés. L'empereur engagea immédiatement des pourparlers
avec Hormidas (515). Sur ces entrefaites mourut Anastase
(518) et la nomination de Justin, prince dévoué à la foi catholique, facilita un rapprochement tant désiré.

Le Pape envoyait une lettre à Jean de Nicopolis avec une
formule à faire souscrire aux provinces d'Illyrie (3). Elle
devait servir de règle de foi.

La paix paraissait assurée lorsque un moine, Jean de
Maxence remit en vigueur cette expression imaginée par
Pierre le Foulon : un de la Trinité a souffert.

Les moines condamnés par Jean II de Jérusalem, se
résolurent à aller à Rome. Le comte Julien, gouverneur de Syrie, redoutant de nouveaux troubles avait prié
Hormisdas de trancher cette difficulté. En 521, le pape
n'admit pas la prétention des moines trisogistes ; il pensait
que le concile de Chalcédoine n'avait pas besoin de cette
adjonction, qui pouvait être interprétée dans un sens hérétique. Il aurait préféré la proposition : « une des trois personnes divines a souffert dans sa chair (4).

Les moines s'obstinèrent. Quelques évêques d'Afrique,
entr'autres Paul, patriarche d'Alexandrie, auraient voulu
ajouter : une personne de la Trinité, le Fils unique de Dieu
a souffert.

Rien n'y fit, et cette formule, où l'on croyait trouver
la condamnation du Nestorianisme, s'accrédita partout en
Orient.

A peine monté sur le trône, Justinien s'empressait
d'écrire à Jean II pour faire acte de soumission et lui dire
que ses intentions les plus formelles étaient de maintenir
l'Orient en communion avec le siège apostolique (5).

Les vues de cet empereur étaient droites. En 533, il faisait
publier à la requête de Pierre de Jérusalem un édit pro-
lixe, à la suite d'une conférence tenue dans son palais
entre catholiques et sévériens. Les sévériens avaient ana-

---

(1) Mansé VIII. 402, 405, 407.
(2) Lettres 75-137e Migne, t. LXIII de la Patrol. lat. p. 533. Hefelé II. 873.
(3) Epist. Justin ad Joan. II.

thématisé Eutychès ; mais ils déclaraient orthodoxes Dioscore et le brigandage d'Ephèse. En conséquence, ils rejetaient le concile de Chalcédoine. Pour mettre un terme à toutes ces discussions, Justinien publia son factum par lequel il relevait six chefs d'erreurs dans Origène : 1° L'inégalité de nature dans les trois personnes divines. 2° L'éternité des esprits. 3° La préexistence des âmes. 4° L'animation des astres. 5° L'attribution d'une forme sphérique au corps humain après la résurrection. 6° La durée limitée des peines de l'enfer. Chaque erreur était suivie de capitules ou d'anathèmes contre les partisans du docteur Alexandrin (1).

Jean II, en recevant cet édit, où il ne trouvait rien de contraire à la foi, s'empressa de le signer et de lui donner ainsi une grande valeur.

Cet édit mit les moines de Palestine et de Syrie en révolution et la mesure déborda quand le diacre Pélage déposa au concile de Gaza (541) le vénérable Paul, patriarche d'Alexandrie, accusé de monophysisme.

Les moines cherchèrent à se venger. Ils avaient alors un des leurs, Théodore, sur le siège métropolitain de Césarée de Cappadoce. C'était un origéniste et un acéphale. Quel plus beau tour jouer à Justinien que de l'amener à se contredire. Théodore tenta l'entreprise. L'empereur et Théodora tenaient à ce moment synodes sur synodes afin de mettre un terme aux menées des origénistes. Les Eutychiens soutenus par l'Evêque de Césarée rêvèrent de faire condamner les écrits de Théodore de Mopsueste. En rejetant le Nestorianisme et l'Origénisme, le concile de Chalcédoine n'avait pas mentionné dans le décret les noms des trois principaux fauteurs : Théodoret de Cyr, Ibas et Thédore de Mopsueste. Le concile n'avait pas à les juger, puisque les deux premiers s'étaient soumis et que le troisième était mort : « Les Nestoriens en abusent, disait Théodore, pour soutenir leurs erreurs ; ils s'appuient sur le concile de Chalcédoine, qui a réhabilité leurs auteurs. Aussi, plusieurs orthodoxes rejettent-ils ce concile qui semble favoriser

(1) Note. — Le factum impérial vise les moines origénistes. Il n'est plus question des disciples du docteur que nous avons vus si dévoués à sa personne, mais de ceux qui, fanatiques et ignorants, s'étaient attachés aux erreurs, réelles ou apparentes, répandues dans ses écrits. Au vi° siècle, les défenseurs d'Origène, aveuglés par leur passion, faisaient soutenir à l'Alexandrin des opinions adsurdes.

l'erreur de Nestorius. Prince, il vous appartient de calmer
nos justes scrupules ! Quelle gloire sera la vôtre si vous
rendez la paix à l'Eglise en proscrivant les trois chapitres ! »
Avec un peu de réflexion, l'empereur n'aurait pas donné
dans le piège, car il aurait pu voir que le concile prononçant
l'anathème contre Nestorius et ses fauteurs, condamnait
par le fait les trois chapitres.

Mais aveuglé par la flatterie et désireux de faire parade
de sa science théologique, il convoqua les évêques à sa
cour. A la suite de cette réunion, l'empereur fit paraître
une longue dissertation par laquelle il lançait treize anathèmes contre les écrits de Théodoret de Cyr, la lettre d'Ibas
et les ouvrages de Théodore de Mopsueste. Cette confes-
sion de foi fut soumise à la signature du patriarche Mennas,
qui y mit cette restriction : je retirerai ma signature, si le
pape la désapprouve. Néanmoins le fait est grave, car ce
patriarche s'arrogeait les droits du vicaire de Jésus-Christ.
La violence, dont usa Justinien pour arracher leur signature
aux autres évêques, souleva l'indignation à Constantinople
et l'archidiacre protesta. En même temps, le légat du
Saint-Siège et plusieurs évêques occidentaux se séparaient
de la communion des signataires. Justinien ne sut pas s'arrêter. Au contraire, à force de menaces, il arracha les
signatures à Pierre de Jérusalem, à Zoïla d'Alexandrie et à
Ephrem d'Antioche ; mais reconnaissant aussitôt leur faute,
ils envoyaient des lettres à Etienne en témoignage de leur
repentir (1).

IV

L'anarchie arriva à un tel point que désespérant d'y mettre
un terme Justinien se vit dans la nécessité de demander au
pape Vigile, créature de Théodora, de venir sanctionner de
son autorité son illégale profession de foi (544). Le pape se
mit aussitôt en route. Chemin faisant, il suspendait le patriarche Mennas. Le mauvais temps l'avait retardé et il dut rester
près d'un an en Sicile. Il entra à Constantinople le 25 jan-

(1) Mansi t. IX, p. 48 et suiv. Migne t. LXXXIV, p. 45. Patrol. grecq. LXXXIX,
p. 101. — Héfelé, 11-647.
Mansi t. VIII, 347 et IX 45.

vier 547. Il y fut reçu avec honneur. La position du Pape était difficile. Instruit par ses légats de l'état des esprits, il refuse de rétablir Anthemos et de communiquer avec Mennas. L'empereur souscrivit d'abord à ces mesures, mais la bonne harmonie ne pouvait durer longtemps.

Pressé par l'empereur de se déclarer pour son édit, le pontife ne prend aucun engagement. D'un autre côté, Théodora le sommait de tenir ses engagements et de rétablir les évêques Acéphales. Vigile, répondit à toutes ces sollicitations par un coup d'éclat. Il condamna les Acéphales et excommunia Mennas, pour avoir tenu un concile de soixante-dix évêques auxquels il avait fait signer l'édit de Justinien (547).

L'empereur furieux fit surveiller étroitement le pontife dans son propre palais et le priva de toute communication. « Vous pouvez m'emprisonner, dit-il ; mais Pierre ne sera jamais captif ». La rupture devenait imminente. Mennas avait rayé des dyptiques le nom du pontife (1). Les violences deviennent telles que le pape s'enfuit à Chalcédoine dans l'Eglise de Sainte-Euphémie.

Sur ces entrefaites mourait Théodora (Juin 547). Justinien aurait pu ouvrir les yeux ; mais ce prince aveuglé par la passion continuait ses instances auprès du pontife afin de faire condamner les trois chapitres.

Le pape avait beau lui représenter que la question de foi était distincte de celle des personnes et qu'on ne pouvait les confondre sans porter atteinte au concile de Chalcédoine, le César ne voulait rien entendre. Les écrits de Théodore de Mopsueste, la lettre d'Ibas à Maris et les œuvres de Théodoret de Cyr, étant intrinsèquement mauvais, il importait, disait-il, de les censurer. Le pontife lui demanda alors de consulter les évêques présents dans la capitale et qu'à la suite d'un examen sérieux on les condamnerait s'il y avait quelque chose de répréhensible.

Les évêques se réunirent donc en une conférence présidée par Vigile. On examina avec soin l'affaire des trois chapitres et, le 11 avril 548, parut le « Judicatum » adressé à Mennas par lequel le pontife condamnait les erreurs contenues dans les trois chapitres, réserve faite des person-

---

(1) Mansi t. IX 182.

nes et sauf l'autorité du concile de Chalcédoine (*Salva in omnibus reverentia Synodi Chalcedonensis*). En même temps il était défendu d'agiter à nouveau cette question de vive voix ou par écrit (1).

A cette condition, Rome oubliait le passé, rétablissait Mennas dans ses droits et recevait à sa communion les signataires de l'édit impérial.

Les Occidentaux, mal placés pour juger cet acte de condescendance du chef de l'Eglise, se montrèrent mécontents ; car ils croyaient à l'abandon de l'autorité du concile de Chalcédoine. Les deux diacres de Vigile, Rustique et Sébastien contribuèrent pour leur part à ce malentendu. Les latins ignorants de la langue grecque avaient-ils bien saisi la portée des paroles du pontife, on peut en douter à la suite de cette lettre : *Latini quippé homines et græcitatis ignari, dum linguam nesciunt, errorem tardi cognoverunt, et tanto eis celerius credi debuit, quanta eorum constantia, quousque verum agnoscerent, a certamine non quievit* (2).

Le bruit courut donc en Occident que le pape avait déserté la cause de la foi. La conduite du pontife fut désapprouvée. Il s'en plaignit lui-même dans une lettre adressée à Aurelianus d'Arles, et son cœur protesta contre les insinuations perfides de ses diacres (3). Il fit mieux ; pour couper court à tout malentendu, il excommunia les deux malveillants.

De leur côté, les Orientaux n'étaient pas enchantés de Vigile, car la clause (*Salva auctoritate Concilii*) les gênait ; ce n'était pas ce qu'ils attendaient. Aussi Justinien pressait-il le pape de condamner les trois chapitres sans mentionner le concile de Chalcédoine. Vigile, à bout de forces et ne sachant plus quels moyens prendre pour pacifier les esprits, refusa de condamner quoique ce soit ; il retira son judicatum et demanda la convocation d'un concile général auquel pourraient se rendre les Occidentaux. Le nombre des évêques devait être égal de part et d'autre, avec cette condition que les choses resteraient en suspens sans qu'on pût se prévaloir des raisons invoquées pour ou contre les trois chapitres.

---

(1) Mansi, IX 84-104. Vigile Epist. XII ad Valenti.
(2) Hefelé II. 795-808.
(3) Patrolog. lat. t. LXIX. col. 40. 43.

Les Occidentaux et les Illyriens, s'abstinrent de répondre au désir du pontife. Les Africains se firent représenter par ·Reparatus de Carthage, Firmus de Numidie, et deux évêques de Bizacène, qui se laissèrent acheter par Justinien (1).

La confusion était complète. Sur ces entrefaites paraissait le ομολογια πιστεωσ Ιουστινιανου (2), qui fut signé par tous les évêques et désavoué par Vigile. Le pape se plaignait que l'on eût manqué aux conventions établies. Sa situation était critique surtout en face d'un despote qui voulait anticiper sur les décisions d'un concile. La protestation du pontife ne fut pas entendue. Théodore Ascidas se rendit même à l'Eglise où était affiché l'édit pour y pontifier solennellement. Il eût l'audace d'enlever des dyptiques le nom de Zoïle d'Alexandrie et de proclamer à sa place Apollinaire. L'autorité du pape était bravée ; une sentence s'imposait ; elle fut lancée, et Théodore fut exclu de la communion de l'Eglise. Justinien exaspéré songea alors à s'emparer de la personne du pontife ; mais le peuple protesta et craignant une insurrection, l'empereur dût protéger sa personne et l'assurer par serment qu'on ne tenterait rien contre elle. Vigile revint au palais de Placidie, où, malgré les serments faits la veille, on le garda prisonnier.

Le pape réussit à tromper la vigilance de ses gardes et à s'échapper. Rendu à la liberté, il fit part au monde catholique des tribulations par lesquelles il était passé. Vigile éprouvait le besoin de tenir un concile ; mais il songeait à le convoquer en Sicile. Justinien envoyait Bélisaire au pape pour lui porter ses regrets et lui suggérer de revenir à Constantinople, pour y présider une réunion d'évêques (5 février 552). Les partisans de Théodore venaient de faire leur soumission et; à Mennas qui était mort, on avait donné comme successeur Eutychius. Le pape refusa de revenir ; car il doutait de la bonne foi des Grecs et l'abstention des Occidentaux n'était pas faite pour le rassurer.

Le 4 mai 553, le concile se tint sous la présidence du patriarche de Constantinople. Il compta cent soixante cinq

---

(1) Hefelé II. 809.

(2) Migne t. LXXXVI de la patrol. lat. p. 993. — Mansi IX 537.

évêques. Malgré l'insistance des Orientaux le pape refusa
d'y paraître. Il promet seulement de faire part de son sentiment dans les vingt jours qui suivront.

Les deux premières sessions se passèrent donc en échange
de lettres entre la cour et le pape ; la IIIᵉ session fut consacrée à approuver les quatre premiers conciles œcumé-
niques et la doctrine des Saints Pères. Dans les IVᵉ, Vᵉ et
VIᵉ sessions, on discuta la question des trois chapitres et
celle de savoir si on pouvait condamner des morts. Cette
dernière, appuyée sur les témoignages de saint Augustin
et saint Cyrille, fût résolue affirmativement. Les VIIᵉ et
VIIIᵉ sessions furent employées à lire les lettres du pape
Vigile et tout ce qu'il avait écrit contre les trois chapitres.
C'est dans la VIIIᵉ session que fût porté le décret condam-
nant Théodore de Mopsueste, Théodoret de Cyr, Ibas,
Arius, Eunomius, Macédonius, Apollinaire, Nestorius,
Eutychés et enfin Origène.

Ce jugement est rendu sous la forme de quatorze anathèmes correspondant aux treize anathématises de Justinien (1).

Le 25 mai, Vigile donnait son constitutum par lequel il
ratifiait en partie ce qui s'était fait dans l'assemblée de
Constantinople. Après les professions de foi de Mennas et
d'Eutychius, il faisait l'exposé des pourparlers engagés au
sujet de la question en litige ; puis, dans sa discussion des
trois chapitres, il faisait remarquer combien est éloignée
de la pensée de l'Eglise la doctrine renfermée dans les
écrits de Théodoret de Cyr et de Théodore de Mopsueste.
Pour Ibas, il l'excusait complètement ; car la lettre à Maris
avait été inventée par les hérétiques.

Tout en condamnant la doctrine, le pontife ne pourrait se
résoudre à frapper des morts. Pourquoi imposer une flétrissure à ceux qui ne sont plus là pour se défendre, et
qui, vivants, eussent désavoués leurs erreurs.

Le pape insiste sur l'autorité infaillible du concile de
Chalcédoine. Dans le constitum du pape, il n'y a rien contre Origène. Néammoins le Vᵉ concile général l'a condamné ;
cela ne fait pas de doute.

(1) Mansi IX. 202, 346. Hefelé II-846. Migne LXXXVI. 2300-2305.

Nous pourrions récuser l'autorité de ce concile auquel un pontife donne son adhésion par force. Nous pourrions relever les variations du représentant de Jésus-Christ et faire remarquer que dans ce concile on ne discute pas de la foi, mais des personnes. Nous préférons conclure que le pape n'était pas libre. Même lorsqu'il nous apparaît inconstant, il fait montre de prudence et est avisé dans son conseil. La situation de ce Pontife était anormale ; car il était partagé entre le danger de mécontenter les Occidentaux et celui, non moins grand, de séparer à tout jamais les Orientaux de la communion de l'Eglise romaine.

Le pape voulait avant tout éviter un schisme. La sentence ne devait rien réformer au fond et la division persista. Le pontife venait de recouvrer sa liberté au prix d'un grand sacrifice.

Il ne devait pas en profiter lengtemps ; car épuisé partant de déboires, il mourait en Sicile, non sans avoir réprouvé une fois de plus les trois chapitres. « Nous anathématisons quiconque croira que l'on doive recevoir les trois chapitres. Tous ceux qui gardent la foi orthodoxe annoncée par les quatre conciles généraux condamnent ces écrits, et nous les reconnaissons pour nos frères et collègues. Quant à ce qui a été fait par nous ou par d'autres pour soutenir cette doctrine, nous l'annulons par la présente définition. Il n'est personne parmi nous qui osât soutenir que les quatre conciles ont reçu les blasphèmes en question ! Les Saints Pères et le concile de Chalcédoine ne pouvaient adhérer à des écrits suspects d'hérésie... » Tel est la teneur de l'acte sur lequel s'appuient certains historiens pour dire que le pape a approuvé l'assemblée de Constantinople qu'il aurait ainsi transformée en concile général.

C'est une procédure nouvelle. Voilà donc un concile anticanonique dans son principe, auquel le Pontife refuse son adhésion et qui n'a pas été présidé par les légats de Rome, qui devient concile général. L'Eglise ayant accepté cette conclusion, il nous est difficile de pas classer ce concile au rang des assemblées générales .

Nous voici en présence d'un de ces problèmes historiques assez compliqués, comme il s'en présente parfois dans l'histoire de l'Eglise se défendant contre l'anarchie orien-

tale. Un concile aurait réformé un autre concile. Chalcédoine ne condamne pas les trois chapitres, il semble les
approuver tacitement, et Constantinople les condamne.

Tel est le tribunal qui a condamné l'Alexandrin. Nous
nous demandons avec Baluse si, la diversité qui se trouve
entre les anciens exemplaires de ces actes, et ceux que
nous possédons, ne prouverait pas des adjonctions introduites furtivement avec le temps par les Orientaux ? (1) Les
accusateurs d'Origène au V⁰ concile sont deux moines Conon
et Euloge, porteurs d'une lettre du patriarche de Jérusalem :
« Nous avons appris, disait l'évêque, qu'il y a à Jérusalem
des moines, qui suivent les erreurs de Pythagore, de Platon
et d'Origène (2). Il concluait en demandant à l'empereur
de faire condamner ces hérétiques.

Le fait seul de voir un évêque s'adresser à un empereur
dénote qu'il est question de perturbateurs de la paix publique. Ne serait-il pas légitime de supposer que l'évêque vise
à réprimer les excès de ce moine, homonyme d'Origène, qui
prétendant s'appuyer sur les données de l'écriture, condamnait le célibat et renouvelait dans l'Eglise les excès de Car-
pocratre et des Nicolaïtes. Comment, en effet, l'empereur
aurait-il pu dire en parlant du docteur Alexandrin: « C'est
pourquoi nous vous exhortons à assembler tous les évêques
qui se trouveront dans cette capitale de l'empire, et les
abbés des monastères afin de juger et d'anathématiser par
écrit l'impie Origène surnommé Adamantius, jadis prêtre
de l'Eglise d'Alexandrie, avec ses dogmes abominables ».

Les termes de cette lettre sont injurieux pour le docteur. Impie ; en quoi le fût-il cet homme, qui soumet sa
foi au jugement de l'Eglise ? Cette lettre dénote chez l'empereur un état d'âme spécial. On voit un homme, qui a
éprouvé une grande résistance et qui, poussé à bout, voudrait en finir avec ses adversaires. Si Origène avait pu revenir sur la terre, il eût été bien étonné du bruit qui se faisait autour de son nom, et encore plus étonné de s'entendre reprocher l'impiété de sa doctrine. Jamais le docteur
n'a résisté en quoi que ce soit à l'Eglise et à ses lois; on ne

_____

(1) Baluze præfat. in V⁰ conc.
(2) Vita sainte Subse n. 90. p, 374.

saurait dire qu'il ait été hérétique. Où et quand a-t-il attaqué les usages, la doctrine et les institutions de l'Eglise ? Encore une fois, les allégations ne prouvent rien, il faut apporter des extraits de sa doctrine. Un auteur est-il responsable des abus que l'on pourra commettre en son nom ou des interprétations plus ou moins erronées qui seront faites de ses écrits ? Il est facile d'attaquer un mort. qui n'est plus là pour se défendre ; mais est-ce noble ? Là est toute la question !

Le système théologique d'Origène avait été créé de toutes pièces, ne l'oublions pas en terminant. Il demandait le concours de la raison et de l'écriture. Or, nous ferons remarquer que le système exposé par le docteur dans son Periarchon (I proleg.) n'a guère varié depuis. L'Eglise suit exactement son plan. Elle définit d'abord ; elle cherche ensuite les preuves dans l'Ecriture et la tradition, puis elle conclut par la raison philosophique. Origène ayant à parler devant un auditoire composé de païens, de savants et de chrétiens, dût envisager le côté brillant des questions, et il tomba dans les défauts de la subtilité, défauts que nous devons reprocher à toutes les écoles de cette époque. Explorant une science encore inconnue, se faisait-il une idée exacte de toutes les questions dogmatiques ? il est possible que non !

De là les quelques erreurs, ou plutôt les sous-entendus, qui se seraient glissés dans ses écrits. Sont-ils le fait conscient de ce prodigieux génie ? Non ! Origène n'a jamais voulu soutenir une erreur ! S'il l'a fait, il s'est trompé matériellement ; il n'y a chez lui aucune mauvaise pensée, encore moins de révolte ; et dès lors, il appartient à l'Eglise ; car sa mémoire reste intacte.

N'a-t-il pas désavoué à l'avance tout ce qui aurait pu se glisser de faux dans son œuvre, lui qui écrivait ces lignes admirables : « Gardons l'enseignement de la Sainte Eglise ! Il nous est venu par les apôtres et il nous a été transmis par une succession de pasteurs légitimes.

CONCLUSION

Que deviennent donc les attaques dirigées contre cette mémoire, soit par Justinien, soit par les interprètes du Ve concile de Constantinople? Elles n'atteignent pas, je crois, la personne du docteur, qui reste dans ce cadre merveilleux où l'ont placée les plus grands hommes de l'Eglise.

Sa gloire reste intacte. L'Eglise a toujours regardé les écrits de ce docteur comme une mine où elle est allée puiser pour les besoins de sa cause. Or, en empruntant au célèbre maître, l'Eglise n'a jamais eu la prétention d'aller chercher chez un hérétique ses moyens de défense.

Mais avant de terminer, remarquons à quel point il est injuste d'imputer à autrui des erreurs qui sont involontaires et qui ont été désavouées. Evidemment les hérétiques, voulant abriter leur duplicité sous le couvert d'un grand nom, sont allés chercher dans cet arsenal les moyens de pallier leur crime. Ils le pouvaient d'autant plus facilement, que le savant s'était livré à toutes sortes de travaux. Les nombreuses copies, qui avaient été faites de ses œuvres s'étaient répandues assez vite et, comme pour les évangiles, il dut y en avoir d'apocryphes. Quoi qu'on fasse, on ne biffera pas d'un trait de plume les huit livres écrits contre Celse; ils sont le plus beau monument de la foi et le témoignage irréfragable de son orthodoxie. Il y a dans ces livres certains passages d'une interprétation difficile; nous n'avons pas la prétention d'avoir eu l'intention vraie de ces textes; mais en recourant au contexte, nous avons démontré avec sincérité à quel point il faut être injuste pour leur donner un sens erroné. L'âme de l'Alexandrin était trop droite pour se plier à ces moyens de répandre l'erreur!

Nous avons fait la part des exagérations; mais, là encore,

nous considérons certains passages comme une simple opinion émise en passant ; mais ces arguments sont loin de
refléter toute la pensée du Maître.

Ne demandons pas à un chercheur une précision mathématique dans les termes. Rien n'était encore bien fixé : que
de points du dogme restaient à explorer ? Comme un pionnier, Origène a creusé son sillon ; il a donné quelques conclusions, qui reposaient, non sur des principes, mais sur de
simples conjectures, c'était son droit et sa qualité de fouilleur aurait dû désarmer ses ennemis.

Ne cherchons donc pas dans ce Père ce que nous ne
saurions y trouver. Comme un astre, il a brillé un instant au
firmament de l'Eglise ; il lui fut donné à une heure de crise.
Il dut se hâter de produire. Comme un soldat toujours armé,
il frappa de droite et de gauche, afin de défendre contre le
philosophisme, sa foi attaquée. Il a jeté un grand éclat sur
cette terre d'Afrique si florissante dans les âges chrétiens.
Il a touché à tout sans avoir la prétention de nous donner
le dernier mot sur toute vérité. La voie qu'il ouvrait d'autres
l'ont suivie avec plus de profit, c'est-à-dire en tirant des
conclusions plus stables, ils ne l'ont pas suivie avec plus
de gloire et de sincérité !

Admirons de tels hommes, car ils ont noblement payé leur
dette à la terre ! Si le succès couronnait toujours le labeur,
peu d'hommes travailleraient, car ils sont bien peu nombreux ceux qui récoltent ici-bas.

Admirons le grand idéal conçu par Origène. Il est digne
de sa belle âme. Il voulait ramener au Christ tous les beaux
esprits du paganisme. Pour leur rendre accessibles les
vérités chrétiennes, il dut les dégager de cette sorte de contradiction qui les enveloppait, et, imbu des principes de
Platon, il ne voulut pas trahir son ancien maître.

En cela nous ne saurions le blâmer. Il fit bien d'ouvrir
tout grands les abords de l'Eglise ; il suivait après tout la
ligne de conduite tracée par son divin maître. Origène a cru
à la possibilité de rapprocher Jésus-Christ et Platon ; s'il
s'est trompé, son erreur est imputable à son génie, sa conscience reste à l'abri de tout soupçon.

Nous ne saurions le condamner parce qu'il a osé affirmer la
royauté de la pensée dans les choses obscures et qui ne sont

pas du domaine de la foi. Tout, en lui, reflète le sentiment du
beau et du juste. Sa doctrine, comme celle du Sauveur, élève
l'âme, elle épure et exalte nos esprits ! Après tout, Origène
a compris, mieux que tant d'autres, quel but doit poursuivre
l'homme ici-bas ! Ne devons-nous pas tenter de nous dépouil-
ler, en quelque sorte, de cette enveloppe grossière du corps
pour chercher à pénétrer dans le monde immatériel de l'intelligence ? Oh ! ne descendons pas de ces hauteurs. C'est là
que nous sommes bien ; c'est là que tous les esprits peuvent
se rencontrer et devenir véritablement frères. Telle est la
pensée dominante de l'œuvre de ce savant. Avec le Christ,
il disait à tous ces naufragés du paganisme : *venite ad me
omnes.* Et, les entraînant à sa suite, il les faisait entrer dans
ce temple de la vérité et de l'amour, qui a été construit par
une main divine.

Grand est l'édifice que le savant a élevé à la mémoire impé-
rissable du Crucifié du Calvaire ; aussi, persuadés que nous
touchions à quelque chose de grand, sommes-nous entrés
à sa suite, et en tremblant, dans ce temple de la vérité, pour
admirer non pas des choses auxquelles nous ne pouvions
refuser notre admiration ; mais pour connaître les détails
d'architecture que la main d'un artiste avait ciselés.

Et, en faisant la description de cette œuvre, nous avons
l'intime conviction d'avoir fait un acte juste. Oh ! non, il ne
marche pas seul et solitaire, ce génie, dans des sentiers
abandonnés de Dieu ! il est en compagnie des plus grandes
illustrations dont s'honore l'Eglise. Plus que tout autre, il a
puissamment contribué à nous sortir des ombres de la mort,
à l'heure où l'Arianisme allait enténébrer notre terre. Si
nous avions un désir à exprimer, à cette heure de crise pour
l'Eglise, ce serait de demander à Dieu de susciter un semblable génie pour resserrer entre nous ces liens de frater-
nité formés par le Christ. Mais l'avenir est à Dieu ! lui seul
sait ce qu'il nous faut.

Notre tâche est terminée. Nous serions téméraires dans
nos prétentions, si nous avions la conviction d'avoir livré le
dernier mot sur ce sujet d'une incontestable importance.
Toutefois, nous sommes persuadé d'avoir parlé une langue
qui n'est pas inconnue au monde des croyants ! Puisse le
genie de cet homme planer sur nous, qui sommes ses frères

par nos aspirations communes de bien et de beau. Aimons l'idéal, qui, en nous rapprochant de plus en plus du grand réformateur de la Judée, fera nos âmes généreuses et charitables comme la sienne.

Ainsi, nous aurons contribué à dissiper les nuages qui s'amoncèlent sur notre ciel, et nous resterons sur les hauteurs de Reims où nous montâmes avec Clovis pour nous plonger dans le baptistère de Rémi. Ainsi nous resterons un grand peuple, le premier de tous par ses nobles aspirations ; le plus fort, aussi, car la paix règne toujours, là où les âmes sont en communion.

22 Juillet 1905,

En la Fête de Sainte Marie–Magdeleine.

F. DE LAFORGE.

TABLE DES MATIÈRES

ERRATA

BR
65
.074
L17

Laforge.............................

Origène ...

Lightning Source UK Ltd.
Milton Keynes UK
UKHW05f1817140818
327243UK00006B/283/P